西安交通大学
人口与发展研究所 · 学术文库

中国农村
大龄未婚男性：
性现状、性风险和性安全

张群林　李树茁　〔法〕阿塔尼·伊莎贝拉 / 著

STUDY ON
SEXUALITY OF FORCED
MALE BACHELORS
IN RURAL CHINA:
Current Status, Risks and Safety

社会科学文献出版社
SOCIAL SCIENCES ACADEMIC PRESS (CHINA)

总　　序

　　西安交通大学人口与发展研究所一直致力于社会性别歧视与弱势群体问题的研究，在儿童、妇女、老年人、失地农民、城乡流动人口（农民工）和城镇企业困难职工等弱势群体的保护和发展领域进行了深入研究。研究所注重国内外的学术交流与合作，已承担并成功完成了多项国家级、省部级重大科研项目及国际合作项目，在弱势群体、人口与社会发展战略、公共政策研究等领域积累了丰富的理论与实践经验。

　　研究所拥有广泛的国际合作网络，与美国斯坦福大学人口与资源研究所、杜克大学、加州大学尔湾分校、南加州大学、加拿大维多利亚大学、圣塔菲研究所等国际知名大学和研究机构建立了长期的学术合作与交流关系，形成了研究人员互访和合作课题研究等机制；同时，研究所多次受联合国人口基金会、联合国儿童基金会、联合国粮农组织、世界卫生组织、国际计划、美国 NIH 基金会、美国福特基金会、麦克阿瑟基金会等国际组织的资助，合作研究了多项有关中国弱势群体问题的项目。国际合作使研究所拥有了相关学术领域的国际对话能力，扩大了国际影响力。

　　研究所注重与国内各级政府部门的密切合作，已形成了与国家、地方各级政府的合作研究网络，为研究的开展及研究成果的推广提供了有利条件和保障。研究所多次参与有关中国弱势群体、国家与省区人口与发展战略等重大社会问题的研究，在有关政府部门、国际机构的共同合作与支持下，在计划生育和生殖健康、女童生活环境等领域系统地开展了有关弱势群体问题的研究，并将研究结果应用于实践，进行了社区干预与传播扩散。1989 年以来，研究所建立了 6 个社会实验基地，包括"全国 39 个县建设新型婚育文化社区实验网络"（1998～2000 年，国家人口和计划生育委员会）、

"巢湖改善女孩生活环境实验区"(2000～2003年,美国福特基金会、国家人口和计划生育委员会)、"社会性别引入生殖健康的实验和推广"(2003年至今,美国福特基金会、联合国人口基金会与国家人口与计划生育委员会)等。其中,"巢湖改善女孩生活环境实验区"在国内外产生了重要的影响,引起了国家和社会各界对男孩偏好问题的重视,直接推动了全国"关爱女孩行动"的开展。

近年来,研究所开始致力于人口与社会可持续发展的理论、方法、政策和实践的系统研究,尤其关注以社会性别和社会弱势人群的保护与发展为核心的交叉领域。作为国家"985工程"研究基地的重要组成部分,研究所目前的主要研究领域包括:人口与社会复杂系统的一般理论、分析方法与应用研究——探索人口与社会复杂系统的理论和方法,分析人口与社会复杂系统的一般特征及结构,建立人口与社会复杂系统模型,深入分析社会发展过程中出现的重大人口与社会问题;人口与社会政策创新的一般理论、分析方法与应用研究——分析人口与社会政策创新的理论内涵与模式,人口与社会政策创新的政策环境、条件、机制、过程与应用,建立人口与社会政策创新评估体系;转型期面向弱势群体保护与发展的社会政策创新研究、评价与实践——以多学科交叉的研究方法,研究农村流动人口在城镇社会的融合过程,分析农民工观念与行为的演变及其影响机制,研究其人口与社会后果,探索促进农民工社会融合的途径,探讨适合中国国情的城镇化道路;国家人口与社会可持续发展决策支持系统的研究与应用——在人口与社会复杂系统和人口与社会政策创新研究的基础上,结合弱势群体研究所得到的结果,面向国家战略需求,从应用角度建立人口与社会可持续发展决策支持系统,形成相应的数据库、模型库、知识库和方法库,解决人口与社会可持续发展过程中的重大战略问题。

中国社会正处于人口与社会的急剧转型期,性别歧视、城乡社会发展不平衡、弱势群体等问题日益凸显,社会潜在危机不断增大,影响并制约着人口与社会的可持续发展。西安交通大学人口与发展研究所的研究成果有利于解决中国社会面临的、以社会性别和弱势群体保护与发展为核心的人口与社会问题。本学术文库将陆续推出其学术研究成果,以飨读者。

摘　　要

　　低生育率背景下中国出生人口性别比的持续上升导致婚龄人口性别失衡和男性严重过剩。社会经济地位处于底层的农村大龄未婚男性往往是婚姻挤压的直接受害者。当更多研究关注过剩男性是否会对公共安全和社会稳定产生威胁时，他们本身的性（Sexuality）却很少得到研究。作为新型弱势群体，由于缺乏婚姻的保障，农村大龄未婚男性的性福利受到损害，这不但影响了他们自身的健康，还会通过性风险加剧性病/艾滋病的传播，给中国生殖健康乃至整个社会带来挑战和威胁。目前对受到婚姻挤压的农村大龄未婚男性的性问题尚缺乏深入系统的研究，对他们的性现状、面临的风险和影响机制缺乏定量研究，从而运用公共管理手段维护和管理他们的性便缺乏理论支持。

　　本书基于系统工程的理念和分析思路，根据社会建构主义对"性"的解释，结合社会心理学对性的研究成果，从生理维度、心理维度和社会维度入手，建立了婚姻挤压下的农村大龄未婚男性群体的性的分析框架。然后利用安徽省居巢区的调查数据，多层次、多维度地定量描述了农村大龄未婚男性的性现状，并从心理因素、主体建构因素和社会影响因素三个方面对农村大龄未婚男性的风险性行为和安全性行为倾向的影响机制进行了实证研究，发现了农村大龄未婚男性的风险性行为影响机制和安全性行为影响机制之间的差异，提出对其进行公共管理的可行措施和具体方法，为对农村大龄未婚男性的性进行公共管理提供了理论支持。最后指出，如果忽视二者的差异而采取相同的干预措施就会难以达成目标，这正是目前一些干预项目在行为改变目标上失效的主要原因。

ABSTRACT

The increased sex ratio at birth (SRB) in China has led to gender imbalance of marriageable population and a serious surplus men in the context of lower fertility rate. Forced male bachelors, whose socio-economic status are the lowest in the society, often are the direct victims of marriage squeeze. When many researches are focusing on whether surplus men will threat public security and social stability, their sexuality is less studied. As a new vulnerable group, the sexuality of forced male bachelors is worsen for the lack of marriage. That not only will damage their health welfare, but will challenge and pose a threat to the social reproductive health and event to the whole society in China by exacerbating the spread of sexually transmitted diseases and AIDS. Yet there are few in-depth and systematic researches on the sexuality of forced male bachelors by marriage squeeze in rural China. Quantitative researches about forced male bachelors are lack on the current status, risk level, and the influence mechanism of risk sexual behaviors and safe sexual behaviors.

Based on the system of engineering conception and analytical methods and the interpretations of sexuality by social construction, integrated the research results of social-psychology on sexuality, this book establishes an analysis framework of sexuality from three dimensions-which are psychological dimension, subjective construction dimension, and social influence dimension-for this group. Used the data from sample survey conducted in Anhui Juchao county, this book has revealed the current status of sexuality of rural forced male bachelors multidimensionally. And conducts emperical studies on the influence mechanisms of risk sexual behaviors and safe sex intention from psychological, subjective construction and social factors, and proposes specific measurements and methods of public administration for them. It provides theoretical support for public administration to forced male bachelors. If the differnces between them are ignored and the same intervention measurements are implemented, the intervention targets would be hard to achieve. That's the main reason why some intervention projects fail.

目　　录

第一章　绪论 …………………………………………………… 1
　第一节　研究背景 …………………………………………… 1
　第二节　概念辨析 …………………………………………… 9
　第三节　研究目标和框架 ………………………………… 13
　第四节　章节安排 ………………………………………… 15

第二章　研究综述 …………………………………………… 17
　第一节　性研究的相关理论 ……………………………… 17
　第二节　性行为研究常用的理论 ………………………… 28
　第三节　对性风险的干预 ………………………………… 36
　第四节　中国农村大龄未婚男性的研究 ………………… 40
　第五节　小结 ……………………………………………… 43

第三章　农村大龄未婚男性性研究分析框架 ……………… 45
　第一节　性的概念和维度 ………………………………… 45
　第二节　性研究分析框架 ………………………………… 53
　第三节　分析策略 ………………………………………… 62
　第四节　小结 ……………………………………………… 63

第四章　数据来源和样本信息 ……………………………… 64
　第一节　问卷设计 ………………………………………… 64
　第二节　数据采集 ………………………………………… 70
　第三节　样本信息 ………………………………………… 76

第五章　农村大龄未婚男性的性现状 …… 79
　第一节　农村大龄未婚男性的一般特征 …… 79
　第二节　农村大龄未婚男性的性心理 …… 85
　第三节　农村大龄未婚男性的性实践 …… 94
　第四节　农村大龄未婚男性的性影响 …… 104
　第五节　小结 …… 110

第六章　农村大龄未婚男性的性风险 …… 115
　第一节　研究设计 …… 115
　第二节　性风险及其影响因素 …… 126
　第三节　风险性行为及其影响因素 …… 132
　第四节　小结 …… 137

第七章　农村大龄未婚男性的性安全 …… 140
　第一节　研究设计 …… 140
　第二节　过去的性安全 …… 148
　第三节　安全性行为倾向 …… 153
　第四节　小结 …… 159

第八章　结论和政策建议 …… 163
　第一节　主要结论 …… 163
　第二节　政策建议 …… 167
　第三节　研究展望 …… 174

参考文献 …… 177

附录1 …… 200

附录2 …… 201

后记 …… 220

Contents

Chapter 1　Introduction　　　　　　　　　　　　　　　　　　／1
　1.1　Background　　　　　　　　　　　　　　　　　　　　　／1
　1.2　Concepts Definition　　　　　　　　　　　　　　　　　　／9
　1.3　Research Objectives and Framework　　　　　　　　　　／13
　1.4　Chapters Arrangements　　　　　　　　　　　　　　　／15

Chapter 2　Literature Review　　　　　　　　　　　　　　　／17
　2.1　Theories Related to Sexuality Research　　　　　　　　／17
　2.2　Theories Related to Sexual Behaviors　　　　　　　　　／28
　2.3　Intervention to Sexual Risks　　　　　　　　　　　　　／36
　2.4　Studies on Forced Male Bachelors among Rural China　／40
　2.5　Summary　　　　　　　　　　　　　　　　　　　　／43

**Chapter 3　Analysis Framework of Sexuality of Forced
　　　　　　Male Bachelors in Rural China**　　　　　　　　／45
　3.1　Conception and Dimensions of Sexuality　　　　　　　／45
　3.2　Analysis Framework of Sexuality　　　　　　　　　　／53
　3.3　Analysis Strategy　　　　　　　　　　　　　　　　　／62
　3.4　Summary　　　　　　　　　　　　　　　　　　　　／63

Chapter 4　Data and Sample　　　　　　　　　　　　　　／64
　4.1　Questionnaire Designed　　　　　　　　　　　　　　／64
　4.2　Data Collection　　　　　　　　　　　　　　　　　　／70
　4.3　Sample Information　　　　　　　　　　　　　　　　／76

Chapter 5 Sexuality Current Status of Rural Forced Male Bachelors / 79

5.1 General Characteristics of Rural Forced Male Bachelors / 79
5.2 Sexual Psychology of Rural Forced Male Bachelors / 85
5.3 Sexual Practices of Rural Forced Male Bachelors / 94
5.4 Sexual Influence of Rural Forced Male Bachelors / 104
5.5 Summary / 110

Chapter 6 Sexual Risks of Rural Forced Male Bachelors / 115

6.1 Research Design / 115
6.2 Sexual Risks and the Influenced Factors / 126
6.3 Risky Sexual Behaviors and the Influenced Factors / 132
6.4 Summary / 137

Chapter 7 Sexual Safety of Rural Forced Male Bachelors / 140

7.1 Research Design / 140
7.2 Past Sexual Safety / 148
7.3 Safe Sexual Behavior Intention / 153
7.4 Summary / 159

Chapter 8 Conclusions and Policy Suggestions / 163

8.1 Main Conclusions / 163
8.2 Policy Suggestions / 167
8.3 Future Researches / 174

Ronferences / 177

Appendix Ⅰ / 200

Appendix Ⅱ / 201

Postscript / 220

第一章 绪论

第一节 研究背景

一 社会转型时期新的人口现象

中国传统的以父权、父系和从夫居为基础的家族制度和儒家文化形成了以追求男性后代为目的的生育选择，成为男孩偏好和对女孩歧视的根源性原因。因此，中国历史上一直存在偏高的出生人口性别比和偏高的女孩死亡水平。当代中国正进行着人口、经济、社会、文化等方面的巨大变革，随着生育率的下降以及性别鉴定和人工流产技术的普及，中国出生人口性别比持续上升，并在偏高女孩死亡水平共同作用下，中国大量女性"失踪"（Johansson 和 Nygren，1991；Park 和 Cho，1995；Tuljapurkar 等，1995；Attané，2006；李树茁等，2006；Jiang 等，2007）。据估计，中国 20 世纪"失踪"女性超过 3000 万（Klasen 和 Wink，2002；姜全保等，2005）。仅 1980～2000 年，中国就少出生女孩近 1280 万，消除漏报因素，真正"失踪"女性数量也高达 850 万（Cai 和 Lavely，2004）。

女性失踪和出生人口性别比长期失衡必然影响总人口性别比，导致人口性别结构失衡。婚龄人口中的女性短缺，必然造成婚姻市场上男性的"婚姻挤压"，被挤压的男性无法找到配偶，形成男性过剩的现象。按目前的增长速度，2010 年之后每年将有数以百万计的年轻男性在婚姻市场上找不到初婚对象（Tuljapurkar 等，1995；李树茁等，2006；Poston 和 Glover，2005）。研究表明，大多数婚姻发生在同一阶层内部，即"门当户对"，当同一阶层内部出现较严重的婚姻挤压时，跨阶层的婚姻模式将增多（陈友华和乌尔里希，2002）。根据"男高女低"的婚姻择偶梯度模式，即男性在自身阶层以外择偶时，常常是下向婚，而女性通常是上向婚（Bernard，1982），这使得处于最高阶层的男性和最低阶层的女性在婚姻选择上有更大的空间，而处于最低阶层的男性和最高阶层的女性则存在成婚困难。尽管一些调节措施，例如提高女性的再婚率、扩大夫妻之间的年龄差、增加与外国女性结婚的数量等，能在一定程度上减轻婚姻市场上的这种不平衡，但仍有相当部分男性将永远被排除在婚姻之外。在人口流动的作用下，女性缺失导致的婚姻挤压对男性择偶造成的不良影响使得处于社会经济地位最弱势的男性群体成为性别结构失衡的牺牲品。微观研究结果也表明，受婚龄人口中女性缺失、女性上向婚和普遍早婚、婚姻成本高昂以及农村地区女性人口外流等多种因素的影响，受到婚姻挤压的大龄未婚男性主要分布在落后贫困的边远农村，他们普遍年龄较大、经济贫困且文化程度低、社会资本和社会资源相对匮乏（彭远春，2004；陈友华，2004；张春汉和钟涨宝，2005；石人炳，2006）。

二 婚姻：可望而不可即

中国是一个传统的家本位的普婚制国家，家庭是一切社会活动的中心。中国人向来把家看得特别重要，"人"从来不是单独的个体，而是被包含在"家"里。由于儒家文化思想的影响，延续香火和传宗接代的传统观念在中国社会根深蒂固。"成家立业"是中国人一生中最重要的两件大事，而"成家"通常是放在"立业"之前，可见"成家"在一个人的生命轨迹中的重要性。"不孝有三，无后为大"是又一种家喻户晓且被践行了上千年的传统文化观念，也是建立在婚姻家庭基础之上。由此可见，在中国人的观念中，"家"的地位不可替代，生儿育女延续香火责无旁贷，而这一家庭责任甚至是家族责任一般都是通过结婚生子才能实现。此外，婚姻作为一种社会联系纽带，在延续传统父系制度的同时，也通过新的血缘关系为发展社会经济网络提供基础。虽然"父母之命媒妁之言"的婚姻形式已经淡出历史舞台，但通过婚姻组建家庭的方式仍未发生改变。自愿不婚或自愿单身者因为跟传统的家庭婚姻观念和道德规范不一致，常常会遭受来自家庭或社会的异样眼光，承受巨大压力。因此，在中国，尤其是在农村地区，自愿选择不婚的男性微乎其微。我国2010年进行的第六次人口普查数据显示，只有3.3%的男性和0.3%的女性在50岁之后仍从未结婚，该比例低于同期的其他国家（Xenos和Gultiano，1992）。

彩礼是构建不同男性群体婚姻差异的关键因素。伴随着改革开放的全面展开和人们生活水平的提高，彩礼的数额也在逐渐增加。在少数地区，女性可以在结婚后不离开原来的家庭，但是，在父系制度下，从夫居的模式是主流模式，结婚后一般都是女方离开原来家庭而加入男方家庭，成为男方家庭或家族的一员，彩礼就是为了弥补女方家庭劳动力的丧失而广泛存在的一项制度。尽管新娘家也提供嫁妆，但实际上只占结婚所有物品中的很少部分，大部分结婚所需物品需要男方家庭提供。然而，随着改革开放和市场化进程的推进，彩礼以及其他婚姻花费急剧增长。例如，Parish和Whyte对广东农村的研究发现，在20世纪70年代末，彩礼的数额基本上是一个家庭的全部年收入；此后，在大多数地区，彩礼涨了3~10倍，增长速度远远超过了同期农民的平均收入增长速度（Parish和Whyte，1980）。与此同时，随着时间的推移，婚姻的花费如置办酒席、婚礼消费以及为了结婚而建房或买房的消费等直线飙升，把这些花费都考虑进来后，农村一个劳动力需要不吃不喝劳作11~16年才能负担得起（刘燕舞，2011）。这样，处在边远地区的贫困男性婚龄群体在婚姻市场中被边缘化，成为择偶中的"弱势群体"。2000年的普查数据显示，受教育程度在初中文化及以下、年龄在30~49岁的人口中未婚人口性别比高达1000以上，这意味着未婚男性人数为未婚女性人数的10倍以上（姜全保和李树茁，2009）。

经济因素和成婚的关系更多地体现在结婚时间上，即结婚的早晚。当收入水平较高时，人们倾向于较早结婚；而当经济水平下降或收入比较有限时，人们会因为手头拮据而推迟结婚（叶文振，1995）。这也是中国男性大龄未婚人口主要集中在农村的原因——是娶不起而不是不想成家（陈友华，2004）。这种因为贫穷而娶不起媳妇的现象，在中国，从古至今一直都存在。但如果只看到经济因素，而忽视人口结构因素，我们就无法解释为什么即使所有女性都结婚，仍会有1000多万男性找不到配偶（陈友华，2004）。在当前的社会转型时期，婚姻将成为很多农村大龄未婚男性可望而不可即的梦。

三 农村大龄未婚男性的性：新的公共管理问题

一些西方学者认为过剩男性的存在可能导致男性同性恋、风险行为（如酗酒、吸毒等）和暴力行为的增加，还可能刺激买婚、卖婚、骗婚、性交易和拐卖妇女等侵害女性生活福利等活动的增加，从而给两性关系、婚姻家庭和社会稳定等各方面带来严重影响，甚至会导致严重政治后果（Eberstadt，2000；Hudson 和 Den Boer，2004；Dudley P. 和 Glover，2005；刘中一，2005；靳小怡和刘利鸽，2009）。例如，赫德森和博尔（Hudson 和 Den Boer）在其 2004 年出版的《光棍：亚洲男性人口过剩的安全意义》中直接将"光棍"群体和社会安全联系在一起，认为处于社会底层不能成婚的年轻成年男性为了提升他们的社会地位，会通过暴力和犯罪方式联合起来，而政府会通过鼓励他们移民或利用他们为政府海外军事冒险等方式将这个"祸水"引向国外。虽然这种观点因为缺乏有力的证据引起了国内外学者广泛的争论，但对男女性别比例失衡与政治安全、过剩男性与社会不稳定之间是否存在因果关系并没有定论。然而，无论这些过剩的大龄未婚男性是否能给其他社会群体和公共安全带来负面影响，其作为社会群体的一部分，由于贫穷而受到严重的婚姻挤压和社会隔离，这本身就是一个重大的社会稳定和公共安全问题。

在中国传统文化中，婚姻不仅是组建家庭的关键环节，同时也是男女两性之间合法的结合体。这不仅符合几千年来儒家传统文化的要求，而且还受到近三十年来政治化价值观念的影响（Attané，2005）。在儒家文化中，性被放在生殖和传宗接代之下，只有"唯生殖目的"的性才是合情合理的。儒家文化并不否认性的发生，只是要求性存在于一定的社会规则之内，在婚姻内的性是受到大力提倡的，但一切非婚性行为是坚决受到反对的（潘绥铭和黄盈盈，2011）。改革开放前的新中国倾向于以阶级意识对人进行划分，社会控制也随之加强，几乎所有与私人相关的事情都被认为是"资本主义"的东西，包括性快乐也是被禁止的。尤其是在"文化大革命"时期，"无性文化"达到了前所未有的程度，几乎在一切文化表现形式上，性似乎都不存在了（潘绥铭和黄盈盈，2011），非婚性行为更是被认为是非法的（Emily，2003）。改革开放之后，中国社会发生了巨大变化，在一些城市中开始出现婚前性行为，然而婚姻的主要功能仍然是繁衍后代，绝大多数人对婚前性行为仍持反对态度（刘达临，1992）。与此同时，一夫一妻制是唯一合法的婚姻形式，因此人们普遍认为在婚姻范围内发生的性行为才是符合道德规范和法律规范的（刘达临，1992）。

然而，正如前面所述，女性短缺造成的婚姻挤压使得一部分男性被排除在婚姻之外。在这种情况下，这些男性不仅遭遇失婚，还可能会遭受失婚所带来的消极影响。一方面，因为不能按照社会规范的要求组建家庭，他们正常的生命历程可能会被打乱，从而影响到他们的福利。另一方面，因为婚姻之外的性行为不符合道德规范和法律规范，会受到社会歧视，他们会因为缺乏合法的性伴侣而丧失享受符合社会规范的正常、稳定的性行为的权利。从公共管理的角度来看，在艾滋病时代下，性行为并非个人独立和单一的行为和特征，而是具有共享性和集体性（潘绥铭和黄盈盈，2011），反映社会文化制度等的影响，反过来看，当个体的行为超出某个界限时也会对社会和他人产生影响。

根据其他国家的经验，社会文化的变革可能会引起非婚性行为、性伴侣数量和性病/艾滋病的持续增加（Gammeltoft，2002）。当代中国正进行着人口、经济、社会、文化等方面的巨大变革，国内的研究表明改革开放后中国人的性观念发生了巨大变化，婚姻与性开始分离，生育子女不再是发生性行为的唯一目的，婚前性行为和婚外性行为增加，性交易和性产业再度繁荣（潘绥铭等，2004）。性是人的基本需要之一，作为性成熟的过剩男性，对性的需求如果无法在婚姻内得到解决，他们有可能进行无计划和偶然性的性行为，通过寻求其他的性行为途径，如性交易行为、非婚性行为、同性性行为等，来缓解或满足自己的性需求。在中国部分偏远农村，已经出现地下性交易所。比如，在湘西偏远苗寨，男女比例严重失调，又受到婚姻资源外流的影响，许多村寨几乎已经成为"光棍"村（老愚，2011）。于是，集镇中的地下性交易所应运而生，每次只需花费二三十块钱，"光棍"们就可以在这里解决生理上的性需要。68岁的老"光棍"张某，走很远的路卖一只鸭子为的就是满足自己的性欲。而掏不起买性的钱的人，可以透过墙上的小孔观看活体表演，每次仅需一元人民币。在这些性行为中，根本没有人使用安全套。这也正是很多学者担忧之处，处于社会经济的弱势地位、缺乏必要的卫生保健资源和知识等各种不利因素会使农村大龄未婚男性面临很大的性风险，他们可能成为色情行业和性交易市场的蓄水池以及性病/艾滋病传播的桥梁人群（刘中一，2005；莫丽霞，2005；Tucker 和 Henderson，2005；庞皎明，2006；Ebenstein 和 Jennings，2009）。

2002年，不安全性行为被世界卫生组织（WHO）排为全球人类健康十大主要危险因素的第二位。不安全性行为包括无保护的阴道性交、肛交、口交等，因为在这些行为发生的过程中体液会进入对方体内，如果一方患有性病/艾滋病，体液中的病原体就可通过微小创面进入对方的血液，从而造成性病/艾滋病的传播。当今世界上80%的艾滋病病毒感染者的感染途径是性行为。艾滋病病毒的三大传播途径分别是性接触、血液和母婴垂直传播，但从全球特别是非洲艾滋病传播途径的变化情况看，不管艾滋病病毒感染早期是通过何种形式传播，最终都会发展到以性接触为主要传播途径的感染。截至2011年，中国大陆存活艾滋病病毒感染者和艾滋病患者78万，其中，经异性性接触感染占46.5%，经同性性传播占17.4%；2011年新发艾滋病病毒感染者4.8万，其中，异性性传播占52.2%，同性性传播占29.4%，性接触传播已成为我国艾滋病流行的主要传播方式（郑灵巧，2012）。性病/艾滋病不仅是一个医学问题，而且还是一个严重的社会问题，它给社会、经济、家庭和个人都带来了灾难性后果。艾滋病具有高感染率、高死亡率的特征，会造成社会人口结构的变化和期望寿命的缩短。从全球来看，性传播疾病已经成为巨大的健康和经济负担。在一些发展中国家，性传播感染已经成为患者寻求医疗保健的前10位原因，显著消耗国家的卫生资源和家庭收入。例如，撒哈拉南部非洲国家艾滋病带来的死亡已经大大抵消了由于经济发展和医学发展增加人均预期寿命的成就（曾毅，2001）。性传播感染还可能带来性伴侣之间的冲突和家庭暴力（WHO，2006）。因此，性病/艾滋病对社会和经济发展以及人民健康带来的危害性比其他任何疾病都大，其广泛流行是全球公共管理面临的严重挑战之一。

在以异性性行为为主的人群中，不安全性行为是性病/艾滋病传播的主要方式，不安全性行为使得性行为双方都面临感染性病/艾滋病的巨大风险（Liao等，2003）。同时，人口流动加速了性病/艾滋病的传播，给中国生殖健康乃至整个社会带来挑战和威胁。根据Tucker的观点（Tucker等，2005），地区间的收入差异和婚姻市场的挤压迫使农村和贫困地区的人为了找到更好的工作和合适的结婚对象从农村地区流动到城市地区。在他们找到结婚对象之前，他们可能会从性工作者那里满足自己的性欲望，也可能同时有着多个性伴侣,这将使他们处于性病/艾滋病感染的风险中。因此,一旦他们挣了钱,找到了结婚对象,生活变得稳定了,就有可能从高风险的性伴侣(女性性工作者)转移到低风险的性伴侣(同样贫穷的农村或城市女性)。因此,感染性病/艾滋病的风险就可能会从高危人群向普通人群转移,由城市向农村转移。有证据表明,已发现的艾滋病病毒感染者中流动人口占很大比例,并且流动人口中的艾滋病病毒感染比率相对较高。流动人口艾滋病病毒感染者中,以青壮年为主,在报告的性病、艾滋病患者中20~49岁的占90%,且男性多于女性。调查显示从农村到城市的流动人口感染生殖道疾病和艾滋病病毒的风险在增加(Parish等,2003),来自国内流动人口的调查也证实了这个观点(楼超华等,2004)。

由此可见,如果农村大龄未婚男性对性的需要是通过不安全性行为解决的,那么这不仅会影响其自身的健康,还会对社会公共卫生管理带来威胁。因此,需要从公共管理的视角来看待这个问题。

四 性研究的动态发展

人们对性(Sexuality)的认识是随着社会的发展变化而变化的,自从奥地利的克拉夫特·埃宾在其著作《性精神病》中第一次把性作为一个相对独立的现象进行研究以来,性的含义和内容已经从最初生物学和行为学意义上的Sex扩展到无所不包的Sexuality。性研究的发展变化可以归纳为以下几个方面(Parker和Gagnon,1995;潘绥铭和黄盈盈,2011)。

1)研究内容的变化

研究者把性纳入科学主义研究范畴之前,对性行为的研究主要发生在医学领域。医学上将性看作原始的驱动力,他们承认这种驱动力在男性和女性身上的表现形式有所不同,但他们认为这需要人们通过自我约束和环境影响来加以控制。例如,18世纪初的西欧社会流传着手淫有害的观点,人们认为无论男女,体液的流逝都将削弱生命活力。医学界从认为类似行为属于体液疾病发展到认为其是精神病态,并且为了控制这些病态的欲念,开发了形形色色的治疗方法。而到现在,性研究内容包括行为、观念,更多体现在社会、文化、政治、经济等对性的影响。与此同时,一些性实践家也加入研究队伍,对性的研究从学术研究迈向了社会运动和社会实践。女性主义研究、男女同性恋研究都从不同侧面扩充了性研究的内容。

2）研究队伍的变化

最早对性学进行科学研究的是医学领域的医生，目前已经确认有研究资格的学科、团体或个人队伍越来越庞大，虽然社会生物学家、医生（大都是精神治疗师和心理分析师）、宗教领袖、政治家以及政府官员们（例如警察或社会工作者）的影响仍不可忽视，但社会学、人类学和心理学等分支学科已经在性学领域占得一席之地。原来只作为研究对象的性少数群体也加入性研究的队伍中。例如，越来越多的宣称自己是同性恋者的人进入同性恋问题研究领域。

3）研究方法的变化

随着不同研究领域的研究者加入性研究队伍，不同领域的研究方法也进入性研究领域。20世纪30年代，在医学占据统治地位的性研究中，医学中的临床访谈和生活史研究占据主要地位。到20世纪40年代，人类学家加入性学研究队伍，人类学的田野研究法被纳入进来；社会学家的加入又带来了问卷调查法。60年代之后，心理学上的实验观察法和实验法被应用进来。到70年代，人种志研究也运用到性学研究中。到80年代，几乎所有的社会研究方法都被应用到性学研究中。

4）研究对象的变化

性学的研究对象随着研究者和人们对性认识的变化也在发生变化。研究初期主要是医生对一些精神病患者、罪犯或行为失常者进行研究，随后，心理学家、人类学家和社会学家的加入，使研究对象的选择和定义都发生了改变。比如，同性性行为在性学研究初期被认为是可耻的，属于犯罪。后来这类人群却被定义为群体或拥有另类生活方式的人。与此同时，对普通人的研究也越来越多。例如，对青少年的研究、对大学生的研究、对农民工或流动人口的研究，对已婚夫妻的研究等越来越多地进入性学研究者的视野之内。

总之，作为新中国社会转型时期出现的新的人口现象，作为性别失衡后果的直接承受者，数量庞大的农村大龄未婚男性将难以在中国的初婚市场上找到结婚对象，难以过上普通人习以为常的"娶妻生子"的生活。他们中的很大部分将不得不长期甚至终身被迫单身。因此，无论在性观念上，还是在性行为上，甚至在性感受上，他们必将与已婚男性具有较大差异。从性的整体概念出发，了解农村大龄未婚男性的性现状、他们面临的性风险、存在的性安全将很有必要。

第二节 概念辨析

一 大龄未婚男性、过剩男性和光棍

目前，在对大龄未婚男性的研究中，经常可以看到这样三个词："大龄未婚男性""过剩男性""光棍"。事实上，这三个词的中文意思是存在差异的。

"大龄未婚男性"这个词属于中性，无论是在东方还是西方的文化环境中，该词都不区分该未婚男性是自愿选择不婚还是被迫不婚。但是，基于西方的文化背景，人们对婚姻的态度和选择行为具有很大的自主性，婚姻是个人行为，是否单身属于个人选择，对单身者有更多的宽容和尊重（Cockrumm和White，1985）。因此，该词背后潜在含义通常是自愿自主选择不婚。比如，20世纪80年代，美国的独身率大约在5%~10%，并有不断上升之势，30~40岁男性中未婚比例高达22.2%，估计终身不婚者约为10%（哈夫曼和莱蒂南，1993）；在德国，每六个家庭中就有一个单身家庭（王霞，2006）。

抛开中西方差异来看，一般而言，大龄未婚男性的人口构成有三类：一是有结婚条件和结婚能力的人信奉独身主义，自愿不结婚；二是由于个人生理或心理有严重疾病而不能成婚者；三是本人有结婚愿望，并努力寻求配偶，但因婚姻市场拥挤而找不到配偶的人（莫丽霞，2005）。在中国，由于历史政治原因，还存在第四种大龄未婚男性——历史塑造型光棍，他们通常是因为政治成分不好，在政治至上的年代里，没人愿意嫁给他们而成为"光棍"（刘燕舞，2011）。目前西方大部分研究以第一类大龄未婚男性为研究对象。在中国，也存在自愿选择不婚或推迟结婚年龄的人。例如有针对IT行业单身男性的调查显示，他们未婚是由于工作过于繁忙而缺少找配偶的时间，并非找不到配偶（周智涛等，2007）。

但是，总体而言，中国属于家本位的普婚制国家，家庭是一切社会活动的中心。因此，在中国，尤其是在农村地区，很少有男性自愿选择不婚。但是，即使每个男性都积极谋求婚姻，但由于择偶梯度的存在——女性通常会选择条件优于自己的男性做伴侣，在各方面都处于劣势的男性就很难找到结

婚对象。这类男性在中国历史上一直存在，只是比例很低，平均到每个村甚至不到一个。由于数量过少，在太平社会里，他们很难引起什么轩然大波、对社会造成很大影响。有一个词非常形象地描述了这类人——"光棍"。光棍的原意是指没有皮的棍子。中国历来重视子孙的繁衍，常用"枝繁叶茂"来比喻子孙众多，父母为树干，儿女为枝叶。然而，没有老婆就意味着不能有自己的孩子，这样的男性就像一根光秃秃的没有皮的树枝，无法开枝散叶、传宗接代和延续香火。后来"光棍"就被用来比喻那些超过某一年龄却不能成婚的男性。

"过剩男性"一词的出现是随着20世纪80年代之后中国的人口社会出现的异常现象——持续上升的偏高出生人口性别比和偏高的女孩死亡水平——而出现的。这导致大量女性失踪，婚姻市场发生严重男性婚姻挤压，受挤压的男性无法在中国的初婚市场找到结婚对象。对应婚姻市场女性缺失这一社会现实，"过剩男性"一词应运而生。因此，过剩男性一词的出现具有特定历史背景和特殊条件。

由于"光棍"和"过剩男性"属于特殊条件或环境下（如超过一定年龄、社会经济状况低下、女性缺失等）的大龄未婚男性，而这些条件除了年龄是客观可观察的，其他条件都难以观测或进行控制，因此，在本研究中，仍采用"大龄未婚男性"称呼本研究对象，但其英文采用Forced Male Bachelors。

然而，目前学术界对多少岁以上仍未结婚就属于大龄未婚行列这一年龄界限没有统一的认识或公认的准则。在不同的社会、经济、文化环境下，人们公认的合适的结婚年龄范围和实际的结婚峰值区间存在差异。一般而言，城市人口平均结婚年龄要晚于农村人口。虽然刘爽和郭志刚将北京大龄未婚青年的年龄下限定为25岁，但其研究重点却放在30岁以上的未婚青年上（刘爽和郭志刚，1999）。汪洁和梁朝辉则将35~49岁的城市未婚人口定义为大龄未婚青年（汪洁和梁朝辉，2006）。在张春汉和钟涨宝的研究中，28岁及以上的农村男青年才真正存在找对象困难的情况（张春汉和钟涨宝，2005）。

西安交通大学人口与发展研究所在河南省LH市YC区和安徽省H县的质性研究表明，在中国农村，男性一般在22~25岁结婚，25~27岁是男性晚婚的适合界限。而28岁则成为一个重要的"分水岭"，农村男性在28岁以前仍有较大的结婚机会；一旦超过 28 岁，他们的结婚机会明显下降。因此，当地居民认为 28 岁及以上的从未结过婚的男性要结婚会很困难（李艳，2008）。本书将那些年龄在 28 岁及以上从未结过婚的身心健康的农村男性统称为"大龄未婚男性"。

二 Sex 和 Sexuality

Sex 和 Sexuality 来源于西方，随着人们对 Sexuality 认识的深入，人们逐渐认识到 Sexuality 不只是生物学和行为学上的事物，而是包含心理学、社会学、文化学等多个层次，这导致了 Sex 一词的含义日渐缩小，到目前更主要指性行为或男女之间的生理差异。而 Sexuality 一词得到广泛应用，并且越来越被广泛地用来指与性有关的一切层面。

Sex 一词源于拉丁文 Sexus，在拉丁文中是"分开、切开"的意思，在英文中表明男人或女人的性别状态。而用 Sex 表示性行为则大约是在 1918 年才开始。汉语中对应该词的是性。实际上，在古代汉语中性并不是指 Sex，而是与其他词组合成一定的意思，例如"性质""天性""性格"等。用性专指 Sex，其实是来自日本。大约在 20 世纪初，日本人用汉字"性"代替 Sex，从而开始了现代汉语的 Sex（性）概念。目前，Sex 更多的是指男女之间的生理差别，或者是指性行为。

Sexuality 这个词直到 20 世纪 60 年代才逐渐普及开来，伴随着人们对 Sexuality 认识的深入而产生，它已经成为目前几乎一切非医学的性研究的根基和中心，成为一种"统治的话语"（潘绥铭和黄盈盈，2011）。然而，到目前为止，中国学者对 Sexuality 仍无统一译法，可见的中文表述有性存在、性现象、性状况、性经验、性意识、性态、性征、性素质、性本性、性性、全性等（刘正红，2002；阮芳赋等，2006；潘绥铭和黄盈盈，2011）。本书认为上述翻译都无法准确表达 Sexuality 的真正含义，但是，为了推广这个词，同时也表达一种愿望，期望随着时代的发展和研究的推进，逐渐使人们知道，性的定义和含义已经发生改变，本书使用"性"来表达这种无所不包的含义。虽然在对 Sexuality 的翻译上没有达成共识，但是研究者对 Sexuality 含义的变化已经达成共识。性是个人人格的组成部分，是人整体中的一部分，是以生物学和行为学意义上的 Sex 为基础，强调性在社会学与心理学意义上的现实存在状态，强调性主体对性的感受和认识，强调性与社会文化的互构（阮芳赋，2002；Greenberg 等，2010；潘绥铭和黄盈盈，2011）。因此，性至少存在三个维度，一是基于解剖学、生理学和生物化学上的生理特征，包括性器官及其发育、性行为的生理特征以及生育现象等；二是心理特征，主要包括情感、经验、性行为的心理特征、性取向及性偏好等伴随性活动的一系列心理现象或过程，也包括对自己和他人的态度和感觉；三是基于生理特征和心理特征而表现出来的性表达，是社会和文化等对个体的思想和行为的影响的集合体，性表达受到社会文化、道德规范、社会经济地位、技术发展水平，也包括政治的影响。

三 风险性行为和安全性行为

对风险性行为（有的文献称为高危性行为）的界定会因研究目的和研究内容的不同而有所不同，Amanda Cohen（2009）通过文献梳理，将对风险性行为的研究归纳成五种（Cohen，2009）。在医学模型中，性风险行为是指能将个人置于感染性病/艾滋病或导致非意愿性怀孕风险中的无保护性性交（包括阴道性交和口交），常常被严格限定在性交行为和不使用安全套的行为上。酒精/药物模型是指在酒精或药物的影响下进行的性行为，在这种情况下，尤其是青少年和男男性行为者更有可能发生无保护性行为。把风险性行为的影响后果纳入分析的研究可以归入社会模型。强调情境和人群的不同会产生不同的性风险的研究被归入自我定义模型。而强调文化和宗教等在性风险行为中扮演着重要角色的研究属于文化模型。

但也正如 Cohen 指出的那样，没有哪类研究会同时包含上述五种风险性行为。社会学对风险性行为的研究前提是个人的 Sexuality 会受到社会文化和社会环境的影响，同时，也会对社会造成影响。根据中国农村大龄未婚男性"未婚"和"大龄"的特点，本书将风险性行为限定在能使个人感染性病/艾滋病的性行为，而不考虑非意愿怀孕。因此，在本研究中，农村大龄未婚男性的风险性行为包括多性伴侣行为、性交易行为、同性性行为和无保护性行为。

与风险性行为相对应的行为是安全性行为。根据世界卫生组织对安全性行为的解释，安全性行为是指不能传播艾滋病或其他性传播疾病的性行为方式，包括正确和持续使用男性和女性安全套、禁欲、推迟首次性行为时间和保持一个性伴侣或减少性伴侣数（WHO，2006）。安全套是目前可获得的唯一最有效率的能减少艾滋病病毒和其他性传播疾病感染传播的工具。虽然女性安全套也是有效和安全的，但是由于其成本高昂，还不能全面推广使用。因此，男性安全套使用情况成为衡量安全性行为的唯一指标。

风险性行为和安全性行为也可能存在重合，在艾滋病时代，风险性行为更主要是源于存在多个性伴侣，并且在与不同的性伴侣发生性关系时不采取保护措施。如果是单一配偶行为就不存在性病/艾滋病传播风险（黄盈盈和潘绥铭，2011）。但是，如果发生了多性伴侣行为，那么在性行为中使用安全套可以预防和减少性病/艾滋病的传播风险。

第三节 研究目标和框架

本书的研究目标是通过对性别失衡背景下农村大龄未婚男性的性进行探索性研究，旨在了解农村大龄未婚男性的性现状，发现农村大龄未婚男性各种风险性行为的影响因素和安全性行为的影响因素，在此基础之上，找出减少农村大龄未婚男性的性风险和促进性安全的方法，为对农村大龄未婚男性进行公共管理提供理论支持和政策建议。

具体的研究目标如下：

第一，探索和构建农村大龄未婚男性的性研究分析框架。

第二，揭示农村大龄未婚男性的性现状。

第三，发现影响农村大龄未婚男性风险性行为的因素，为对风险性行为进行公共管理、减少风险性行为的发生指明可行方向。

第四，找出农村大龄未婚男性的安全性行为倾向的影响因素，为对大龄未婚男性的安全性行为进行公共管理提供理论支持和政策建议。

基于上述研究目标，本书的研究框架如图1-1所示，具体的研究思路和研究方法如下。

第一，对与本研究主题相关的已有研究进行总结、归纳和评述。本书主要基于婚姻视角对农村大龄男性的性进行系统研究，首先介绍性领域主要理论研究，然后根据国内外对性的实证研究结果，归纳性的主要影响因素；再指出目前对中国低生育水平和婚龄人口性别失衡背景下大龄未婚男性的性研究现状，指出本书的研究空间。

第二，基于对已有研究的总结，提出性别失衡背景下，反映农村大龄未

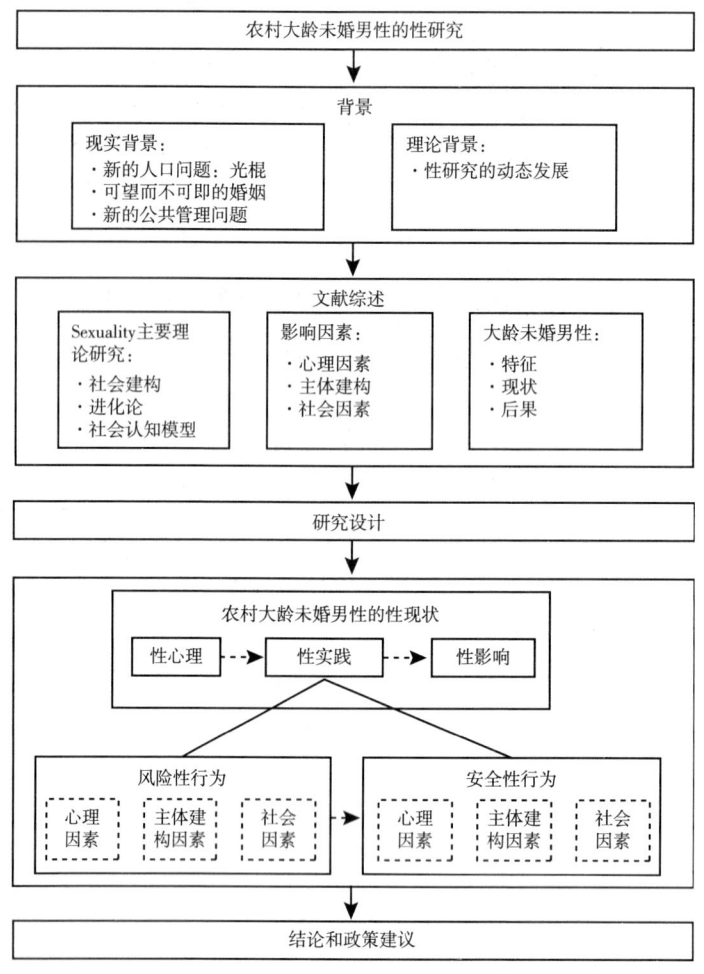

图 1-1 研究框架

婚男性特征的性的分析框架。性是人整体中的一部分，包括三个维度：生理维度、心理维度和社会文化维度。从公共管理学和社会学的角度研究性，性的生理维度主要表现在其性行为上，心理维度主要表现在对各种与性相关的事物的态度和观念，社会文化维度主要表现为个体感受到的来自外界的影响。从社会建构的角度来看，性不仅受个体对性的态度的影响，也受个体的各种主体活动的影响，还会受到周围环境的影响。

第三，农村大龄未婚男性性现状的描述。根据性的分析框架，本书在描述了被调查者的基本情况和特征后，多层次多维度揭示了大龄未婚男性的性现状。首先，从婚姻、单身、失婚原因、对结婚的期望、买婚和对单身生活中性的态度等多方面揭示大龄未婚男性的性心理。其次，从性实践现状、性行为特征等方面揭示农村大龄未婚男性的性实践。最后，从自我评价、压力感知、情感福利和日常生活等方面揭示农村大龄未婚男性感受到的性影响。

第四，农村大龄未婚男性性风险的研究。通过对农村大龄未婚男性性风险和各类主要的风险性行为的影响因素的研究，找到对他们进行公共管理以减少性风险的方向。根据大龄未婚男性的特点，本书重点研究四类风险性行为：多性伴侣行为、性交易行为、同性性行为和无保护性行为。在 KAP（知识—态度—行为）理论基础上，纳入主体建构因素（抽烟、喝酒、看黄和上网）和社会因素（教育、收入和时代年龄），采用与已婚男性对比研究的方法，分析影响农村大龄未婚男性各种风险性行为的主要因素。

第五，农村大龄未婚男性性安全的研究。通过对农村大龄未婚男性过去性安全行为和未来的安全性行为倾向的研究，找到对他们进行公共管理以促进安全性行为的途径和方法。采用健康行为改变和安全套使用行为中使用最广泛的理论——计划行为理论为主要理论基础，借鉴国内外对该模型的研究结果，充分考虑性别失衡背景下农村大龄未婚男性的特征和他们的风险性行为的影响因素，即在态度、主观规范和知觉行为控制的基础上，加入主体建构因素（抽烟、喝酒、看黄和上网）和社会因素（教育、收入和时代年龄），研究大龄未婚男性的安全性行为倾向的主要影响因素。分析时，采用婚姻的视角。首先，建立总样本（包括已婚和未婚的样本）模型，研究婚姻状况对安全性行为倾向的影响，然后再分别加入 TPB（Theory of Planned Behavior，计划行为理论）模型中的变量、扩展变量（过去行为经验）、风险性行为的影响因素，分析各因素对安全性行为倾向的影响。在总模型的基础上，将总模型分成已婚子模型和未婚子模型，分别研究已婚人群和未婚人群安全性行为倾向的影响因素的特点。通过对比，得出农村大龄未婚男性安全性行为倾向的影响因素。

第四节　章节安排

对应上述研究思路，本书章节安排如下。

第一章为绪论。主要介绍本研究的研究背景，辨析主要概念，明确研究目标，确立研究内容和研究框架。

第二章为文献综述。主要对国内外主要研究成果进行详细的总结、归纳和评述。介绍目前性研究领域里存在的三种主要学术流派及其主要理论，指出其区别、主要适用条件和局限性，并点出本书的前提和假设基础；然后介绍国内外对性研究的实证研究结果，归纳性的主要影响因素；再评述目前对中国低生育水平和婚龄人口性别失衡背景下大龄未婚男性的性研究现状，指出本书的研究空间。

第三章，农村大龄未婚男性性研究分析框架。采用系统分析理论和方法，根据目前社会建构主义对性的定义和维度，构建了性别失衡背景下，反映农村大龄未婚男性特征的性的分析框架。

第四章，数据来源和样本信息。介绍了与本书使用的数据有关的信息，包括问卷信息、调查地介绍和调查方法、调查工具以及调查样本基本情况。

第五章，农村大龄未婚男性的性现状。通过与已婚男性的对比，从性心理、性实践和性影响三方面对农村大龄未婚男性性现状进行描述。

第六章，农村大龄未婚男性的性风险。本章主要分析农村大龄未婚男性四类风险性行为：多性伴侣行为、性交易行为、同性性行为和无保护性行为。利用回归模型，采取与已婚男性的对比，首先，从整体上分析农村大龄未婚男性性风险现状及其影响因素。然后，分别看这些风险性行为的现状及其影响因素，为对农村大龄未婚男性的风险性行为进行公共管理指明方向。

第七章，农村大龄未婚男性的性安全。本章从过去和未来两个方面查看农村大龄未婚男性的性安全现状。然后利用回归模型，通过与已婚男性的对比，分析农村大龄未婚男性安全性行为倾向的影响因素，为对农村大龄未婚男性进行公共管理提供理论支持和政策建议。

第八章，结论和政策建议。首先，对农村大龄未婚男性的性研究进行总结；其次，在评述和总结目前中国对重点人群进行公共管理的方法、方式和措施中的不足的基础上，根据本书对农村大龄未婚男性的性现状和性行为的研究结果，结合性别失衡和人口流动的背景，提出有针对性的对策和建议。最后，提出研究展望，指出本书的局限性，指出有待进一步分析研究和验证的问题。

第二章 研究综述

本章的主要目的是对以往的相关研究进行总结和回顾，在此基础上，分析已有研究的不足和未来可能的研究空间，为确定后续研究方向和策略提供依据。首先，本章回顾了性研究的主要相关理论，包括生物进化理论、性的本质主义理论和社会建构理论。其次，从微观行为层面，介绍了性行为研究中常用的理论。再次，回顾了性行为研究中常用的干预措施。最后，总结和回顾了本书研究对象——农村大龄未婚男性的研究，从农村大龄未婚男性的一般特征和公共安全特征，提出对农村大龄未婚男性的性研究所需解决的问题，确认本书研究空间。

第一节 性研究的相关理论

随着对性的认识的深入，性的理论范式在发生变化。从最初的实证主义研究范式，到人类学家发展的文化影响模式，再到社会建构模式。在生物医学领域，性的本质主义和决定论占上风。人类学家提出了性的文化影响模式，强调社会文化因素对性的影响，但仍认为性的基础具有普遍性，并且是由生物因素所决定的。社会建构主义认为性并不是一种独立于外界条件的观念，而是文化和历史建构的结果，这种结果会随着时间和社会的改变而不同。性的社会建构理论认为不存在普遍的人类性本质，不存在内在的由生理决定或天生的性冲动，性实践、性欲望和性关系等是由社会通过极为错综复杂的方式造就并且是由社会来加以规范的。

一 生物进化论

性研究领域中的进化论来源于生物进化论中的优胜劣汰和适者生存原则,其根本假设在于:在生理和心理特征上更能适应在某种环境下生存的生物比适应性差的生物繁衍速度更快,进化的结果就是这些更具适应性的特征逐渐取代并成为物种的普遍特征。应用到性领域,生物进化理论认为现代人的欲望和行为是遗传自祖先的基因,是早已经设定好的,这使得我们会做出那些有助于我们繁衍生息的行为。我们的祖先的某些行为和特征使得他们可以生育更多更优秀更具适应性的后代,从而使得他们的血脉得以延续,而我们正遗传了他们的这些基因。

进化理论者认为,人类的约会、婚配、生育以及性的所有方面,包括从最初的性吸引产生的兴奋,到每日维持长久的关系,再到性关系中断时经历的愤怒和痛苦,实际上都是或者至少也是部分由进化过程形塑的(Cosmides 等,1992;Maner 等,2003)。进化论者认为自然界中的择偶行为要求男性对女性更加主动,尤其是对那些在生理特征上具有较强生殖力的女性更加主动,而且要求男性通过攻击和支配来与其他男性竞争;女性由于不会轻易放弃自己的生殖机会,所以会仔细考虑男性保护和抚育后代的能力。也就是说,我们继承了祖先的适应性偏好,我们追求任何有利于子孙生存、繁衍并养育后代的事物,并以此保证自己的生存和繁衍。一些研究表明,男人和女人在寻找性伴侣和他们是否愿意进行临时性行为的特征上是不同的,男人倾向于喜欢年轻健康的女人,因为具有这些特征的女性更有生育能力;而女人更青睐社会地位高、富有、有权力和资源的男人,因为他们可以为后代提供足够的保护和抚养条件(Buss,1989;Kenrich 和 Keefe,1992;Li 等,2002)。男性通常愿意进行没有任何长期关系前景的临时性行为,而女性相对而言更倾向于在同意性交前获得某种承诺(Clark 和 Hatfield,1989;Simpson 和 Gangestad,1991;Rupp 和 Wallen,2008)。

对生物进化论的批评之一是生物进化论通常采用倒推法构建解释,即从一个结果或事实出发(例如两性在性活动主动性方面存在差异,男性比女性更主动)倒推寻找原因,属于事后解释。这种事后解释很有说服力,但却是一种"投机性的猜测"(Ehrlich 等,2003)。另一种批评是认为生物进化论关于性和性别的解释会增强人们对男女两性的刻板印象,例如进化学派的解释可能会让人们把男性天生的攻击性作为强奸罪成为正当合理行为的理由。还有的批评认为被生物进化论者用来区别现代两性之间性角色的依据，实际上和权力、地位、机会与资源的不均等紧密相关（盖格农，2009）。最重要的批判认为生物进化论无法预测和解释文化能在短短几十年的时间内就对人类性行为产生影响（Myers，2005）。

本研究认为，自然赋予了我们适应各种不同环境的能力，进化影响和文化影响不是相互对立的，所有社会和心理因素归根结底都是生物因素，对于生物遗传所引发的因素，文化会起到加强作用；同时，生物和文化因素也可能存在交互作用（Eagly，1987；Eagly and Wood，1999；迈尔斯，2006）。这种交互作用通过多种方式对人产生影响，会通过特定的社会情境对人产生影响，人们通过自主选择所处环境，或主动创造自己的环境，从而实现人的因素和环境因素的交互作用（Snyder 和 Ickes，1985）。

二 性的科学主义

本质主义认为一切事物都具有一个自然规定的、超历史、超时空、唯一和永恒不变的本质，只要掌握了普遍的认识方法就能透过现象揭示事物的本质，创造出普遍有效的知识。从19世纪末到20世纪初，大批学者投入性研究领域，试图揭示性领域中的法则（即性的本质），开创了现代"性学"（Sexology），这类理论也被称为性的科学主义。著名的学者包括克拉夫·埃宾、霭理士、赫希菲尔德、马斯特斯和约翰逊等。至今，他们的研究结果仍然影响着人们对性的理解和认知。

性的科学主义的主要思想是：第一，性是植根于每个个体内部的一种自然力量。第二，性是人类自身的一种本能或冲动，就如同人们对衣食住行的需求一样，性也是一种基本需要。第三，性是人类行为的重要驱动力和本能，它影响着我们生活的方方面面，从生理方面到心理方面，它也激发着人类大部分行为。第四，性的科学主义认为，性本能在本质上是属于异性恋的，男人和女人之间具有天然的吸引力。到目前为止，仍有少数性学家认为性的主要目的是生儿育女，只有异性恋才是正常和自然的形式。第五，男女两性在性行为方面存在本质上的差异，是以男女两性的生理为基础的。第六，性理论常常以仅仅涉及男性性行为与异性恋性关系的内容为主。第七，对性行为进行科学研究有助于减少性无知，并建立起个人和社会之间的和谐关系。第八，存在着普适性的、不随时间和文化而改变的性认知（Parker 和 Gagnon，1995；Seidman 等，2007）。

三　社会建构理论

社会建构理论（Social Construction Theory）是相对于本质主义的一种理论。社会建构理论的基本假设是社会现实是以解释过的事实而非客观事实呈现出来的，而对社会现实的解释很大程度上就是不断建构新的社会现实。也就是说，世界是客观存在的，但是对世界的理解和赋予的意义却是由每个人自己决定的。人们以自己的经验为基础建构事实，或者解释事实。由于每个人的经验以及对经验的信念不同，于是人们对外部世界的理解也不完全相同。应用到性领域，社会建构主义认为性并不是一种独立于外界条件的观念，而是文化和历史建构的结果，这种结果会随着时间和社会的改变而不同。

社会建构理论在性领域的应用最早可以追溯到米歇尔·福柯的《性史》。福柯认为人的性本质不是与生俱来的或天生的，而是通过那些形成自我的话语建构出来的，通过这些话语，人们成为自己世界中有意义的演员，成为自身欲望的主体（福柯，1989）。那些使主体感到欲望的身体特征，是人类主体本身的文化规范、社会习俗以及政治制度建构的偶然结果，它决定了人们的性感理想，定义了人们会觉得受到吸引的范畴和看法（Stanton，1992）。

性的社会建构理论认为不存在普遍的人类性本质，不存在内在的由生理决定或天生的性冲动，性实践、性欲望和性关系等是由社会通过极为错综复杂的方式造就并且是由社会来加以规范的（Weeks，1985）；社会文化的建构不仅影响个体的主体性和行为，同时也会通过性认同、性的定义、性的意识形态以及对性的管理来形塑集体的性经验（Gagnon 和 Parker，1995；潘绥铭和黄盈盈，2007）。社会建构主义并不否定生理学上的性的重要性，但认为它并没有直接决定性生活的形式，只是提供了一系列潜在的可能。社会建构主义者 Weeks 认为性并不是一直都存在的，而是由社会、历史和文化建构出来的，而且在将来的某个时刻可能不再存在的"虚构的整体"（Fictional Unity）。换言之，一个人的性状态是个体有意识的自由选择的结果。人们可以有意识地选择自己的性认同、性取向或性欲，无论是性身份认同还是性欲其实都是社会和历史的产物。

性脚本理论和主体建构理论是社会建构理论中两个具有广泛影响的理论，初级生活圈理论则是中国背景下由中国人自己提出的符合中国实际情况的理论。

（一）性脚本理论

性脚本理论（Sexual Script）是社会建构主义的一个重要理论，是由美国社会学家约翰·盖格农和西蒙于1973年在《性举止——性的社会组织》中首次提出。脚本是表演戏剧、曲艺和拍摄电影等用来指导表演并理解剧情的本子，就像建筑蓝图一样，它规定了某类活动中的人物、内容、时间、地点和原因。性脚本理论认为人类的一切社会行为都要受到脚本的指导，性行为也不例外。该理论提出应该从社会学习和发展的方向来理解人类性行为，该理论系统论述了个体的性的社会化过程及其规律，指出人的性发育不仅是一个生理过程，更是个体学习、适应、调整和认同自己所处社会的性文化的过程（Gagnon和Simon，1973；Gagnon和Gondin，2000；潘绥铭和黄盈盈，2011）。人们在学习和实践所处社会的性文化的过程中形成了自己的性举止，这不仅包括人们通常所说的性活动，也包括性观念、性态度和性的外部表现。通过使用性脚本这一概念可以检验某一文化中的性原则，了解它是如何决定人们的思想、语言和行动（Simon和Gagnon，1986；Simon和Gagnon，2003）。

性脚本理论认为性脚本规定了人们同"谁"发生性行为，"做些什么"、"何时"适宜做、"哪里"是社会赞许发生性行为的地点以及"为什么"要发生性关系（李银河，2009）。每个社会在性脚本的栏目——"对象"、"内容"、"时间"、"地点"和"原因"上都是相同的，但每一项却会因社会文化的不同而有着不同的规范，从而形成了各具特色的性脚本。性脚本具有历史差异，像其他事件的变迁一样，在性领域里，某种性行为方式的意义也会随历史变迁而发生变化。性脚本规范和调整着人们的性举止和性行为。一个文化中的性行为模式是地方性和局部的，个人通过对自己文化中的行为规范的学习，通过不断对文化环境做出个人的适应和调整，最终形成了受到该文化赞赏的性行为模式。

这个理论把性的个人性质和社会性质联系起来了，为我们理解性行为和性关系提供了基本分析框架（潘绥铭和黄盈盈，2011）。劳曼通过社会调查,用大量数据分析了不同社会网络中性脚本的差异性和性行为的差异性,验证了个体在社会化过程中形成的性行为模式对具体性行为的影响(迈克尔等,1996)。潘绥铭运用性脚本理论研究当代中国人的性行为和性关系时,认为性脚本在解释人们的性行为和性关系时具有较强的解释力(潘绥铭等,2004)。方刚在研究多性伴侣行为时,认为性脚本不仅指引人的性行为,同时也改写着性脚本(方刚,2005)。更多的研究者虽然没有直接运用性脚本理论,但在其分析中也体现了这种理论。

社会建构理论为我们认识和理解性相关问题提供了一个新的视角,把人们对性的关注点从性行为本身转向与性行为相关的历史、文化和社会因素。然而,社会建构主义者也受到质疑和批判。一方面,建构主义者对于性欲、性冲动、性与身体的认识出现了分化。一些建构主义者认为,虽然性行为具有很深的历史文化印记,深受文化历史的影响,但是性欲本身可能是不变的或天生的;另一些建构主义者认为即使是性欲本身,在个人身上也不是不变的或天生的,而是存在多种变化的可能性;激进的建构主义者则完全否定性冲动、性内驱力的生物学特征(Vance,1991;潘绥铭和黄盈盈,2007)。

社会建构主义性研究受到的另一个批判在于对性本身研究的忽视。一些研究过度关注性文化、性话语和性认同等问题,反而忽视了对性行为和性实践的细致入微的研究,甚至出现一些"非性的研究",结果是作为建构产物的性受到重视,而作为生活存在的性却受到忽视(潘绥铭和黄盈盈,2011)。

但是无论如何,性的社会建构主义在为人们开始思考性是如何被历史文化所建构、被实践主体所理解与认定的方面开辟了广阔的发展空间。

(二)主体建构主义

从西方医学借用来的性的类型体系和分类标准基本上都是"对象客观化",几乎无法用来解释人类广泛的性。尤其是当研究涉及预防艾滋病、性别不平等和性权利等问题时,研究者会发现性行为所包含的个体之间其实是互为主体的。也就是说,性并不是个体的独立单一行为,而是具有共享性和集体性,能在多元的文化背景下把分离的个体联系在一起(Parker和Gagnon,1995;潘绥铭和黄盈盈,2011)。这样,以前所谓的客观对象其实并不能完全呈现在研究中。Parker和Gagnon(1995)提出在理解和解释人们的性认同和性实践时应该"贴近"研究对象,从过去的"疏离体验型"

过渡到"贴近体验型"。

潘绥铭和黄盈盈（2007）指出，特别是当研究对象是边缘群体和弱势群体（如女性、同性恋、性工作者等）时，更要强调"主体"的声音、体验和叙述，才能打破而不仅仅是认识到附着在被研究群体身上的"他者性"。"主体"是指实践者或被研究者。从某种程度上讲，主体建构主义体现的是研究者的学术倾向，即在研究活动中是以实践者或被研究者的感受和体验为主，而不是以研究者的设计为主。其实所谓的"主体视角"就是要求把研究放在人际互动和互构中进行。从主体建构视角看性，性是主体自己建构的结果，而不是天然存在或是由环境决定的；是以主体的感受和体验为基础，而不是以研究者的认知为基础；更强调研究主体自己的建构过程，而不仅仅是建构结果和作用等各个方面。"性的主体建构视角"更加突出"主体"和"体验"的特点以及二者的融合。

国际上对主体建构主义的最重要的争论是是否存在"纯粹的主体"，即"主体性"体现在研究者是代表或置换被研究者的声音，还是研究者参与对被研究者的"建构"，促使被研究者发出"主体声音"？还有一种声音认为这种争论是对"主体视角"的误读，"主体视角"是一种思维方式和方法论，而不是一种普适的理论，只是要求研究者忘掉所谓的"客观"，从人际互动和互构中进行研究（潘绥铭和黄盈盈，2007）。

从主体建构视角看中国本土的性文化，"缘"是中国人特有的一种人际交往机制，表现在中国人生活的各个方面，诸如"投缘""亲缘""地缘"等，一些人用"没缘分"来解释自己的爱情生活。如果从主体建构视角来分析，恋爱中的许多冲突，其实都是源自每个人对"缘"这个概念的建构不同，来自这种建构在不同情境中的变异，来自把"缘"和其他相关事物做比较时做出的不同选择（潘绥铭和黄盈盈，2007，2011）。

（三）初级生活圈理论

潘绥铭（2003，2011，2013）认为西方情境中性是独立存在的，可以作为一个实体和本体的概念直接拿来使用。然而，在中国，性从来就没有独立存在过，甚至连一个唯生物学意义上的独立概念也没有。而近代以来一直作为"性行为"（Sex）使用的"性"（Sexuality），其实也是源自日本。这样，在中国情境下，对性的研究首先应构建和运用"初级生活圈"概念。

该理论认为中国人的性无法作为独立的、本体的实体单位存在，完全不同于西方的可以独立存在的性，更主要表现为各种各样的规范，也可以说是被包含在人类基本生活中的各种活动中。如图 2-1 所示，男人、女人和孩子是初级生活圈里最基本的构成单位，性是连接男人与女人的纽带，产生的客观结果是生殖，迫使男人与女人不得不供养孩子，使之成为新一代的男人和女人。图中的连接线表示最基本的供养关系，用斜虚线把图分成左上角和右下角两部分，表示女人与孩子是被生物地连接在一起，图顶部表示男人与女人性关系之外的其他关系。人类就是在这样一个初级生活圈中生生不息。

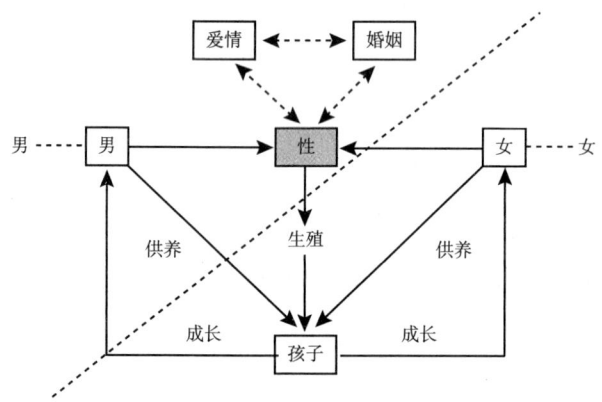

图 2-1　初级生活圈示意图

潘绥铭指出，在中国，"性之所以无法独立化、本体化和个人化，就是因为当时社会的所有性规范恰恰并不是直接地去控制人的性，而是把初级生活圈里几乎所有其他活动的价值都抬得远远高于性。于是，在这样一种厚此薄彼的相互关系与作用之中，性并不是被压抑了，也不是被禁锢了，而是被规定为必须从属于某个其他目标。"

恰恰是因为性被从属于其他目标了，其价值大小就不再是它自己是什么，而是它所从属的那个"大目标"究竟是什么。在中国儒家传统文化中，"不孝有三，无后为大"的观念就把性放置于生殖目的中，性就因为从属于生殖而获得了自己存在的合理性，因此性行为只有在为了生殖和传宗接代的情况下，才是合情合理的。这样，性也就被限定在婚姻家庭之内，一切非婚性行为都是要受到道德的谴责甚至是法律的制裁。正因为如此，潘绥铭等认为对性的研究和分析应该放在性和其他活动的相互关系和作用中去考察，而不是单独去对待。

但是对农村大龄未婚男性而言，性的从属目的——生殖或其他根本不存在，性对他们而言属于单纯的生理活动或心理活动。由于自身条件有限，为快乐而性的理念对他们而言也非常不现实。因此对受到婚姻挤压而无法成婚的农村大龄未婚男性而言，性的意义尤其不同，需要关注。

四 性的影响因素

（一）心理因素

影响性的心理因素包括各种情感、经验、自我感觉、动机、性表达、习得的态度以及身体意象等。

1. 态度

态度是人们评价事件和事物的基本心理过程，是一种后天习得的倾向性，用于积极或消极地应对某事物、情境、惯例、理念和个人（Aiken，2008），通常体现在个体的信念、感觉或行为倾向中（Olson 和 Zanna，1993）。态度是影响 Sexuality 的最重要的心理因素。从我们出生后，我们就不断从周围环境学习如何思考和如何行动，比如，哪些话属于"脏话"，是不能随意说的；身体的某些部位是"隐私"部位，不能展露人前等，从而逐渐形成我们自己对性的态度和观念。

态度和行为之间的关系一直备受关注，同时也存在很多争议。争论的焦点之一是态度应该具有几个维度。一种观点认为态度包括认知、情感和行为三种成分（McGuire，1985；Eagly 和 Chaiken，1993）；另一种观点认为态度包含四个维度，这主要体现在 Albarracín（2000）对安全套态度的研究上，他发现并区分了四种不同类型的安全套态度：保护、愉悦、互动和自我感觉。而在 Ajzen 的计划行为理论和合理行动理论中，对态度只做了两种区分：积极的态度和消极的态度（Ajzen，1985，1991）。

对态度的另一个争议是态度能否直接预测行为。人们普遍的假设是个人信念和感情决定我们的公众行为，即态度决定行为。但是，当 1934 年 LaPiere 调查发现美国餐饮业老板对于是否接待中国人的问题上表现出的实际行为和调查的态度存在不一致后，态度是否能有效预测行为成为许多研究者的主题，而后来的研究者似乎都证实了调查的态度和实际行为之间存在较低的相关（Corey，1937；Wicher，1969）。性研究领域里，态度对行为的影响关系存在不同认识。知识态度行为理论中，态度直接影响行为；而在计划行为理论中，态度通过行为倾向间接影响行为。

社会心理学家认为，行为和我们表达出的态度之所以不同是因为二者还受到其他因素的控制和影响。Myers（2005）指出在下列三种情况下，态度能预测行为。当其他因素的影响最小化时：当我们观察个体总体的或通常行为而非单独的某一次行为时，态度对于行为的预测效应会变得更明显；当态度是针对具体行为的时候：当测量的态度直接与情境相关时，态度确实能预测行为；当行为主体清楚地意识到态度是强有力的时候：如果在做出某种行为之前思考自己的态度时，态度会影响行为主体的行为。更多的研究表明，当采用多项题目而非单一题目去测量态度和行为时，测量到的整体的态度能很好地预测整体行为模式；另外，如果预测具体行为的态度非常具体且有针对性，态度也能很好地预测行为。Aiken（2008）认为计划行为理论对态度和行为的测量符合上述两条原则，因而具有很好的预测效果。

2. 身体意象

身体意象是指人们对自身生理外观的精神印象。身体意象受体重、个人对生理外观的看法、对身体审美观、生活中看到的其他人的形象、各种媒体中的观点，以及其他人的观点等诸多因素的影响。研究发现，具有良好身体意象的人更加自信，自我感觉良好的人更有可能主动追求潜在的伴侣。

（二）社会因素

社会经济地位、道德规范、政治、经济、技术水平、人口规模、法律，甚至我们生活的家庭、街坊邻居、亲朋好友等都会影响个人的性。

1. 社会经济地位

不同的社会等级通常会有不同的性规范（盖格农，2009）。教育和收入是衡量社会等级的重要指标，会影响多性伴侣行为、性交易行为和无保护性行为的发生，但是对教育、收入和风险性行为之间的关系还存在争议。比如说，Greenberg 和 Bruess（2011）认为，在美国，低收入阶层的人在思想和行为上常常会和中等收入阶层的人不同，他们更有可能较早开始发生首次性行为，并且生育第一个孩子的时间也更早一些。

大量研究发现，收入和受教育程度与性风险存在正相关。潘绥铭等（2004）发现在中国，收入高和文化程度高的人更有可能发生多性伴侣行为，收入高的男性更有可能进行非保护性性交易行为；高中文化水平的男人找过"小姐"的比例最高。Cohen（2009）认为收入的增加能减少已婚人群的风险性行为,却能增加未婚人群的风险性行为。Chol（2009）认为受教育程度的提高能增加风险性行为的可能性。Gutierrez 等（2006）的研究表明,社会经济地位不仅会影响性行为,也会影响性的其他方面,例如,贫困常常意味着获得合适的健康照顾、生育控制、孕期照顾、孩子的日常照顾等的机会也较少。

2. 政策法律

政府通过制定公共政策影响人们的性行为和性观念,例如,一夫一妻的法律制度把人们的性行为限定在夫妻之间。我国计划生育政策的推行影响了千家万户的性活动和避孕方式。在艾滋病预防的背景下对性产业的调查和安全套的推广使得人们对性产业的了解比以往任何时代都更深入和细致。计划生育的实行和安全套的推广让许多以前不能说的事物变成了人们可以随意交谈的话题。

3. 伦理道德的影响

每个人的性行为常会自觉或不自觉地受到性道德规范的制约。比如,"一夜情"是否道德？"包二奶"是否道德？找"小姐"是否道德？是否应该采取某种性行为？是否应该等孩子不在家的时候才发生性行为？……这些道德规范最终决定了我们会认为哪些行为是正确的,哪些是错误的,从而对我们的性行为发生深刻影响。

4. 年龄

研究表明,年龄越小,其发生多性伴侣行为、性交易行为和无保护性行为的可能性越大（Li 等, 2007；Mohammad 等, 2007）。潘绥铭等（2004）认为时代年龄能反映历史文化背景对 Sexuality 的影响,尤其是个人进入青春期时所处的时代背景,对个体形成性价值观有着重要影响。他们采用被调查者进入青春期时所处的社会环境和历史时代划分年龄,把时代年龄大致划分为共和国成立之初（1950～1958 年）、"大跃进"时期（1959～1966 年）、"文革"时期（1967～1976 年）、改革初期（1977～1984 年）、城市改革时期（1985～1991 年）、改革扩展时期（1992～2002 年）。这种划分让年龄具有强烈的社会历史特点,因而可以作为社会因素纳入分析研究中（黄盈盈和潘绥铭, 2011）。

5. 人口结构

人口结构对性的影响主要表现在婚龄人口中性别结构不平衡导致数量较多的一方难以找到传统社会许可的方式满足自己的性需要,为社会不稳定埋下隐患。例如，美国历史上曾出现"光棍"放纵于赌博、喝酒、毒品和嫖娼等危险行为上（Courtwright，1998）。如果一个地区出现大量无法结婚的男性，他们会对传统的婚姻法律制度产生冲击，引起婚外恋、婚外性关系、重婚、通奸、猥亵、嫖娼、婚外同居、家庭性暴力等现象，导致婚姻家庭的道德失范，还可能带来性产业、性传播疾病等增多的现象（Courtwright，1998；Hudson 和 Den Boer，2004；姜全保和李树茁，2009）。

（三）主体活动

个体的主体活动会显著影响个体的性实践。一些研究发现，喝酒、抽烟、上网和看色情品会促进多性伴侣行为的发生（Jessor 和 Jessor，1977；Murray 等，1998；Magnani 等，2002；Kaljee 等，2005；Mohammad，2007；Duong，2008；黄盈盈和潘绥铭，2011）。黄盈盈（2011）对 2000 年和 2006 年我国女性多性伴侣行为的对比研究发现，女性的主体建构因素"涉性娱乐"，如看过色情品、跳舞消费过、接受过异性全身按摩等，和"上年相关活动"，如曾经独自外出过夜等，是影响女性多性伴侣行为的显著因素。通常人们会认为喝酒会影响人们的判断力和理性决策能力，喝酒和高风险性行为有显著关系。Mohammad 等（2007）通过对 15~18 岁青少年的性行为的研究发现，喝过酒的人发生多性伴侣的可能性更大。Kaljee 等（2005）对越南某农村地区青少年饮酒和 HIV 风险行为的关系的研究发现，报告发生过性行为的青少年中，近 70% 的人喝过酒，并且喝酒行为和未来 6 个月内再次发生性行为显著相关。

第二节 性行为研究常用的理论

社会认知模型从心理学视角为性研究提供了许多研究理论和分析框架。其中，计划行为理论、知信行理论、健康信念模型、保护动机理论和社会认知理论是在性领域和健康行为领域里使用最广泛的几个理论。

一 计划行为理论

计划行为理论（TPB）是理性行动理论的扩展。理性行动理论也被称为合理行动理论（Theory of Reasoned Action，TRA），是 Martin Fishbein 和 Icek Ajzen 于 1975 年在他们发表的文章《信念、态度、意向与行为：对理论与研究的一种概述》中首次提出。这个理论假设的前提是：人们的行为是有理性的，可以由个人的意志所控制。该理论阐明了行为、行为倾向、态度之间的因果关系，认为最能决定自主性行为的因素是个人的行为倾向（Behavioral Intention）。行为倾向是指一个人是否打算采取某种行为，或者是为了执行某一行为，个人愿意去尝试的程度以及计划为此付出多大努力。在计划行为里，态度指的是一个人对目标行为积极或消极评价的程度，是个人对行为会导致的某种结果的信念以及他对这种结果的评估的函数。行为态度不直接影响行为，而是通过行为倾向影响行为。主观规范（Subjective Norm，SN）是个人心中存在的某些行为准则和在执行目标行为时感知到来自他人的社会压力，由个人感知他的参照群体对他是否执行该项行为的态度，以及他服从该参照群体的期望的动机共同决定（见图 2-2）。

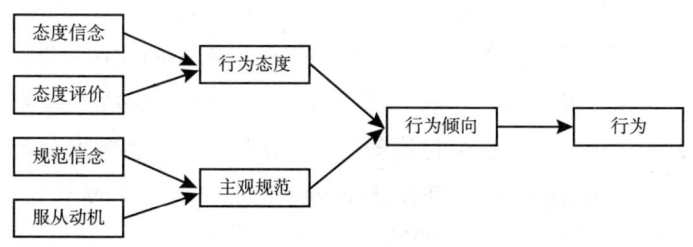

图 2-2 理性行动理论示意图

由于理性行动理论的假设是人们可以用意志控制自己的行为，然而实际上，个人行为往往受到许多其他因素的影响，如情境、习惯、技术、能力、外部资源、时间、机会、行为承诺、责任等，因此，在预测包括习惯性行为、需要资源和技能的行为和一些无行为动机的行为时，理性行动理论的解释力较弱。

于是，Icek Ajzen 等在理性行动理论的基础上增加了不完全自主行为的解释变量——知觉行为控制（Perceived Behavior Control，PBC），发展出计划行为理论（Fishbein 和 Ajzen，1975；Ajzen 和 Fishbein，1980；Ajzen，1985；Ajzen 和 Madden，1986；Ajzen，1991；Fisher J. D. 和 Fisher W. A.，2000；Fishbein 和 Ajzen，2005）。PBC 是指个人在执行某一特定行为时感知到的容易或困难程度，反映了个体感知到的对促进或阻碍执行行为因素的控制程度（TPB 模型如图 2-3 所示）。

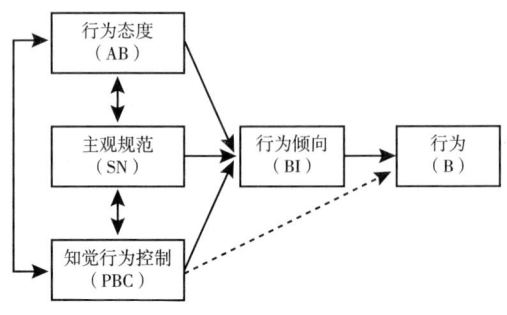

图 2-3　计划行为理论示意图

许多研究应用并验证了计划行为理论的预测正确性，如家庭计划生育行为、人工流产行为、消费行为、减肥行为、献血行为、美国大选选民投票行为、牙齿卫生保健行为、母婴哺育行为、妇女职业定向行为乃至吸毒行为等（Godin 等，1992；Godin 和 Kok，1996；Conner 和 Armitage，1998）。此外，该理论也被用来预测和解释性病/艾滋病行为，如"一夜情"行为、性伴侣的性和吸毒的历史、和性伴侣讨论安全套的使用，以及实际安全套使用行为等（Gatch 和 Kendziershi，1990；Jemmott 等，1992；Conner 和 Armitage，1998；Cha 等，2008；袁玲，2007）。

尽管理性行动理论和计划行为理论能预测很多与健康相关的行为，但是它们仍有值得详细考察的地方。Ajzen 也承认，知觉行为控制并不能完全测量到行为的实际可控性，因为个体对"控制"的知觉可能并不完全确切。实际可控性是执行该行为的客观先决条件，包含了机遇和资源的实用性等因素。举例说明，一个大学生可能对上课这样的行为有很大的主观控制感，但他仍可能因为实际可控性被一个不可预知的事件减弱而不能去上课（例如车祸或大风雪）。然而，由于实际可控性非常难以评估，于是 Ajzen 采用知觉行为控制（PBC）代替实际可控性。但这一代替显然会因为存在较大测量误差而受到批评。Bagozzi 和 Nataraajan 认为计划行为理论存在三大缺陷：第一，尽管态度、主观规范和知觉行为控制为行动提供了前提，但是他们却不能解释行动为什么会发生；第二，计划行为理论仅把行为作为讨论目标，因而决策过程中目标的作用却被理论中的变量完全忽略了；第三，实证研究表明，如果不考虑期望和情感因素，行为意向和行为在很大程度上会受行为主体的行为近时性和频率或者过去行为的影响。

二 知识态度行为理论

KAP模型也被称为"知识—态度—行为模型"或"知信行模型",该模型是西方学者20世纪60年代提出的用来描述知识、态度和行为之间关系的心理认知模型,该模型认为知识是行为改变的基础,正确的信念和积极的态度是行为改变的动力,行为改变是目标,也是知识和态度共同作用的结果。但需要指出的是,在这里,知识是行为改变的必要条件,而不是充分条件。人们对知识掌握后,进行独立思考,逐步形成自己的信念,当知识转变成信念后才能支配人们的行动。因此,信念的转变在该模型中是关键。

其实,知信行模型在中国颇有渊源。知行关系一直都是中国哲学家孜孜不倦研究的主题,从《尚书·说命》中"知之非艰,行之维艰"的论点,到孔子的"听其言而观其行",再到宋代程颐的"知之深,则行之必至,无有知而不能行者"和"知而不能行,只是知得浅",都蕴含了中国古代思想家对知行关系的深入思考,但都只是单一观点,不成体系。直到南宋,朱熹对"知行关系"提出系统理论的基础,他将"知行关系"的前提明确为"就一事之中以观之","夫泛论知行之理,而就一事之中以观之,则知之为先,行之为后,无可疑者"。说得通俗点儿就是要"就事论事",而不能脱离具体事情而空谈。朱熹还提出"知"和"行"是相互独立的两部分,绝非一一对应;但同时它们"相须互发",即相互促进。明代王夫之进一步提出"行可以兼知,知不可以兼行"的论点。这都为我们理解知识和行为的关系提供了很好的参考。

知信行模型一提出就受到研究者的青睐,曾被广泛应用在不同文化背景下的健康行为促进等方面,尤其是在艾滋病防治和安全性行为促进方面有大量应用(Sehgal等,1992;Garcia等,1993;Fishbein等,1995;Singh等,1998)。但是随着研究的进展,人们发现该模型存在不少问题,知识和行为改变之间的关系并不像模型所描述的那样。Slesinger和Pfeffer(1992)的研究发现对安全套的错误认识与其风险性行为有关,但McGuire等(1992)却发现无保护性行为与艾滋病相关知识和态度没有直接关系。可以看出,目前在安全性行为促进方面对KAP的应用上没有考虑社会文化环境对行为选择的影响,还有些研究把知识作为行为改变的充分条件,削弱了该模型的解释力。目前在西方健康行为研究中用此模式很少,但在国内的健康行为研究中则应用得十分广泛，尤其是在高危性行为干预中，知识、态度和信念常用作效果评价的重要指标（胡俊峰和侯培森，2005）。

三 健康信念模型

健康信念模型（HBM）可以算得上是健康心理领域里最古老和使用最广泛的社会认知模型之一（Janz 和 Becker，1984）。该理论最早是由美国公共卫生机构的社会心理学家 Hockbaum 等于20世纪50年代提出，目的在于提高健康教育的效果（Conner 和 Norman，2005）。后来经由贝克（Becker）等（1977）合并了所有相关社会心理变量，最终形成了 HBM 的框架，成为开展健康行为干预项目和活动的重要工作模型（Becker 等，1977）。

健康信念模型的理论假设是：如果一个人意识到只要采取建议的行为或措施就可以预防或避免某种疾病的发生，并且如果个人自信能够成功实施这种行为，那么个人的行为就会发生改变。HBM 模型关注代表个人健康和健康行为的两个方面：知觉到的威胁和对将采取的行为的评价。其中，知觉到的威胁受疾病或健康问题的易感性和感知到疾病结果的严重性的影响，行为评价由采取该行为的益处和采取该行为时的困难或成本组成。此外，个人内在因素（比如疾病症状等）和外在因素可能会影响健康行为的发生，诸如大众媒体的宣传、亲朋好友的建议等对行为的暗示性因素也会发生作用。最后，有较高的健康动机可能会直接导致发生健康行为（见图2-4）。

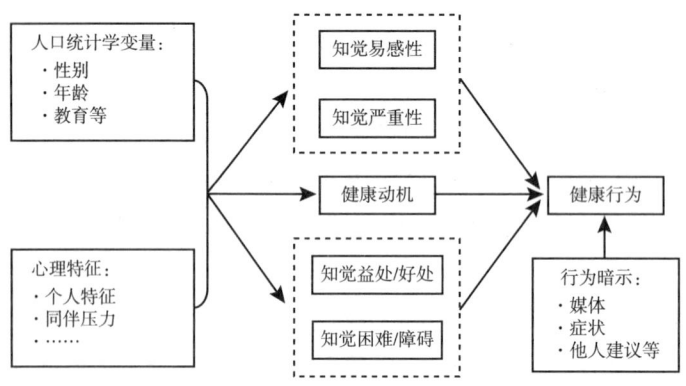

图2-4 健康信念模型示意图

根据健康信念模型（HBM）的观点，除非人们具备了一定水平的安全套使用动机和安全套知识，或者认为自己存在潜在的健康问题或风险，或是明白了使用安全套的好处并且感觉到在性行为中使用安全套并不困难，否则他们在性行为中一般不会主动使用安全套。当然，这些因素也会受到社会经济状况、人口统计学因素和行为暗示的影响，可以通过环境（比如大众媒体的宣传或亲朋好友的带动等）的影响而发生改变。

HBM 自创建以来，已经被广泛地应用于控烟、营养、性病/艾滋病、高血压筛查、安全带使用、乳腺自检、锻炼等众多的健康教育与健康促进项目和活动的计划、设计和实施工作之中。但是该模型侧重对健康行为的认知成本和收益的分析（林丹华等，2005），而不关注态度是如何变化的（Schwarzer，1992）。它把人看作理性的信息处理者，却忽略了非理性因素的影响，认为风险程度（易感性和严重性）评估是人们行为决策的前提，"成本－收益"分析是人们行为决策的关键。由于忽略了非理性因素的影响，该理论不太适用于理解性行为，Brown 等（1991）认为尤其不适用于解释青少年的性行为。另外，该理论没有考虑习惯行为的存在和社会环境因素的影响，对社会因素、个体行为后果信念以及行为控制能力缺乏充分的思考（Vanlandingham，1995）。

四 保护动机理论

保护动机理论（PMT）是由 Rogers 于 1975 年为研究恐惧诉求的影响时提出的一个理论框架，1983 年 Rogers 扩展该理论，强调介导态度和行为变化的认知过程。该理论认为，恐惧激发了"威胁评估"和"应对评估"两个认知评估过程。威胁评估是个体综合评估该行为的内部回报和外部回报与自身暴露在危险行为的可能性和危险行为可能带来的负面影响；应对评估是个体对自己应付和避免危险的能力的评估，是反应效能、自我效能和反应代价的综合结果。两个评估过程的综合结果决定了个体是否产生保护动机，最终产生行为变化以避免自己遭受伤害（见图2－5）。

保护动机理论提出后被广泛应用在各种健康行为领域中，在艾滋病预防领域中的应用发现该理论能有效预测性病/艾滋病高危性行为（Stanton 等，1998；方晓义等，2006）。

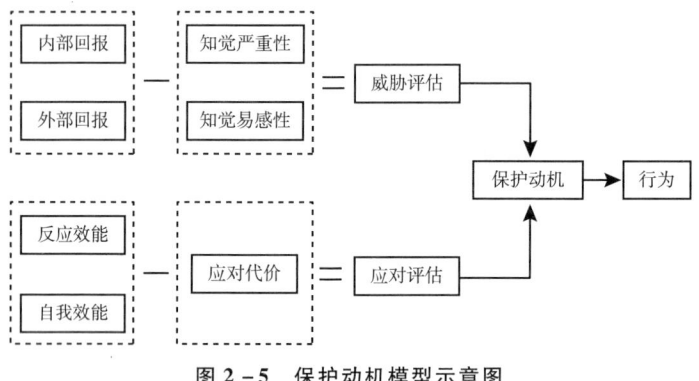

图 2-5 保护动机模型示意图

保护动机理论是健康信念模型的延伸和扩展，这两种理论都认为认知过程在态度和行为改变之间起着调节作用，并且都强调个体的信念在行为改变中的重要作用。不仅如此，两种理论都包含着对行为改变的益处——代价之差的分析，但是保护动机理论更综合、深入地分析行为转变的内在机制和过程。然而，它也与健康信念模型一样，没有考虑习惯行为的存在和社会环境因素的影响，对社会因素、个体行为后果信念以及行为控制能力缺乏充分的思考（Vanlandingham，1995）。

五　社会认知理论

社会认知理论（SCT）由班杜拉于1982年提出，该理论假设人的动机和行为是基于对环境-结果、行为-结果和自我效能的预期，强调环境、心理认知和行为改变之间的互动关系。知觉自我效能是指人们对自己执行某一个特定行为以实现预期结果的能力的信念。结果预期是SCT的核心结构，是指人们对自己行为的可能结果的信念。环境预期包括目标以及知觉到的有利条件和机会等（见图2-6）。

根据社会认知理论，人的动机和行为完全是由人的预期进行调节的，也就是对执行某一特定行为的结果的预期。可见，从社会认知理论来看，行为改变的最大问题不是指导人们该干什么，而是传授给他们技能以及实施该行为的必要信念。换言之，就是通过影响两个基本变量来影响健康行为的选择，一是让个人坚信采取某行为获得益处大于害处，二是让个人坚信有成功完成该行为的信念。由于行为改变必须在特定社会情境中发生，所以来自社会的影响和同伴的影响也会促进或削弱该行为的执行情况。

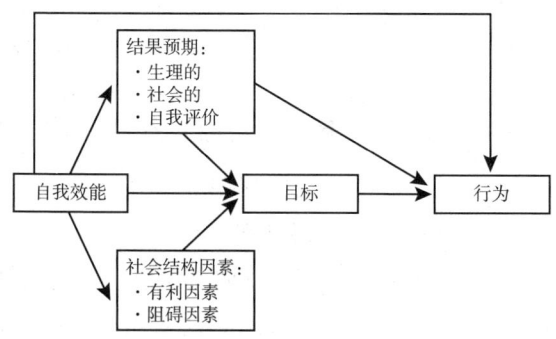

图 2-6　社会认知理论示意图

六　综合模型

目前已经有很多研究试图用各个模型预测各种健康行为,但是还没有发现对上述所有模型进行比较的实证研究(Conner 和 Norman,2005)。因此,我们也无法知道哪个模型在哪类健康行为领域里更有效,哪个变量在预测行为时的解释力更强。但是,已经有不少研究者试图对其中的两个或几个模型进行对比研究,他们的研究结果对我们很有启发借鉴意义。

Bakker 等(1993)对比了 HBM 模型和 TPB 模型在异性性行为中使用安全套的效力,发现 TPB 模型的解释力要高于 HBM 模型。也有研究得出正好相反的结论,例如,Mullen 等(1987)在一项为期八个月的对一系列健康行为改变的研究中,发现 TRA 和 HBM 模型都能有效预测健康行为,然而 HBM 模型的解释力稍高于 TRA。但 Mullen 等同时也指出,HBM 模型在预测行为改变时更经济有效,是因为它在测量其构建时只需要 23 个题项,而 TRA 却需要 32 个。但是,需要指出的是,Mullen 等在使用 TRA 时,对态度和主观规范的测量采取了直接和间接两种方式。

同时,也有大量研究检验了自我效能(Self-Efficiency)和主要社会认知模型的关系,发现自我效能是一个非常关键的社会认知变量。例如,Dzewaltowski(1989)在使用 TRA 和 SCT 模型对比研究七个星期后的锻炼行为的预测变量时,发现 SCT 比 TRA 的解释度更高($R^2 = 0.14:0.06$),并且自我效能是最重要的一个变量。Schwarzer(1992)建议用自我效能替代知觉行为控制。

同时，还有一些学者认为这些主要的社会认知模型之间存在重叠（Armitage 和 Conner，2001）。例如，大部分健康行为领域的社会认知模型都关注执行某个健康行为时的知觉结果（Perceived Consequences），TPB 模型中的行为信念，HBM 模型中的执行健康行为的利益和成本，SCT 中的结果期望。再比如，TPB 模型中的知觉行为控制和 SCT 模型中的自我效能也是相互重叠的。再比如，TPB 和 SCT 模型在各个认知变量和行为变量中间有中介变量，在 TPB 模型中是行为倾向（或叫行为意图，Behavioral Intention），在 SCT 模型中是保护动机（Protection Motivation）。

于是 Fishbein 等（2001）综合了社会认知模型中各个模型的主要变量，提出了一个由八个变量构成的新的综合模型（见图 2-7），分别是行为倾向、技巧、环境约束、自我约束、优势/劣势、社会压力、自我效能和情绪反馈。其中，前三个变量决定着行为，后五个变量主要通过影响行为倾向而影响行为。该模型的提出者们认为该模型具有如下特点：第一，该模型包含了许多研究者争论应该纳入模型而主要社会认知模型中没有的重要变量，如自我识别（Self-Identity）和参与影响（Anticipated Affect）；第二，值得注意的是该模型没有纳入 HBM 中的感知脆弱性和严重性；第三，该模型缺少对模型中各个构建之间关系的描述；第四，到目前为止，该模型还没有实证研究。

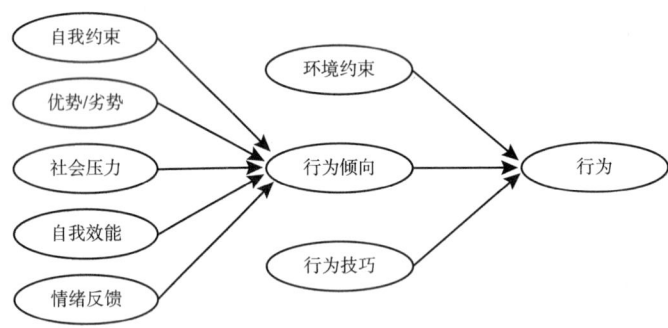

图 2-7　主要理论家的行为模型（Conner 和 Norman，2005）

第三节　对性风险的干预

在艾滋病时代，性行为研究的主要目的是发现潜在风险，预防或减少未来风险的发生。因为，从某种角度来看，性病/艾滋病实际上是一种行为性疾病，其流行程度由个人和群体的行为方式决定（吴尊友，2001）。因而，行为干预以减少性风险是控制性病/艾滋病流行的重要手段。根据文献梳理，目前对风险性行为的干预主要有健康教育、同伴教育、安全套推广、医疗干预以及综合干预方法。

干预活动的形式包括发放宣传资料、组织讲座、同伴教育、提供咨询和避孕服务。干预持续6个月，总随访率为85.9%。干预后，以问卷调查对干预效果进行评价，全面总结评价该干预模式推广的可行性（唐杰，2012）。用知信行理论来设计以提高目标人群的生殖健康相关知识、改变生殖健康相关态度为目标的综合干预措施，干预形式以健康促进和健康教育为主。从分析结果来看，已粗显成效，如婚前性行为有所下降，避孕行为有明显的增加。高尔生等基于社区的性与生殖健康干预项目也表明干预能够改变上海市郊区未婚青少年的避孕行为（高尔生等，2006）。

一 健康教育

艾滋病已经成为当今社会重大的公共管理问题、社会问题和政治问题，其预防和控制是一项长期、复杂和艰巨的任务。在没有有效药物和疫苗的情况下，最有效的方法就是开展健康教育。健康教育也是我们国家进行艾滋病行为干预的重要预防措施之一。健康教育中常采用的方法主要有发放宣传小册子、张贴海报、制作展板、播放宣教DVD、面对面访谈、举办知识讲座、文艺表演等。采取广泛深入的宣传教育和干预措施后，被干预群体的知识知晓率普遍得到提高。例如，一项针对南京地区流动人口性病/艾滋病健康教育的干预项目显示，四种不同类型（录像、讲座、手册和复合）的干预后，艾滋病相关知识知晓率较干预前分别上升了11.97%、17.53%、9.68%和13.9%（$p<0.001$）（刘金波，2009）。然而，知识知晓率提高和行为改变之间却没有直接可观察到的效果，绝大部分干预结果表明安全套使用率没有得到显著提高。例如，在南京地区流动人口的干预项目中，安全套使用率各组干预前后相比，干预后各组构成比无差异（$p>0.05$）（刘金波，2009）。上海未婚青年的干预项目也得到同样的结果，通过采取性与生殖健康知识教育、咨询及避孕服务等措施，干预结束后的效果评估发现未婚青年的性与生殖健康知识知晓率得到显著提高，但是对长期性行为的发生无明显影响

(涂晓雯等，2006）。这说明，对不同行业采取不同的健康教育干预措施可以有效提高其性病/艾滋病的相关知识知晓率，然而行为改变的目标还需要有针对性的措施才能实现。

二 同伴教育

同伴教育是行为改变干预中主要采取的干预措施（王作振等，2004）。同伴教育是指具有相似背景、经历、社会经济地位及具有共同语言的同年龄段的人在一起分享信息、观念和行为技能，以实现教育目标的一种教育形式。它的独特优势和作用表现在可以增强信息传递的可信性、可接受性和渗透性，提高教育的有效性。

对男男性行为人群（Men Who Have Sex With Men，MSM）的干预显示，"同伴综合干预"能提高 MSM 人群性病/艾滋病知识和安全套使用自我效能，并能减少无保护肛交行为，能提高男男性行为者安全套使用率，提高艾滋病病毒检测率，减少同性性伴数（段毓雯，2011）。段毓雯（2011）发现，对男男性行为人群采取同伴综合干预后，性病/艾滋病知识平均得分从 12.37 分上升到 15.10 分，安全套自我效能平均得分从 10.30 分上升到 12.17 分，均显著高于对照组（$p<0.05$）；最近六个月与男性固定性伴发生高危性行为的报告率提高 18.8%（$p<0.001$），与男性商业性伴/偶然性伴发生性行为的报告率没有显著差异。李炜（2009）发现，以同伴教育为干预主体的综合性性病/艾滋病干预方法适合民办高校大学生，大学生艾滋病相关知识总体知晓率由干预前 70.6% 提高到干预后 83.7%（$p<0.001$），对 4 种常见性病的总体知晓率由干预前的 56.2% 提高到干预后的 76.8%（$p<0.001$），大学生与异性发生性行为时安全套使用率和使用频率均明显提高（$p<0.05$），与同性发生性行为时安全套使用率和使用频率干预前后差异不显著。

三 安全套使用的推广

安全套是目前可获得的唯一最有效率的能减少艾滋病病毒和其他性传播疾病感染传播的技术，也是最容易被个体接受和掌握的方法，同时还是健康性观念 ABC（A 指禁欲，B 指忠于自己的配偶，C 指正确使用安全套）中最主要、最有效的方法。针对艾滋病病毒的性传播途径，推广使用安全套是世界各国都在采取的干预措施。例如,泰国"100%安全套项目",澳大利亚"89项建议",美国、澳大利亚等国在男同性恋者中开展自动推广使用安全套活动等,都有效控制了艾滋病病毒在目标人群中的蔓延。1989年泰国推行"100%安全套项目",要求男性在发生性交易行为时使用安全套,并制定了一些制度严厉惩罚那些没有坚持使用安全套的娱乐场所。该项目实行五年后,女性性工作者安全套使用率从14%上升到94%,男性5种主要性传播疾病的发病人数下降了79%(WHO,2004)。我国政府也在全国范围内推广娱乐场所"100%安全套使用"项目,例如,湖南省启动100%安全套推广项目后,经过三年的干预,娱乐场所的性工作者高危行为明显下降,安全性行为意识和行为都得到显著提高,安全套使用率从2004年的7.5%上升到2007年的86%。

四 医疗干预

医疗干预是指采取医学手段对性病/艾滋病进行干预,从而预防和控制性病/艾滋病的传播和流行,通常包括从医学卫生角度进行健康教育和咨询,使接受教育和咨询的人认识到他们很容易感染性病/艾滋病;对患者进行及早诊断和治疗,在治疗的同时对患者进行必要的预防宣传。咨询是最早开始采取的行为干预措施,主要是解答性病患者关于避免再感染和性伴侣治疗的问题,目前已经在性病门诊和其他机构中广泛开展。目前在咨询中已经开始提供HIV抗体检测,这有利于解除咨询者的精神压力,并且可以引导他们对危险性行为进行自我评估,从而改变其危险行为。

五 综合干预方法

综合干预是国内最常用且应用最广泛的行为干预模式,通常包括健康教育、个人健康咨询、健康资料发放、安全套推广、同伴教育以及性传播疾病的治疗和管理等。例如,一项针对某地低档场所女性性工作者的干预项目,采取定期对干预地区进行政策开发、发放宣传单、免费发放及推广使用安全套、实施外展活动、组织开展健康讲座、开展同伴教育并提供咨询检测、依托当地医疗机构提供性病诊疗服务等综合干预活动,干预结果显示低档场所女性性工作者的艾滋病知识知晓率、自愿咨询检测比例和接受预防性病/艾滋病干预服务等均得到显著提高,艾滋病歧视降低,在性交易行为中安全套使用率提高（王颖馨，2011）。对长卡司机在停车场开展综合干预、发放安全套及提供免费 VCT 服务等干预措施后，在该停车场的长卡司机对艾滋病传播途径和安全套可预防 HIV 传播的知识知晓率有明显提高，最近一年性交易行为明显减少，而与性工作者或固定性伴发生性行为时的安全套使用情况在干预前后无明显改变（田秀红，2009）。

从上面的分析可以看出，目前干预项目所采取的干预措施的效果因人而异、因时而异、因地而异，对普通人群主要采用的干预措施以健康教育为主，有的干预项目还辅助有同伴教育；而对重点人群，如男男性行为者，以同伴教育为主；对性工作者，通常采用综合方法。但是，这些干预项目在总体上呈现出相同的结果：被干预群体的知识知晓率都能得到提高，但行为改变却难以在短期内看出效果。从这些干预项目的分析过程可以发现，这些干预以风险性行为为主要研究对象，干预目标却是指向提高安全套使用率，这或许是干预项目难以达到预期目标的原因，这也为本研究指出了研究方向。

第四节　中国农村大龄未婚男性的研究

一　农村大龄未婚男性的特征

国内外研究者通过实地调研或对宏观数据进行分析，对中国农村的大龄未婚男性有比较一致的认识和看法，可以归纳为社会经济地位低下。几乎所有研究者都认为农村大龄未婚男性的受教育程度不高，经济收入水平较低，属于社会经济最底层的弱势群体。例如，姜全保和李树茁（2009）用全国人口普查数据和 1% 抽样调查数据从城乡分布、受教育程度和职业等三个特征入手分析，得出中国受婚姻挤压最严重的过剩男性主要分布在农村地区，大多数文化水平低下，从事低等职业类别。Tucker 等（2005）通过分析已发表的相关文献，指出目前中国的"光棍"的受教育程度低，就业机会小并经常处于失业状态，大部分人的收入低下。Hudson 和 Boer（2004）认为高性别比社会中的"光棍"绝大多数属于社会经济最底层，他们更容易失业，也更可能从事危险、低等和劳动密集型工作。

质性研究表明，难以在婚姻市场上找到对象的大龄未婚男性通常不符合当今女性的择偶标准，除了外在的经济条件，大龄未婚男性自身的特征也是重要原因。这些男性通常比较老实本分，不太会灵活变通；比较口拙言笨，感情表达能力差；大多数人生活在交通不便的偏远山区（彭远春，2004；刘中一，2005；莫丽霞，2005；吕峻涛，2006；郑晓丽，2008）。例如，在彭远春（2004）的调查中就有因为不会表达自己的感情而一直未能结婚的农村男性。

缺乏婚姻的保障，未婚男性的精神健康、心理健康和身体健康都劣于同龄已婚男性。刘慧君和李树茁（2011）通过对不同时期和文化环境下有关性别失衡与健康风险的研究，发现在个体健康层次，无论从婚姻角度还是直接针对大龄未婚男性的研究，都一致认同未婚男性的身体健康与心理福利都明显差于已婚男性，婚姻对保障男性的精神、心理、身体健康甚至生命至关重要。

二　农村大龄未婚男性的公共安全特征

目前，直接对农村大龄未婚男性的性研究比较少，但是从历史上来看，中国总有不同程度的大龄未婚男性存在。通过比较分析历史上不同时期存在的大龄未婚男性，可以间接知道农村大龄未婚男性的性态度和婚姻态度。

中国是一个传统的家本位社会，因此，无论哪个历史时期的大龄未婚男性在主观上都希望能够结婚，都会积极谋求婚姻，这就刺激了一些非常态婚姻的流行。如童养媳、具有买卖性质的妇女再婚、抢婚、交换婚、入赘婚、收继婚等（郭松义，2000；王跃生；2003；姜全保和李树茁，2009）。即使有这么多种形式的非常态婚姻，仍一些男性找不到结婚对象，不得不保持单身。为了寻找性宣泄渠道，他们会采取一些畸形和非正常的手段，例如，私通、嫖娼、强奸等（王跃生；2001；姜全保和李树茁，2009）。缺乏婚姻内正常稳定的性渠道，大龄未婚男性或者与已婚妇女发生婚外性行为，或者光顾低端性场所。婚外性行为会影响家庭的稳定，性交易行为则可能给社会稳定带来影响。王跃生（2001）通过对18世纪后期中国男性晚婚和不婚群体的考察，发现大龄未婚男性的存在会伴随着已婚妇女发生婚外性关系的概率加大（王跃生，2001）。由此可以推断，性别失衡之下，性观念更加开放和男女交往更为频繁的社会里，婚外性行为的发生率只可能更高（刘中一，2005）。而目前一些研究通过对农村大龄未婚男性的质性研究后，认为由于自身经济条件差，大龄未婚男性不太可能成为性交易市场的主体，但是认为如果在某一个地区有大量大龄未婚男性聚居，他们就可能成为性交易市场的蓄水池，并在一定程度上成为性交易市场发展和壮大的"理由"（刘中一，2005；莫丽霞，2005）。

　　农村大龄未婚男性大量存在和性传播疾病之间存在某种联系。Tucker等（2005）通过比较20世纪初和20世纪80年代后中国（出生）人口性别比和女性性工作者人数变化，指出男性过剩和女性性工作者人数、性传播感染流行之间有某种必然的联系；基于流动人口和过剩男性之间的共性，用流动人口替代过剩男性，分析指出过剩男性中存在持续增加的性风险行为，他们面临感染性病/艾滋病的风险很高。Merli等（2010）用数学仿真的方法研究了中国出生人口性别比和成年男性过剩对HIV传播的影响，指出，高出生人口性别比只是加剧了男性过剩的严重程度，而过剩成年男性因为女性伴侣的缺失而与女性性工作者发生非保护性性接触，男性在性伴侣市场上的过剩对艾滋病病毒传播的影响将是非常严重的。South和Trent（2010）用多级Logistic回归模型分析指出，当中国男性在本社区内面临年龄相当的女性相对不足时，他们更有可能与商业性工作者发生性行为，但是发生非商业性的婚前性交行为和性传播感染呈阳性的可能性比较小。刘慧君等（2012）用元分析法分析发现流动显著提高了男性多性伴侣和商业性交易的风险，而未婚男性流动人口的多性伴侣和商业性交易风险更大，认为失婚男性会放大艾滋病传播风险，并且这个风险会随着该群体的聚集快速提高。

　　可见，在中国的普婚制下，被迫单身的大龄未婚男性对性和婚姻的态度比较积极，并会为此采取一切可能的手段，从而影响家庭和社会稳定，并会对社会公共卫生安全带来影响。

　　从上面的分析可以发现，目前，对当前受到婚姻挤压的农村大龄未婚男性的性研究不多，对他们的了解更多来自对历史的分析和在此基础上进行的推断。主要的研究结果和不足表现在：①在对大龄未婚男性的研究上，宏观数据的研究多集中在农村大龄未婚男性的社会经济特征方面，微观研究侧重农村大龄未婚男性的个人特征和周围环境对大龄未婚男性造成的影响。②在研究方法上，国内对大龄未婚男性的研究多采用质性研究方法，国外的定量研究方法偏向于宏观数据的数学仿真。③对大龄未婚男性的性现状的定量研究几乎没有，目前的认知来自历史推断或模型仿真；缺乏针对大龄未婚男性群体的大规模调查。但是，无论是历史推断，还是数学仿真，或是用宏观数据模拟，都告诉我们大龄未婚男性中存在潜在危险，需要重视这个群体。

第五节 小结

本章首先详细介绍了性研究中的几个主要理论和视角。生物进化论和性的科学理论为我们了解性健康提供了基础知识；社会建构理论强调了社会历史文化对性的影响作用；性脚本理论在性的个人属性和社会属性中架起了一座桥梁，主体建构视角突出研究主体和客体的互为主体性；初级生活圈理论则指出性理论的引入应该从中国的实际情境分析入手，把对性的分析放在各种关系和行为中；社会认知模型则从心理学角度指出在性领域内如何对性行为进行具体研究。这些理论并不冲突，只是研究视角不同。生物进化理论告诉我们性的生物因素很重要，社会建构理论则强调社会历史文化的重要性，而社会认知模型则为研究性提供了具体的工具和方法，当然它更强调心理因素的重要性。因此，本书认为对性的研究应采用系统分析方法，以性的生物性为基础，以社会认知模型为工具和方法，重视社会因素的影响作用。

其次，从心理因素、社会因素、主体活动三个方面介绍了性的影响因素。影响性的心理因素包括各种情感、经验、自我感觉、动机、性表达、习得的态度以及身体意象等。影响性的社会因素包括社会经济地位、性道德规范、法律政策、经济发展水平、技术水平、人口规模等。诸如喝酒、吸烟、上网、看黄等主体活动都可能会影响个体的性。

再次，介绍了目前在性领域中应用较为广泛的几个研究理论，指出其存在的不足，并对性风险干预项目中的方法进行了总结，指出，目前的干预以风险性行为为主要研究对象，干预目标却是指向提高安全套使用率，这为本研究指出了研究方向。

最后，介绍了中国大龄未婚男性的性研究概况，从农村大龄未婚男性的特征和公共安全特征等方面进行分析总结，发现目前的研究存在如下特点：①在对农村大龄未婚男性的研究上，宏观数据的研究多集中在农村大龄未婚男性的社会经济特征方面，微观研究侧重农村大龄未婚男性的个人特征和周围环境对他们造成的影响。②在研究方法上，国内对农村大龄未婚男性的研究多采用质性研究方法，国外的定量研究方法偏向于数学仿真。③对农村大龄未婚男性的性现状的定量研究几乎没有，目前的认知来自历史推断或模型仿真；缺乏针对农村大龄未婚男性群体的大规模调查和定量研究。

综上所述，虽然国内外已经有对中国农村大龄未婚男性的研究，但针对他们性研究的非常少；虽然中国对性研究已经有些初步成果，研究对象也日益多样化，但缺少对农村大龄未婚男性的性系统研究；虽然对健康领域的理论研究非常丰富，但是东西方文化差异使这些理论在中国社会环境下使用必须本土化，用符合本土环境的理论研究中国的性健康的很少。

第三章 农村大龄未婚男性性研究分析框架

第一节 性的概念和维度

一 性的历史变迁

随着人们对性的认识的不断深入，人们越来越认识到性不只是一个生物学上的事物，而且还有心理学上、社会学上、文化学上的多个层次，并且这些不同层次之间有着复杂的内部关系。从历史上看，人们对性的认识经历了从 Sex 到 Gender，再到 Sexuality 的过程。

根据阮芳赋（2005）的研究，早期的英文中，并没有 Sex 这个词。Sex 这个词最早出现在 14 世纪，但在 16 世纪之前，该词使用很少。Sex 的词源来自拉丁文中的 Sexus（指"分开、切开"的意思），意指男人或女人的集合。1526 年，英语 Sex 有表示"两性的区分"的意思；1631 年，出现了"男女性器官"的含义；1918 年，Sex 开始用来表达性行为的含义。

在古代中国，并不存在现代意义上的性的概念与词汇，甚至连纯粹生物学意义上的 Sex 的词也没有。但古人常用不同的词表达不同的意义，例如，"情""色""敦伦"等。而现代代表性行为等意义的"性"，在古汉语中是指"自然的""本性"等意思，通常与其他字组合在一起表达不同的意思，例如"性质""天性"等。

用性表达 Sex 的含义其实是来自日本的翻译。1903 年，日语字典中首次出现了把英文的 Sex 翻译为"性"的记载。可见,是日本人最先用汉字"性"来表达英文的 Sex,这种表达方式后来传入中国,到"五四"时期已经成为一个新词并越来越多地得到使用和发展(潘绥铭和黄盈盈,2011)。

到 20 世纪中后期,特别是在西方性革命之后,风起云涌的妇女运动用 Gender 一词来凸显社会文化的性别刻板印象对女性的歧视和限制,推动了 Gender 概念的出现与相关理论的发展。在后来的发展中,Sex 一词的习惯用法发生了很大变化。在日常用语中,Sex 的词义日渐缩小变窄,越来越指代"性行为"或"性活动",甚至直截了当指的是"性交",而 Gender 全面取代了 Sex 成为标识性别差异的字眼。然而,女性主义引用 Gender 来谈社会性别时却忽略了性别角色与情欲的内在联系,只强调环境、社会、心理对男女心理和行为差异的影响,这种对性的漠视与人们对性的认识日益变宽是矛盾对立的(何春蕤,2013)。性的欲望、行为、图像、感知、身份认同,以及各种规范性的法律政策道德规范层出不穷,促使性成为人们焦虑和愉悦的核心问题。到 20 世纪末,英语世界的人们对"Sex"的理解已经扩大到生理性别(Biological Sex)、社会性别(Gender)和性(Sexuality)三种方式。这导致 Sexuality(性)一词得到广泛应用,并越来越广泛地被用来指代与性有关的一切层面。

"性"(Sexuality)一词最早出现在克拉夫·埃宾的著作中,到 20 世纪 60 年代逐渐普及,现在已经成为几乎一切非医学的性研究的根基和中心(潘绥铭和黄盈盈,2011)。但直到目前为止,中国学者对 Sexuality 仍无统一的译法,可见的中文表述有性存在、性现象、性状况、性经验、性意识、性态、性征、性素质、性本性、性性、全性、性、Sexuality 等(刘正红,2002;阮芳赋,2005;潘绥铭和黄盈盈,2011)。

阮芳赋(2006)经过二十多年的观察和思考,提出把 Sexuality 译为性(开始用时加注英文的表达法,然后逐渐省去英文,让性成为 Sexuality 的标准译法),而 Sex 则根据上下文分别有选择地译为"性交""性行为""性活动""性事"、Sexuality(或性,仅当与 Sexuality 意义等同时才译为此词)等。为了表达 Sexuality 无所不包的内容,并区别于生物学意义上的 Sex 和目前日常生活中常用的意义,本书仍用"性"这个词,同时也表达一种愿望,期待随着时代的发展和研究的推进,逐渐使人们知道,性的定义已经发生改变。

二 性的概念

世界卫生组织（2007）对性的解释如下："性是人类一生中的一个基础方面，围绕着性别、社会性别身份及角色、性取向、性爱、欢娱、亲密关系和繁衍后代等方面。性可通过思想、幻想、性欲、信仰、态度、价值、行为、做法、角色和两性关系等方式得到体验和表达。尽管性可涵盖所有这些因素，但这些因素并非总都能得到体验和表达。性会受到血亲关系、心理、社会、经济、文化、伦理、政治、法律、历史、精神和宗教等诸多因素相互作用的影响。"

经过女权主义、后现代主义和超后现代主义的发展，社会建构主义把性的研究与社会、文化、政治和经济等情境联系起来，性的社会建构主义认为："性"是一种社会历史文化的建构，是由具体的历史环境和社会环境所催生；社会文化的建构不仅影响个体的主体性和行为，同时也通过性认同、性的定义、性的意识形态以及对于性的管理来形塑集体的性经验（Weeks，1985；Vance，1991；Gagnon 和 Parker，1995）。

潘绥铭和黄盈盈（2011）从主体的视角和主体在性研究中的重要性出发，指出性就是被主体标定为性的那些情况。他们从三个方面分析了这一概念。首先，性并不是一种可测定的客观存在，也不存在某种"统一定义"，而是被主体所感受、标定、解释、评价和认同为性的那些情况的总和，以及由此而产生的种种日常生活实践。其次，性是意义化的，是主体赋予了某些价值和意义的。最后，这些标定是动态的。换而言之，所谓的"主体标定"就是指不同的个体会做出不同的标定，处于不同人际关系中的主体也会做出不同的标定，不同的社会性别会做出不同的标定，处于不同社会中的主体也会做出不同的标定。在主体建构视角下，这些标定不是唯一的，是由性现象的主体自己标定的，只有在知道这些标定后进行的研究才能真正发出"主体"的声音、体验和叙述，才能打破附着在"主体"身上的"他者性"。

本书认为以上三种解释和定义强调了性的多样性和复杂性，突出性的非生物性，尤其强调文化对性的影响，但是这些定义不具有可操作性，在实际的定量研究中很难对它进行测量和分析。

美国著名医学博士里夫（Harold I. Lief）提出"性系统（Sexuality System）"的概念，把性看成生物学上的性、心理学上的性别、社会学上的性角色三种相互联系的层次系统。生物学上的性是指性染色体、性激素及其他生殖激素、第一性征（性器官）和第二性征（副性征）等生理特征。心理学上的性别包括性认同和性别认同，前者是指自认为自己是"男性"或"女性"的感觉，后者是自认为自己为"男人"或"女人"的感觉。社会学上的性角色行为包括两方面：为了满足性欲，最终达到性高潮的性行为，是肉体的性满足；和像一个"男人"或"女人"的那些社会角色行为形成的性别行为。其中，生物学上的性是基础，心理学上的性别是中间层次，社会学上的性角色是更高层次。

从医学和生物学的角度看性，更经常采用性（Sex）、性别（Gender）和性别角色（Sex/Gender Role）这三个概念来区分 Sexuality 的三个层次。Sex 反映的是男女在生物学上的差别，Gender 反映的是男女在心理学上的差别，性别角色反映的是男女在社会学上的差别（阮芳赋，2002；阮芳赋，2006）。虽然医学和生物学也认同性会受到社会文化的影响，但认为这种影响可以用人的生理特征和遗传特征加以解释。

结合不同定义和解释中的基本要素，我们可以看出性是一个人人格的组成部分，是以生物学和行为学意义上的性为基础，强调性在社会学与心理学意义上的现实存在状态，强调性主体对性的感受和认识，强调性与社会文化的互构，是由生物学、心理学、社会文化等不同内容交织在一起的。基于上述分析，我们认为性应该包括如下内容。

一是基于解剖学、生理学和生物化学上的生理特征，包括性器官及其发育、性行为的生理特征以及生育现象等；二是心理特征，这主要是指个体情感、经历、自我认同以及习得的态度和行为，包括性别认同、性取向、性角色和性别身份等；三是基于生理特征和心理特征而表现出来的性表达，性表达受到社会文化、道德规范、社会经济地位、技术发展水平，也包括政治的影响。为了便于理解和深入研究，性可以分成三部分内容，但实际上，性是由这三个部分组成的、紧密联系、互相融合、不可分割的复杂系统，这个系统在人类所有性活动中都发生作用（Greenberg，2010）。

三 性的维度

尽管对性的理解还存在差异，但研究者们基本认同性至少有三个维度或层次：生理、心理和社会。例如，Greenberg 等（2010）指出"人类的性"

包括生物维度、心理维度和社会文化维度三个维度，这三个维度相互影响相互作用，共同构成一个人的人格。美国性信息和性教育理事会（SIECUS，2005）对人类性的定义包含性知识、信念、态度、价值观和个体的行为；它的维度包括解剖学、生理学和生物化学上的性反应系统，性别认同、性取向、性角色和性别身份，所思、所想和性关系，性表现受到伦理、精神、文化和道德规范的影响。但是，这三个层次的具体内容和重要程度还存在争议。例如，里夫认为性的心理学层次主要内容是性别认同和性认同，而Greenberg等认为心理维度的性还包括个体对自己或他人的态度和感觉。里夫等认为在社会层次上性主要是人的性角色行为，而社会建构主义者们认为社会文化对性的影响是最重要和最广泛的，社会文化维度应是社会和文化对个体的思想和行为的影响的集合体。Fisher（1992）虽然承认文化在人的性行为中的作用，但是她更支持性的本质是生物学方面。潘绥铭（2002）用实证研究证明，在中国，即使人们认为的最受个人意愿影响或最受道德取向影响的、更像是生物现象的多性伴侣行为，也是一种标准的社会行为（潘绥铭，2002）。本书的立场和出发点是性受社会文化的影响，是一种社会建构现象，是人类后天习得的，我们可以用社会学的方法和路径对性进行研究。

基于上述分析，本书认为性包括生理维度、心理维度和社会文化维度，这三个维度相互影响相互作用，是一个人人格的组成部分。例如，性行为就是一个典型的社会建构行为，受多种因素影响。虽然性唤起是生理功能，而性行为过程中可能产生的身体意象和自我感觉却是属于心理层面的内容，而选择谁、多大年龄、哪个性别的人作为自己的性对象却是受到社会文化和性规范的影响。

（一）生理维度

性的生理维度是指解剖学、生理学和生物化学上的性生殖系统，包括性器官及其发育、性行为的生理特征以及生育现象等，例如，对性刺激的反应、生育或者控制生育的能力、人的生长发育等。性生殖系统是人体整体的一个组成部分，虽然这个系统要到青春发育后才能成熟，但性感觉和性欲望却是从出生开始就有，并且会持续到生命的最后时刻（阮芳赋，2002）。性的生理学知识是人类了解性的基础，在历史上很长一段时间对性的生理学方面的研究都占据着人类性学研究的重要位置。

该领域里最著名的学者当属马斯特斯（Masters）和约翰逊（Johnson），他们最早在实验环境下观测人的性行为以及鉴定人在性兴奋状态下生理状况的变化。他们采用最严谨的实验室研究方法，通过直接观察、录像以及调控实验仪等手段，记录了一系列人体以及生殖器官的生理变化数据。经过多年对人类性反应的观察和试验后，他们发现了人类性反应周期（Human Sexual Response），即人体受到性刺激后存在着生理反应周期。男性和女性的性反应周期均可分为四个阶段：兴奋期、平台期、性高潮期和消退期。

Fisher（1994）认为有一种编码在人类基因中产生着无意识的倾向，这是人类共同的本性，虽然我们可能没有意识到这种无意识的倾向在驱动着我们的行为，但是遗传因素在人类性行为中发挥着巨大的甚至是占主导地位的作用。比如，人们天生追求那种会增加基因遗传性的生活方式，这种进化机制通常是由情绪负责执行，就像饥饿会促使人摄取营养物质那样。生理因素在性中的重要作用已经得到大量研究的证实，例如，Crenshaw（1984）的研究发现70%～80%的男性勃起障碍是生理原因造成的，而不是之前人们认为的心理问题。

Bruess（2008）和Greenberg（2010）指出，性的生理功能是人类自然功能的一部分，男女两性在生理学上的差异是心理和社会健康的基础。社会建构主义并没有否定生物学的重要性，认为生理学和身体的形态学为人类的性提供了前提，并限制和约束了什么是可能的性。

综上所述，本书认为性的生理学基础知识是我们理解性的基础，是我们做出理性思维的前提，尤其是男女两性在生理学上的差异是形成男女两性在心理学和社会学上的性别差异的基础。

（二）心理维度

心理维度包括各种情感、经验、自我概念、动机、性表达、习得的态度以及身体形象（即对如何看待自己的身体以及如何看待他人对自己身体的评价）。

心理因素会影响人们的性。例如，对性伙伴的感觉会影响人们对性的理解，性经历会影响人们对性刺激的反应；从过去的性行为经验发展而来的态度可能会影响人们是否愿意采取避孕措施或是否进行安全性行为；个人的观念可能会影响个体是否会与性伴侣讨论采取避孕措施或接受对方的要求等。宗教和精神信仰能够影响对于性行为、婚前性行为、通奸、离婚、避孕、流产甚至自慰的感受。

身体形象（Body Image）与自我概念紧密相关，更好的身体形象会使人更加自信，对自我感觉更加良好的人就更有可能去追求潜在的伴侣。身体形象会影响人们的性行为。例如，身体形象良好的人会接受或选择暴露躯体的方式来表达自己的性，而身体形象不好的人就不太会选择暴露躯体。

（三）社会文化维度

性的社会文化维度是社会和文化对人们的思想和行为的影响的集合体。影响性的社会文化因素包括宗教信仰、文化变迁、道德规范、社会经济地位、媒体、政治、经济、技术水平、人口规模、法律，也包括我们生活的家庭、街坊邻居、亲朋好友（Greenberg 等，2010）。

从性的心理维度来看，我们可以发现其实性是后天习得的。一出生，我们就从我们的周围（父母、家庭、朋友、社会、学校等）获得各种信息，它们告诉我们如何思考和如何行动。例如，我们会学习到有些话是"脏话"，我们身体中的某些部位是不能展露出来的，有些话题是不能随意跟别人聊天和讨论的。如果某些对性的想法可能不会被社会认可和接受，我们就会学着隐藏这些真实的想法。毕竟，在我们的社会里，讨论性和老想着性是不容易被人接受的。事实上，我们学习如何对待性就已经是性的一部分了。因此，社会建构主义认为性别同一性和性经验是在不断变化的社会环境中习得，并受其影响，被其改变。

社会经济地位对性的影响非常大。比如，低收入阶层的人在思想和行为上常常会和中等收入阶层的人不同，他们更有可能较早发生性行为，并且较早生育孩子。教育同样也会影响性行为，例如，金西发现男性的受教育程度越低，婚前性行为发生率越高，而女性相反。潘绥铭等（2004）发现受教育程度越高自慰频次越高，高中文化程度的男性找"小姐"的比例最高。社会经济地位不仅影响性行为，也会影响性的其他方面，例如，Jung 和 Choi（2009）的研究发现贫困常常意味着较少有机会获得合适的健康照顾、生育控制、孕期照顾、孩子的日常照顾等。

每个人的性行为常会自觉或不自觉地受到所处环境的性道德规范的制约。比如，一夜情是否道德？"包二奶"是否道德？找"小姐"是否道德？是否应该采取某种性行为？是否应该等孩子不在家的时候才发生性行为？诸如此类。这些道德规范最终决定了我们会认为哪些性行为是正确的，哪些是错误的，从而会影响人们的性行为。

政府通过制定公共政策影响人们的性行为和性观念，例如，我国计划生育政策的推行影响了千家万户的性活动、避孕方式和生育行为。政府有时候会制定具体的法律法规影响人们对性对象、性行为方式等的选择。例如，同性婚姻法允许同性别之间的婚姻和性行为等受到法律保护。在艾滋病预防的背景下对性产业的调查和安全套使用的推广使人们对性产业的了解比以往任何时代都更深入和细致。计划生育、"一孩"政策和避孕措施的推广让许多只能做不能说的事物变成了人们可以随意交谈的话题。

尽管在本研究中，性的维度是分开讨论的，但是这些维度其实是互相影响共同作用的。性在生理上的差异是形成心理维度和社会维度差异的基础，生理性别强烈影响我们对性健康的感知。例如，在性课堂上，Greenberg（2010）让学生填句子，"钱包里放着安全套的男人是_____"，"钱包里放着安全套的女人是_____"。男人通常被描述成"负责任"，而女人则被看作"妓女"。

性的生理维度和心理维度都会受到社会和文化的影响。例如个人的外貌长相，第一感觉外貌长相是受遗传基因影响的生物因素。但是身体形象，或者说对自己外貌的自我感知和感觉到别人对自己外貌的评价却是属于心理层面的。然而，社会文化因素也在发生作用，人们对外貌的评价标准却受到社会历史文化的影响。比如，在唐朝人们以胖为美，而现代社会追求骨感美，这两种完全不同的对外貌美的判断标准就是不同时代的产物，那么在这两个不同时代的人对同一个外貌的评价结果显然就会不同。

总结以上内容，本书认为性的生理维度主要包括性器官及其发育、性行为的生理特征以及生育现象。心理维度主要包括性行为的心理特征、性倾向及性偏好等伴随性活动的一系列心理现象或过程，也包括对自己和他人的态度和感觉。社会文化维度是文化和社会对个体的思想和行为的影响的集合体。这些维度相互影响共同作用最终表现为一个人的"性"。

艾滋病时代，对性开展研究可以有很多目的，从个体角度来看，可以获得正确的性知识，揭穿性神话和性迷信（比如自慰有害论），做出正确和负责任的性决策，接受并采取安全性行为，增进性健康和整体健康；从宏观角度来看，对性的研究结果有助于政府部门或其他非政府组织了解不同年龄不同群体的人的性健康状况，为他们提供最适合的知识、资源、机会和公共卫生服务，促进安全性行为，制定预防或减少性传播感染的政策，创造一个健康安全的社会。基于公共管理服务的视角，对性的研究重点应放在性行为上，因为性行为虽然看似属于个体的私人行为，实际却是非常典型的社会行为，不仅受到社会文化等的影响，也可能会通过不安全性行为影响社会安全。然而，性行为的主动权完全掌握在个体手里，为了使个体减少其风险性行为并采取安全性行为，需要从影响性行为的因素入手。性的心理因素和社会因素都可能影响个体的性行为，因此，通过研究发现影响各类风险性行为和安全性行为的心理因素和社会因素，制定相应的干预措施，可以减少潜在性风险并促进安全性行为。

第二节 性研究分析框架

一 已有的性研究框架

杨博等（2012）以性为研究视角，从理论拓展和政策实践方面提出了一个新的性别失衡研究框架。该框架重视对多元化和权利的尊重，从一个新的视角看待性别失衡的后果和原因，创新性地提出了性别失衡治理政策改进空间。

潘绥铭和黄盈盈（2011，2013）提出了主体建构视角下性的操作化框架（见图3-1）。潘绥铭和黄盈盈认为性不仅是生理的、行为的和心理的，更是社会的、历史的和文化的，是情境的、互动的和变化的。从图3-1中我们可以看出，主体建构视角下，性并不否认性的生物性，而是以生物因素为基础，在个体的心理认同下进行性别认同，在人的不同生命周期有不同的心理表现，也会有不同的性认同、性价值观和性取向，外在表露为不同的性别形象，还可能在性权势下遭受不情愿的性经历或性暴力；在此基础上，每个人表现出不同的性交往和性心理、吸引或被吸引等，又会产生不完全一致的性外或性内的亲密关系，得到不同的性感受。以上所有行为经历、心理过程等都会受到主体活动和环境因素的影响。潘绥铭和黄盈盈的性操作化框架非常强调性的社会性、历史性和文化性，以及性的情境性、互动性和变化性。

这个分析框架涵盖了我们前面讨论的性的所有维度和内容，让我们能非常直观明了地认识和理解人类的性。从对性的研究来看，性是人的一部分，

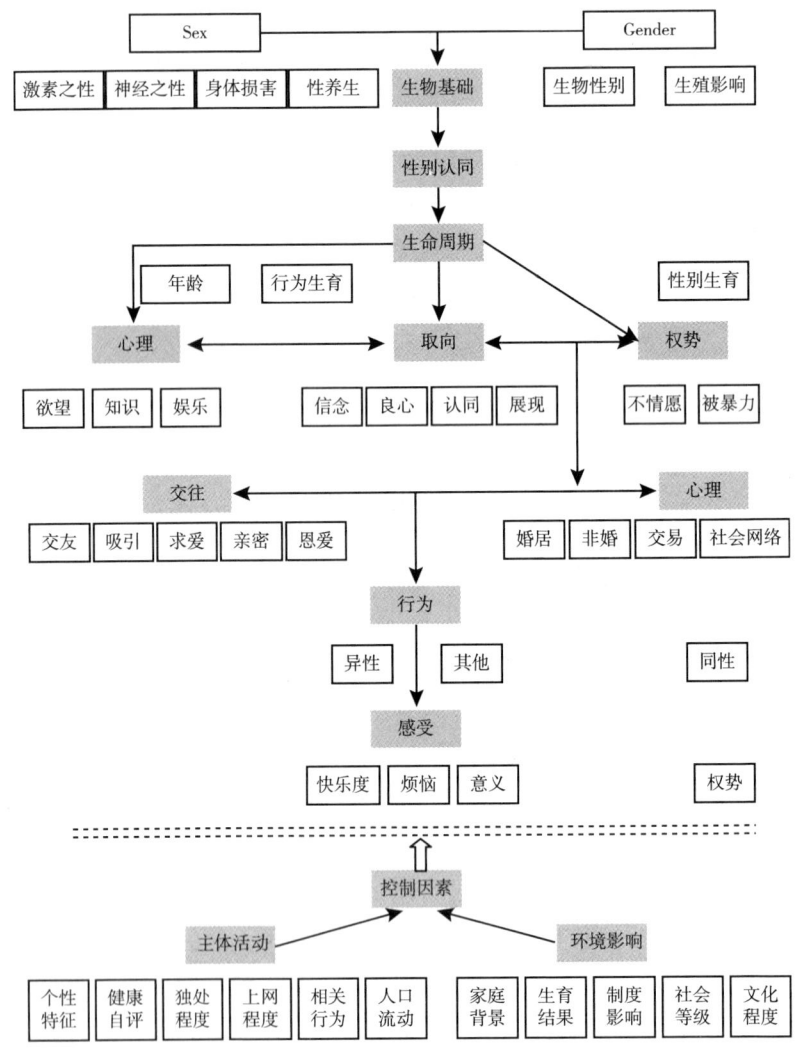

图 3-1 主体建构视角下性的层次和分类

注：■代表层次，□代表分类，其他文字代表指标。

包括生理学上的性生殖系统，也包括人类的性发育过程，以及性与婚姻、健康、社会、政治、经济、文化等的关系，还包括一些异常的性行为、性取向等。可见，性的内容是包罗万象极其丰富的。

潘绥铭和黄盈盈的性分析框架为我们从主体建构视角研究和分析性提供了很好的借鉴。然而，也正是因为这个框架内容过于丰富，在研究中，我们很难在一个研究内把每部分内容都研究到。尽管性的不同维度涉及的内容都是性不可分割的一部分，但是，艾滋病时代，从公共管理的角度研究性，研究重点在于性行为主体和其他人或社会的互动和相互影响，性的生理维度中性生殖系统等作为人的性的基础，不是研究重点，而性行为——看似纯粹的生理行为，实则是完全的社会行为——反映了社会历史文化制度影响的生理行为，任何个体都占据着性网络中的某个位置，或是一个孤立的点，或是一对一单线式结构。但是只要性行为中的任何一方有多性伴侣行为，则都有可能通过性行为而结成性的社会网络。而在这个性网络中处于结点上，即把艾滋病传播的高危人群和普通人口联系在一起的位置上的人，就是艾滋病预防的重点人群（Laumann，1994）。因此，对性的研究也应有所侧重和区分。

二 中国农村大龄未婚男性性研究分析框架

本研究中的性研究分析框架以潘绥铭和黄盈盈的性操作化框架为基础，综合了性的研究理论和性行为研究理论，充分考虑性别失衡背景下中国农村大龄未婚男性被迫失婚的特点。在提出这个框架前，需要先明确提出本框架的基本理念和基本前提。

（一）性是一种社会建构

本书认为，性是一种社会、历史和文化的建构，每个文化制定了自己的性规范。也就是说，在具体的时间和空间中，社会规定了性的行为规范。人们学习和实践着所处社会环境中的性规范和性价值观，这个学习和实践过程贯穿人的整个生命周期，因此对性的讨论需要放置于具体的时间和空间中，即特定的社会和文化环境中。本书对性的研究是基于这样的社会文化环境。

第一，20世纪80年代之后，在持续低生育率背景下出生人口性别比长期失衡，由此产生的一个非常显著的人口学现象是大量女性缺失，男性严重过剩。

第二，中国是普婚制国家，人们信奉"男大当婚，女大当嫁"，很少有人主动选择不婚。

第三，中国实行的是一夫一妻的婚姻法律制度和严格的生育政策。

第四，性产业是违法的。

第五，在艾滋病时代下，性比以往任何时候更受社会文化制度的影响，更不可能只是个人私人活动（Laumann，1994；翁乃群，2001；潘绥铭等，

2006)。

在这种情境下，性不仅仅是生理的、行为的和心理的，更是社会建构的。在社会建构主义理论下，性和人类其他社会行为一样，可以运用社会学和心理学的工具加以研究，可以运用研究其他人类行为的方法和理论来完成（盖格农，2009）。

性是人生命中最重要的方面，它把个人的家庭、社会和文化环境融合成一个整体（Askun 和 Ataca，2007）。从公共管理的视角来看，性的社会性决定了性行为并非个人独立和单一的行为和特征，而是具有共享性和集体性，反映社会文化制度等的影响，并且当个体的行为超出某个界限时会对社会和他人产生影响。在男性婚龄人口严重过剩和婚姻是普遍性制度的背景下，无法成婚的男性可能会采取买婚、骗婚、通奸甚至强奸等恶性行为，这给他人和社会带来巨大不良影响和后果（孙龙，2004；姜全保和李树茁，2009；Jiang 和 Barricarte，2011）。社会地位低下的未婚男性性知识匮乏，更容易采取风险性行为，这不仅会影响个体的性健康，也会对社会公共卫生安全造成影响，而实际上所有与性有关的态度、行为和观念等均可归入社会建构因素（Askun 和 Ataca，2007）。

（二）长期持续低生育率下的出生人口性别比偏高

本书的具体背景是长期持续低生育率下出生人口性别比持续升高，从20世纪80年代开始中国的出生人口性别比开始偏离正常的103~107的范围，第三次、第四次、第五次和第六次人口普查的数据显示，中国出生人口性别比分别为108.5、111.3、119.9和118.0。第六次人口普查显示我国总人口性别比为105.2，可见，人口性别结构问题仍然非常严重。目前男性人口的婚姻挤压现象已经开始出现在初婚市场上，而婚姻挤压后果往往都是由处于社会经济地位最底层的农村男性来承担。这些男性希望能按照传统婚姻规范的要求与异性结婚生子、传宗接代，非常努力地在婚姻市场上寻找结婚对象，但由于女性缺失，他们无法找到合适的结婚对象。对这些想结婚而结不了婚的男性而言，还面临着另一个尴尬。因为在中国主流性规范下，性是被放在婚姻家庭内，无法成婚就意味着无法获得正常稳定合法合理的性途径，因此他们或者寻找婚姻之外的其他方式，或者努力适应无性的生活。在这种背景下，受到婚姻挤压而无法成婚的男性表现出来的性实践，和他们感受和体会到的性更会受到社会因素的影响。从对人类性的研究来看，性的内容包罗万象，极其丰富和广泛，既包括生理学上的性生殖系统，人类的性发育过程，也包括性与婚姻、健康、社会、政治、经济、文化等的关系，还包括一些异常的性行为、性取向等。但是在时间和空间已经确定的情况下，性的生理因素所起的作用是普遍而有限的，而社会文化的影响可能会更明显。

本书的研究对象是性别失衡背景下的大龄未婚男性，他们的未婚和大龄的特点凸显出他们与社会的格格不入。婚姻挤压导致一部分婚龄男性暂时或永久性游离于婚姻和家庭之外，由于不能享受正常的家庭生活和性生活，必然会给他们带来生理和心理等多方面的不良影响。因此，他们的性感受和性实践会与已婚男性不同。他们或者会寻找婚姻之外的性实践，或者会（努力）适应无性的生活，这源于他们对性的定义和建构。因此，我们认为农村大龄未婚男性的性现状是他们自己建构的结果，他们的性心理、主要的性实践以及单身状态对他们产生的影响以及他们感受到的影响都会受到自身"大龄"和"未婚"的影响。

（三）艾滋病时代下的性实践的风险和安全

在艾滋病时代下，性行为是一种社会行为而非独立单一的个体行为或性行为方式，尤其是高危人群的性行为方式决定了性病/艾滋病的传播可能和传播的危害性。多性伴侣行为、性交易行为、同性性行为都是传播性病/艾滋病的高危行为。农村大龄未婚男性的性实践如果主要表现为以上三种方式，那么他们就已经处在高风险之中，会对社会公共卫生安全构成威胁。因此，有必要对他们进行公共管理，采取有针对性的措施，制定相应的公共政策，以预防和减少各类性风险对他们自身、对他人和对社会的潜在影响。

基于公共卫生管理和公共管理的视角，对农村大龄未婚男性的性实践的研究重点需要放在风险识别和安全干预上。性实践，在本书中是指能满足肉体的欲望的行为，包括看黄、自慰行为和性交行为。性交行为包括可能导致或促进性病艾滋病等疾病传播的高风险性行为，如性交易行为、同性性行为和多性伴侣行为。在存在高风险的前提下，需要对高风险进行预防和干预。能预防或减少性病/艾滋病等疾病传播的性行为方式属于安全性行为，比如保持单一性伴侣关系、正确和持续使用安全套等（WHO，2006）。而安全套是目前性交行为中唯一有效的能预防性病/艾滋病传播的工具，因此，相关干预项目和研究常用安全套使用情况作为衡量安全性行为的标准。

性风险源自性行为中体液交换可能会导致性病/艾滋病的传播，因而存在体液交换的性行为都可能存在性风险。而安全性行为则在性行为中采取某种措施阻断体液交换，从而实现预防或减少性病/艾滋病的传播。预防和减少性风险的方法包括禁欲、减少性伴侣人数或保持一个性伴侣以及正确和持续使用安全套。或许对一部分人来说，禁欲是可行的，但对大多数人而言，禁欲并不现实。在不能实现禁欲的情况下，预防和减少性风险的可行途径就是减少性伴侣数量或者保持一个性伴侣，以及正确和持续使用安全套。对农村大龄未婚男性而言，被迫"未婚"的特点决定了他们很难有一个稳定和长久的性伴侣，他们也很难保证和控制自己的性伴侣只忠于自己，因而正确和持续使用安全套就是唯一可行的安全行为。

(四) 风险性行为和安全性行为的联系与区别

由上面的分析可以发现，风险性行为和安全性行为并非同一个事物的两个方面，二者是完全不同的两类行为，它们的影响因素也并不完全相同，因而针对风险性行为的影响因素采取的干预措施能减少或降低的是风险性行为的发生率，而针对安全性行为影响因素采取的干预措施才能保障或提供性安全。在不能保证和促使人们每次性行为都正确和持续采用安全套或采取安全性行为的时候，降低性行为中的风险也是可行之举。因此，以性的公共管理为目标的研究，为了实现预防和减少性风险、促进安全性行为的具体目标就需要分别研究风险性行为和安全性行为的影响因素。

基于上述分析和对性的理解，我们提出如图 3-2 所示的分析框架，该框架以性实践为主线，以性心理和社会文化为主要的影响因素，充分考虑到个体的主观能动性，即主体活动因素。整个框架分为三部分。

第一部分是从性的生理、心理和社会三个维度出发，研究农村大龄未婚男性的性现状。即在分析农村大龄未婚男性的社会经济地位和生活模式的基础上，研究他们的性实践现状，包括对性的需求、性行为方式；研究他们的性心理特征，包括对婚姻的态度、对自己大龄而不能成婚的原因的认识、对大龄仍处于单身的态度、对社会上的买婚和收养孩子的态度、对性的态度等，研究他们感受到的性影响，包括对自己的评价、感受到的家庭压力和社会压力、得到的情感福利、对未来婚姻的期望、对日常生活的影响等，从中发现农村大龄未婚男性在性风险或性安全中的状况，引起社会对他们的关注和重视。

第二部分是了解农村大龄未婚男性具体的风险性行为，并从心理因素、主体建构因素和社会因素等三个方面分析每种风险性行为的影响因素，目的

第三章 农村大龄未婚男性性研究分析框架 59

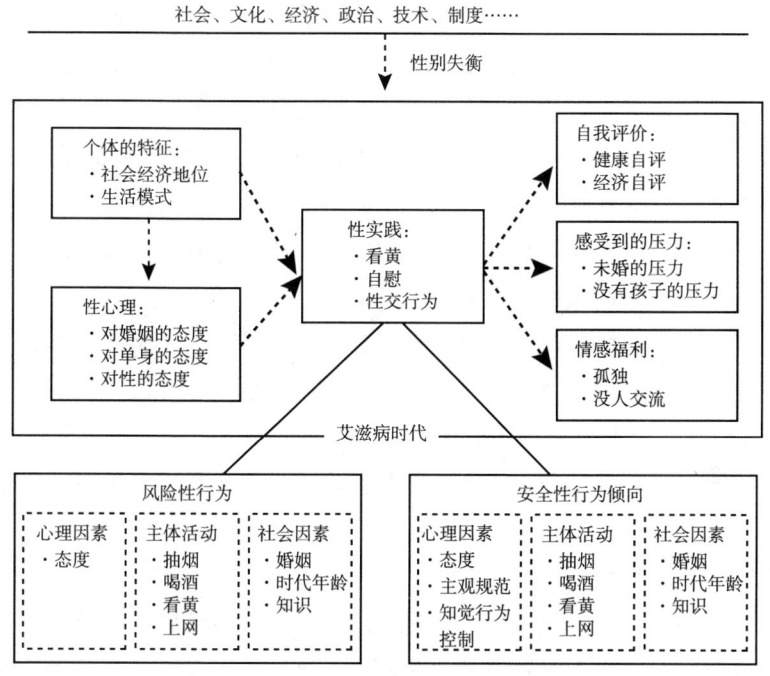

图 3-2 农村大龄未婚男性性研究分析框架

是探索农村大龄未婚男性的性风险主要受什么因素的影响，哪种因素所起的作用最大，可以采取什么措施以减少农村大龄未婚男性的性风险。

第三部分是了解农村大龄未婚男性具体的安全性行为，他们的安全性行为倾向，并从心理因素、主体建构因素和社会因素等三个方面分析其影响因素，目的是发现农村大龄未婚男性的安全性行为现状，探讨可以采取什么措施促使农村大龄未婚男性采取安全性行为。

社会文化等环境制度因素和性别失衡作为外在影响因素作用于农村大龄未婚男性的性的各个方面，包括行为本身、态度以及其他各种社会属性。由于我们是从微观个体入手，关注的是个体层面的性行为，社会文化等制度因素作为一种环境因素和背景因素纳入分析中，而不作为研究的主要内容。

三 影响因素分析

（一）心理因素

性快感和性满足既是生理上的，也是心理上的。没有个人心理上的愉悦感觉，就没有生理上的刺激。马斯特斯和约翰逊从生理方面进行研究并提出了人类性反应周期的四个阶段：兴奋期、平台期、性高潮期和消退期。然而，理论学家伯尼·兹伯格德和卡罗尔·埃利斯（1980）认为马斯特斯和约翰逊的模型仅集中在生理方面，忽视了性反应中心理方面的因素。他们提出了五元素模型，包括兴趣或欲望、唤起、生理准备、高潮和满足。人类性反应还受到自身印象和对伴侣的感觉的影响，对不同的伴侣人们会有不同的反应，从而影响人们对性的理解。

态度也是影响性的最重要的心理因素。我们出生后，周围环境就不断地告诉我们该如何思考和如何行为，比如，哪些是"脏话"，哪些是"不对的"，哪些是"隐私"部位不能让人碰，哪些话题不适合聊天，到哪个年龄阶段可以谈恋爱、结婚和生子等，在我们成长过程不断形塑我们对性的观念和态度。

（二）社会因素

无论是性反应的生理方面，还是心理方面，归根到底都会受到社会因素的影响。例如，有些人对色情品表现出兴奋感，有些人则视若无睹。周围环境会通过各种方式影响人们对性的理解。传统道德规范会影响人们的性活动感觉，例如在认为异性之间的性行为才是正常的社会里，同性性行为就不会被认可，甚至让人觉得"恶心""肮脏"。

法律政策等常常会引导人们的性行为方式，例如，生育控制的政策法规让人们在某种情况下必须采取避孕措施。家庭、邻居和朋友会为人们提供性活动的信息，从而影响人们的性决策。社会因素作用到个体身上时，表现为不同的社会经济地位、知识水平和年龄阶段的人会对性有不同的理解。

（三）社会经济地位

不同的社会等级通常会有不同的性规范（Gagnon 和 Parker，1995）。教育水平和收入是衡量社会等级的重要指标，会影响各种风险性行为诸如多性伴侣行为、性交易行为和无保护性行为的发生。但是目前对教育水平、收入和风险性行为之间的关系还有不同认识。劳曼和他的同事们发现，拥有大学学历的人中，81%的男性和78%的女性报告曾发生过口交，但高中学历及以下人群中，该比例分别为59%和41%（Laumann，1994）。潘绥铭发现在中国，收入高和文化程度高的人更有可能发生多性伴侣行为，收入高的男性更有可能进行非保护性性交易行为，高中文化水平的男人找过"小姐"的比例最高。而 Cohen（2009）认为收入的增加能减少已婚人群的风险性行为，却能增加未婚人群的风险性行为。Jung 和 Choi（2009）认为受教育程度的提高能增加风险性行为的可能性。

1. 知识

知识与风险性行为之间的关系是性领域里经常研究的内容（Fisher 和 Fisher，1992）。Price 等（1985）的研究指出，青少年和其他人群中持续增加的艾滋病病毒感染和艾滋病知识水平较低之间可能存在因果关系，然后提出假设性病/艾滋病知识的增加能减少与艾滋病相关的风险行为。基于这个假设，大部分心理学家把干预的主要目标设定为为目标风险人群提供信息、知识（Fisher 等，1992）。绝大部分干预项目报告目标人群的性病/艾滋病知识知晓率得到显著提高。然而大量研究和行为干预却得出了相反的结果，相对于信念而言，知识对干预行为的净影响简直太小了（Becker 和 Joseph，1988；Fisher 和 Misovich，1990；Winslow 等，1992）。然而也有研究表明，知识和行为之间存在显著关系，Meekers（2002）证明对于艾滋病知识准确率高的受访者在上一次性行为中使用安全套的比例较高。

2. 时代年龄

潘绥铭等（2004）根据被调查者进入青春期时所处的社会环境和历史时代划分年龄，[把时代年龄划分为共和国之初（1950~1958 年）、"大跃进"时期（1959~1966 年）、"文革"时期（1967~1976 年）、改革初期（1977~1984 年）、城市改革时期（1985~1991 年）、改革扩展时期（1992~2002 年）。] 这种划分让年龄具有强烈的社会历史因素，可以作为社会因素纳入分析（黄盈盈和潘绥铭，2011）。考虑到本研究的样本偏小，并且考虑到在农村的历史背景，因此在分析中简化了年龄的分类，仅按照联产承包责任制的全面实施（1982 年）划分年龄。通常研究表明年龄越小，其多性伴侣行为、性交易行为和无保护性行为的可能性越大，其使用安全套的比例反而更高些（潘绥铭等，2004；Li 等，2007；Mohammad 等，2007）。

（四）主体活动

研究表明，个体的主体活动会显著影响个体的性实践。一些研究发现，喝酒、抽烟、上网和看色情品会促进多性伴侣行为的发生（Mohammad 等，2007；Duong 等，2008；黄盈盈和潘绥铭，2011）。黄盈盈（2011）对 2000 年和 2006 年我国女性多性伴侣行为的对比研究发现，女性的主体建构因素

"涉性娱乐",如看过色情品、跳舞消费过、接受过异性全身按摩等和"上年相关活动",如曾经独自外出过夜等,是影响女性多性伴侣行为的显著因素。

第三节 分析策略

根据本书的性研究分析框架,农村大龄未婚男性的性包括性实践、性心理和性影响三部分内容。性现状部分主要是了解农村大龄未婚男性在性的三个维度上的具体情况,因此主要采用列联表分析方法,分类变量采用卡方检验,定距变量采用 t 检验。在分析性心理时,通过与同年龄段的农村大龄已婚男性进行对比分析,了解农村大龄未婚男性对婚姻的态度;通过不同年龄段的对比,了解农村大龄未婚男性对单身的态度。在分析性实践时,通过与同年龄段的农村大龄已婚男性进行对比分析,了解农村大龄未婚男性在看黄、自慰和性交行为上的发生率;然后将这三种性实践综合起来,以发现有过不同性实践的农村大龄未婚男性之间在人口统计特征上有什么特征。最后,通过不同年龄段的对比,发现单身生活对农村大龄未婚男性的影响。

为了对农村大龄未婚男性的风险性行为进行干预和公共管理,本研究把风险性行为作为研究对象,而性的心理因素和社会因素看作影响性行为的因素进行分析,期望能够发现影响风险性行为的心理因素和社会因素,找到降低或改变性风险的因素,从而实现对农村大龄未婚男性的公共管理。具体方法是:先采用交叉表,通过与已婚男性对比,估计农村大龄未婚男性的风险性行为发生率。然后再用年龄进行分类交叉分析,揭示大龄未婚男性风险性行为的年龄差异特点。最后,在分析风险性行为的影响因素时,先查看婚姻在各类风险性行为中的作用,再找出各种风险性行为的公共安全特征,用 Logistic 回归分析分别查看各类风险性行为的主要影响因素。

为了促进农村大龄未婚男性采取安全性行为,本研究把安全性行为倾向作为研究对象,把性的心理因素和社会因素作为影响因素进行分析,期望发现安全性行为倾向的影响因素,找到促进他们采取安全性行为的方法,从而实现对农村大龄未婚男性的公共管理。具体方法是:首先检验婚姻和 TPB 扩展模型中的变量在安全套使用倾向中的作用,了解总样本中安全套使用倾向的影响因素;然后分别对未婚样本和已婚样本进行统计分析,期待通过与已婚男性的对比，发现 TPB 模型中的变量、扩展变量，以及主体建构因素、社会经济地位变量（教育和收入）和年龄分别对农村大龄未婚男性安全套使用倾向的影响和作用。

第四节　小结

本研究的基本理念之一是性是由社会建构的，社会规定了性的行为规范，人们从小就开始学习和实践所处环境的性规范，因此对性的研究可以像研究人类其他社会行为一样，可以运用社会学、心理学和公共管理学的工具和方法，可以运用研究其他人类行为的方法和理论来完成。本章在第二章的基础上对性的含义和维度进行了详细的分析。性有三个维度，分别是生理维度、心理维度和社会文化维度。生理维度指的是基于生理学和解剖学上的性生殖系统，性活动属于一种自然现象和生理现象；心理维度涉及的是个体对自己和他人的认识和评价，也包括各类态度、价值观等；社会文化维度是社会历史文化等对个体的影响。这些维度相互作用相互影响共同构成人类的性，很多时候，这些维度相互交织在一起，并不能完全分开，只是为了便于分析和理解，我们刻意把它们分开。

基于对性的认识和理解，我们认为，从微观个体层次入手研究性，其着眼点应在性实践上。因为从公共管理视角来看，在艾滋病时代下，性行为并非单一独立的行为，性行为中任何一方有多性伴侣行为都会把性实践者带入性网络中，会对自己、他人甚至社会产生影响。因此构建的性分析框架是以性实践为主线，以性心理和社会文化为主要的影响因素，并充分考虑到个体的主观能动性，即主体活动因素。性研究的整个框架分为三部分，包括性的现状，即农村大龄未婚男性的一般特征、性实践现状、性心理特征和感受到的性影响；具体的风险性行为及其影响因素，目的是探索从何入手对农村大龄未婚男性的性风险进行公共管理；具体的安全性行为倾向及其影响因素，目的是发现对农村大龄未婚男性进行公共管理的途径和方法。社会文化等环境制度因素和性别失衡作为外在影响因素作用于农村大龄未婚男性的性的各个方面，包括行为本身、态度以及其他各种社会属性。由于本书是从微观个体入手，关注的是个体层面的性行为，社会文化等制度因素作为一种环境因素和背景因素纳入分析中，而不作为研究的主要内容。

第四章 数据来源和样本信息

通过文献梳理和理论分析,本书提出从三个层面了解农村大龄未婚男性的性。然而,由于性问题的敏感性和调查时难以直接控制,笔者从研究设计之始便考虑如何降低性相关问题的敏感性和调查获取数据的真实性。本章首先介绍本书研究所用数据的调查问卷的开发和发展,然后介绍了数据的具体收集过程,包括调查地的选择、数据采集过程、质量控制和调查结果,最后,介绍了调查样本的基本信息。

第一节 问卷设计

一 问卷开发

由于没有直接针对中国农村大龄未婚男性性相关问题的问卷可以参考借鉴,因此,在问卷设计过程中我们查阅了当代中国人性行为状况的已有文献和调查研究成果,充分吸收借鉴已有的调查经验,同时也参考了美国全国健康与社会生活调查(1996)。从20世纪90年代以来,中国的研究者开展了多次针对当代中国人性行为状况的调查,如刘达临(1992)、潘绥铭(2004,2008)和李银河(1992)。

由于学术界对性别失衡背景下农村大龄未婚男性的性观念和性行为还缺乏基本的认知,为了让问卷更符合被调查者的实际情况,在问卷设计过程中，我们于 2007 年 11 月在河南省漯河市郾城区开展了"中国农村大龄未婚男性心理福利和性福利"质性访谈和问卷试调研（李艳和李树茁，2008；韦艳等，2008；李艳和李树茁，2011），根据中国农村大龄未婚男性的特殊性修正了初始问卷，并增加了一些新的问题和调查工具，形成了最终的调查问卷。

调查问卷主要包括五方面内容：一是个人的人口统计特征，包括年龄、收入、受教育程度、婚姻状况等；二是婚姻生育观念，涉及对婚姻的态度、不能成婚的原因和感受、对收养孩子的态度和观点、现在和将来的未婚生活对他们的情感和社会生活的影响等；三是生殖健康知识，包括性病/艾滋病知识、安全套使用知识、性知识的获取渠道等；四是性实践，包括自慰行为、安全套使用行为、同性行为、多性伴侣行为和性交易行为等；五是性态度，包括对自慰的态度、对安全套的态度、对各种性行为的态度等。

二 核心变量定义与测量

（一）性实践

在研究中，我们调查了几类不同的性相关行为（见表 4-1）。

表 4-1 性相关行为的测量

变量	测量题项
一般性行为	到现在为止,您有过性生活吗？（无论跟什么人过性生活,都算有过。哪怕只有一次,也算有过）
多性伴侣行为	到现在为止,您一共有多少个性伴侣？（哪怕只有一次也算,无论跟什么人都算,包括已经离婚、去世的人,也包括同性）
同性性行为	请问与您有过性关系的人是:(1)男人;(2)既有男人也有女人;(3)女人;(4)没有性生活
性交易行为	请问您曾经是否因为与别人发生性行为而付过钱给对方,或得到过对方的钱
看黄	您是否看过黄色录像？
性伴侣还有其他性伴侣	请问您的性伙伴是否与他人发生过性行为？

性风险。在研究性风险时，本书将风险性行为限定在能使个人感染性病/艾滋病的行为上，而不考虑非意愿怀孕。因此，在本书中，农村大龄未婚男性的风险性行为包括多性伴侣行为、性交易行为、同性性行为以及不使用安全套的

无保护性行为。而性风险则是这些风险性行为的综合,即累加总和。

性安全。性安全包含两部分内容,一是过去的性安全,即过去在发生性行为时是否采用安全性措施;二是安全性行为倾向,即未来发生性行为时是否采用安全性措施。行为倾向是指个体是否打算采取某种行动,或为了完成某一行为,个体愿意去尝试的程度以及计划将为此付出多少努力。在本书中,安全性行为倾向用安全套使用倾向进行测量,安全套使用倾向被定义为"如果自己能完全做主,将来使用安全套的可能性"。由于研究对象的特殊性,他们的性行为更具有偶然性和不确定性,因而他们的性伴侣不太可能固定,因此我们通过分别询问两类对象来考察这个变量。一个是"将来如果要和女朋友(或妻子)过性生活您会使用安全套吗",另一个是"将来如果要和刚认识的人(如网友、"小姐"等)过性生活您会使用安全套吗"。每个问题有5个选项:1=一定不会,2=可能不会,3=不确定,4=可能会,5=一定会。

(二)性态度

安全套态度。安全套态度是指对安全套的情感反应或行为认知,或是指在性行为中对是否使用安全套所持的某种态度。由于对安全套态度这个概念的理解和操作存在差异,我们通过文献梳理发现一些研究从对安全套的普遍评价(如"好"或"坏")方面测量安全套态度,有些研究测量的却是安全套态度的某个特定方面(如使用安全套会减少性愉悦感,或性伴侣对安全套的反应,或知觉安全套在预防艾滋病和其他性传播疾病上的效应等),还有部分研究把对安全套不同方面的态度合并成一个综合指标进行研究。Albarracin 等(2000)区分了四种不同类型的安全套态度:保护型态度、愉悦型态度、互动型态度和自我感觉型态度,发现愉悦态度与安全套使用倾向的关系最强。Norton 等(2005)分析了 57 篇以安全套和态度(或信念)为关键词的论文,发现相比认知态度,情感态度是更好地预测安全套使用的因素。

我们认为态度是一个矛盾结构,同时具有认知成分和情感成分。例如,一个人可能认为安全套能有效预防艾滋病(认知成分态度),但是他/她也可能认为安全套会减少性愉悦感(情感成分态度),因此,在分析中应该尽可能将其区分清楚。基于上述分析,在本书中,对安全套的态度定义为四个方面:①保护态度:安全套在预防性病/艾滋病和避孕等方面所持的肯定或否定态度；②愉悦态度：使用安全套可能产生的舒适、愉悦、亲密等感觉；③互动态度：预期性伴侣对使用安全套的消极或积极反应等；④自我感觉态度：使用安全套的结果能带来的积极情绪（如不用担心怀孕或得病等，自我感觉良好等）。

对安全套态度测量采用的量表改编自 DeHart 和 Birkimer（1997）及 Xiao（2007），包含16个题（见表4-2）。每个题分别询问被调查者对该题的赞同程度，选项采用五级，从非常不赞同（赋值为1），到非常赞同（赋值为5）。

表4-2 对安全套态度的测量

维 度	测量题目
愉悦态度	1. 安全套没有吸引力
	2. 安全套的价格太贵
	3. 安全套的气味、质地等让人觉得不舒服
	4. 买安全套（或问别人要安全套）会让人很难为情
	5. 使用安全套会打断性行为的过程
	6. 使用安全套会减少心理（精神上）的舒服和满足感
保护态度	1. 使用安全套可以降低感染性传播疾病和HIV（艾滋病病毒）的风险
	2. 使用安全套能避孕
互动态度	1. 使用安全套会让性伴侣觉得我不信任她
	2. 如果您很了解您的性伴侣，就不需要使用安全套
	3. 使用安全套很麻烦
	4. 不戴安全套时，自己与性伴侣的接触更"亲近"
	5. 如果能确信自己的性伴侣没有性病，就没必要使用安全套
自我感觉态度	1. 使用安全套能获得和不使用安全套时一样的舒服和满足感
	2. 正确使用安全套能增加性快感
	3. 使用安全套是对性伴侣负责任的行为

主观规范。主观规范是指个人感知到的社会压力，感知到重要他人对自己是否采取某种行为的信念。由于性行为是属于个人隐私行为，发生在性行为直接参与者之间，因而一些研究者认为并非所有重要他人对个人性行为的影响都一样。Kashima 等（1993）提出应该把性伴规范作为一个单独的影响因素来研究，因为性伴侣是性行为中的直接参与者，性伴规范会有更强的解释力。Swan（1999）验证了这一思想，发现在不同权力模式下性伴规范和

一般主观规范对安全套使用倾向的影响差异，即高权力个体的性伴规范与安全套使用倾向没有显著关系，但低权力个体的性伴规范与安全套使用倾向高度显著相关。由于农村大龄未婚男性自身的劣势，不同的人对他们的性行为的作用和影响显然应该不同。因此，本书将主观规范区分为性伴规范和一般主观规范。性伴规范是指个人感觉到性伴侣对使用安全套的信念。一般主观规范是指个人感受到除性伴侣之外的其他重要他人对自己使用安全套的信念，例如好朋友、父母、熟人等。

对主观规范测量的题项改编自 Swan（1999）。对一般主观规范的测量是通过询问被调查者个人感知到男性好朋友、女性好朋友、父母和普通熟人对自己使用安全套的支持程度（规范信念），选项从 1（根本不支持）到 5（非常支持）；以及询问被试者认为这些人群对自己是否使用安全套的影响程度（影响率），选项从 1（没有影响）到 5（影响非常大）。每类人群规范信念和影响率的乘积结果就是被试者感知到该人群的主观规范的得分，得分越高则表明感知到的主观规范越强。对性伴规范的测量是通过询问被调查者认为自己的性伴侣对使用安全套的态度，以及自己遵从性伴侣的可能性。方法和程序和一般主观规范一样。

知觉行为控制。知觉行为控制是指个人在使用安全套时感受到的难易程度。个人认为自己执行该行为的能力越强，或拥有执行该行为所需的资源或机会越多时，他对执行该行为的控制感就越强（Ajzen 和 Madden，1986）。

知觉行为控制量表选编自 CUSES－R 量表（Swan，1999），共有 6 个题，每个题选项为五级，从完全不同意（赋值 1 分）到完全同意（赋值 5 分），得分越高表示个体感知到的自我效能越强（见表 4－3）。

表 4－3　知觉行为控制的测量

维　度	测量项目
	在喝醉的情况下,如果没有安全套,我会拒绝过性生活
	如果我的性伴侣不愿意使用安全套,我会拒绝过性生活
	在没有安全套的情况下,我会拒绝过性生活
	在我需要使用安全套的时候,我可以非常方便地得到
	在我需要了解使用安全套、预防疾病的相关知识时,我可以非常方便地得到
	在我希望性伴侣也了解使用安全套、预防疾病的相关知识时,他/她可以非常方便地得到

(三) 性知识

知识是行为改变的基础。在艾滋病多发时代，人们对性病/艾滋病知识的知晓程度却普遍偏低。这种现实使得人们又把性知识和性风险联系在一起，知识和行为改变之间的关系比较复杂。例如，Slesinger 和 Pfeffer（1992）的研究发现，对安全套的错误认识与其风险性行为有关，但是在 McGuire 等（1992）的研究中，研究者们发现无保护性行为与艾滋病相关知识和态度没有直接关系。但作为行为干预项目的重要变量，性知识一直都是研究的重点。

在我们的研究中，性知识包括性病知识、艾滋病知识和安全套知识（见表4-4）。

性病知识指标参考潘绥铭等（2004）的问卷，艾滋病知识指标和安全套使用知识指标参考联合国人口基金艾滋病项目的测量指标。

表4-4 性知识题项

维 度	测量项目
性病知识	您听说过性传播疾病(性病)吗？
	您是否同意性病病人比一般人更容易感染上艾滋病这种说法？
	有人认为：在过性生活之前，只要仔细查看对方生殖器的外表，就可以知道对方有没有性病。您觉得这样做，真的能够发现对方有性病吗？
艾滋病知识	您听说过艾滋病吗？
	仅与一个并且没有感染 HIV 的性伙伴发生性行为，可以降低 HIV 传播风险吗？
	使用安全套可以降低 HIV 传播风险吗？
	一个看起来健康的人会携带 HIV 吗？
	蚊子叮咬会传播 HIV 吗？
	与 HIV 感染者共餐会感染 HIV 吗？
安全套使用知识	您听说过安全套吗？
	您认为"使用前吹气检查是否漏气"正确吗？
	您认为"使用前捏紧前端气囊"正确吗？
	您认为"安全套不能重复使用"正确吗？
	您认为"快要射精时再戴上"正确吗？
	您认为"阴茎疲软后再取下"正确吗？

(四) 主体建构因素

主体建构因素主要包括个体主动选择的相关活动，主体活动会显著影响个体的性实践。一些研究发现，喝酒、抽烟、上网和看色情品会促进多性伴侣行为的发生（R. Jessor 和 S. L. Jessor，1977；Murray 等，1998；Magnani 等，2002；Kaljee 等，2005；Mohammad，2007；Duong，2008；黄盈盈和潘绥铭，2011）。在本书中主体建构因素包括四类：抽烟、喝酒、看黄和上网。这四类变量均以虚拟变量表示，抽烟变量中 0 = 不抽烟，1 = 抽烟；喝酒变量中 0 = 不喝酒，1 = 喝酒；看黄变量中 0 = 没有看过黄色录像，1 = 曾经看过黄色录像；上网变量中 0 = 从没上过网，1 = 上过网。

（五）社会因素

年龄：潘绥铭等（2004）和黄盈盈等（2011）采用被调查者进入青春期时所处的社会环境和历史时代划分年龄［把时代年龄划分为共和国之初（1950～1958 年）、"大跃进"时期（1959～1966 年）、"文革"时期（1967～1976 年）、改革初期（1977～1984 年）、城市改革时期（1985～1991 年）、改革扩展时期（1992～2002 年）］。这种划分让年龄具有强烈的社会历史因素，可以作为社会因素纳入分析。考虑到本书的样本偏小，并且在农村的历史背景下，因此分析中简化了年龄的分类，仅分成两类 0 = 27～39 岁，1 = 40 岁及以上。

教育：表示的是被调查者的文化程度，赋值 0 = 小学及以下，1 = 初中及以上。

月收入：调查的是被调查者近半年来的平均月收入，赋值 0 = 1000 元以下，1 = 1000 元及以上。

婚姻：调查的是当前的婚姻状况，以"0 = 从来没有结过婚，而且没有同居；1 = 同居，但还没有领结婚证；2 = 已婚且夫妻俩住在一起；3 = 已婚但夫妻分居；4 = 离婚；5 = 丧偶"六个级别进行测量。为了简化问题，且考虑到婚姻状况与性行为的关系，将上述六级测量合并为两类，以"0 = 未婚且未同居；1 = 已婚或同居"两个级别表示。

第二节 数据采集

本书实证部分使用的数据来自西安交通大学人口与发展研究所 2008 年 8～9 月在安徽省巢湖市居巢区进行的"农村大龄男性生殖健康和家庭生活调查"。

一 调查地的选择

安徽省位于中国中东部，属于典型的传统父系家族制度和儒家文化流行的以农业为主的地区，当地居民有很强烈的男孩偏好，是当前中国出生性别比最高的14个省之一，2000年和2005年出生人口性别比分别为127.9和130.8。安徽省属于人口流动大省，2006年跨乡镇超过半年以上的流动人口数量超过1300万人，其中流向省外半年以上的人口为934万人（安徽省统计局，2009）。居巢区是安徽省巢湖市辖的一个区，地处皖中，濒临长江，怀抱巢湖，处于合肥、芜湖、南京"金三角"腹地，合九铁路及合宁、合巢芜、沪蓉高速公路穿境而过，交通便捷，非常有利于人口流动。全区下辖12个乡镇，6个街道办事处，194个村（居），总面积为2082平方公里。居巢区是一个农业大区，农村地区经济发展水平比较落后，经济发展结构对于劳动力依赖程度较高。2007年末全区总人口86.2万人，其中农业人口63万人，农民人均年纯收入3898元，低于全国农村居民人均年纯收入（4140元）。

从历史上看，居巢区男孩偏好的文化一直比较强烈，女孩生存环境不容乐观。20世纪90年代中期，巢湖市女孩死亡水平较高，1998年5岁以下儿童死亡性别比为0.92，远远低于世界平均水平1.3，可见女孩死亡水平远远高出正常水平；1999年巢湖市出生人口性别比高达125，远高于世界认定的103~107的正常区间，可见出生前的性别选择性流产很普遍。国家把居巢区列为最早开展出生人口性别比治理的县区之一。经过治理后，当地的出生人口性别比从1995年的124.40下降到2005年的115.44，但仍然远高于正常水平。就未婚性别比来看，2007年居巢区27岁及以上农业人口中，未婚者占了4.26%，其中男性为5.46%，女性为3.07%，未婚男性和未婚女性的性别比高达177.1。因此，有理由相信当地大龄未婚男性偏多不是偶然和个别现象。

二　计算机辅助调查技术的使用

由于性相关问题非常敏感，在河南鄢城的试调查告诉我们，当调查内容敏感且涉及个人隐私时，采取面对面的调查方式会让被调查者觉得难堪和尴尬，很难获得真实可信的结果，甚至还会遭到被调查者的拒访。潘绥铭教授认为原因有三：一是中国人认为性"只可意会不可言传"，"（性是）苟且之事登不了大雅之堂"；二是性一直被认为是"个人的小事"；三是把"谈性"作为"做爱"的前奏。因此，很难让被调查者坦然"谈性"。而电脑问卷调查法（又称计算机辅助调查技术）能有效避免面对面交流的尴尬和被调查者羞于启齿的难堪，也可以减少被调查者在性问题的理解和表达上的偏差。有鉴于此，我们在调查中采用了计算机辅助调查技术。该技术通过将设计好的问卷输入软件中，问卷中的问题会一个接一个地显示在笔记本电脑的屏幕上，被调查者只需按对应的数字键来回答。在正式调查前，我们在西安市对流动人口进行了试调查。试调查结果显示本调查内容非常适合使用计算机辅助调查技术，调查对象只要识字就能很轻松地使用笔记本电脑参与问卷调查。

计算机辅助调查技术除了具备满足隐私保护的要求之外，还具有如下优点。

（1）能缩短问卷填答时间。研究发现，用电脑进行问卷调查能节省三分之二的时间。这主要是因为人们阅读的速度总是比朗读的速度快，并且在电脑上按键回答问卷的速度也快过用嘴回答。另外，电脑问卷能自动跳问，能减少人为筛选和选择下一个问题的时间。

（2）能有效降低来自调查员的调查误差。在进行文字问卷调查时，调查员的语速表情等都可能会影响被调查者的回答，从而对被调查者形成诱导。电脑问卷则不会发生这样的情况。

（3）能提高研究者的研究质量和效率。计算机辅助调查技术使问卷的填答、编码和录入工作同步进行，省略了资料整理过程，所有数据直接进入数据库，无须再次录入；同时还避免了文字问卷中常见的填答笔误、编码错误、录入错误等问题，杜绝了人工录入数据时会发生的录入错误。研究者需要做的事情只是剔除问卷中电脑逻辑控制之外的其他矛盾和荒谬之处，在很大程度上节省了人力、财力，提高了研究效率。

（4）能减少拒访现象。目前中国农村的电脑普及率还比较低，笔记本电脑更是少见。一些被调查者对我们采用笔记本电脑进行调查非常感兴趣，主动配合我们进行调查，还广为宣传，使我们的调查进行得非常顺利。

三 样本选取

在中国，男性普遍结婚较早。第五次全国人口普查数据显示，全国男性平均结婚年龄25.7岁，28岁及以上的男性中仅有17%还没有结婚。来自河南省漯河市郾城区的质性研究表明，在中国农村，28岁是一个重要的"分水岭"：农村男性在28岁以前仍有较大的结婚机会；一旦超过28岁，他们的结婚机会明显下降，在 35 岁以后结婚机会趋于完全丧失（李艳和李树茁，2008；韦艳等，2008）。因此，我们认为按照婚姻状况选择 28 岁以上的未婚和已婚农村男性进行对比研究，可以较好地反映性别失衡背景下受到婚姻挤压的大龄未婚男性的性行为和性福利状况。

四 抽样方法

本次调查采用多级抽样，按照地理位置和经济水平将居巢区分成三个片区，每个片区分别抽取 2 个乡镇，每个乡镇抽取 4 个行政村，再按照年龄标准根据各乡镇提供的已婚和未婚名单从每个行政村随机抽取 15 名 28 岁及以上大龄未婚男性。年龄标准的设置方法是将年龄划分为三类：28~35 岁、36~45 岁和 46 岁及以上，每类分别抽取 5 人。抽取原则是从上往下满足样本数，即先抽取 5 名 46 岁及以上的未婚男性，如果该村 46 岁及以上的未婚男性不足 5 名，则在 36~45 岁年龄段的未婚男性中抽取补充不足的样本量；如果该村 36~45 岁的未婚男性人数不能满足要求，则在 28~35 岁年龄段的未婚男性中抽取补充不足的样本量。直到抽取的未婚男性人数达到 15 名。同时，在每个村按照未婚和已婚男性数量 3∶2 的比例抽取年龄相当的已婚男性 10 人。调查时要求调查对象必须是身心健康的男性。因为本次调查想了解的是受到婚姻挤压被迫失婚的男性的性福利状况，天生残疾或有智障的男性因为身心问题不能成婚不属于我们的研究范围。如果碰到抽取的调查对象是残疾人，或拒访，或不在家，就顺延抽取下一个。

五 调查执行和组织过程

调查时，由当地乡镇干部根据抽样名单入户请调查对象集中在一个相对封闭的地方（如乡镇计生办公室或人口学校），以减少或避免外界的干扰。刚开始由调查员指导调查对象作答，这通常是个人信息和一些非敏感性问题，并教会调查对象使用电脑答题。当回答到涉及性行为和性态度等敏感问题时，则由调查对象独自操作笔记本电脑回答，调查员则坐到看不见笔记本电脑屏幕的地方，根据调查对象的需要随时提供帮助。绝大部分调查对象经过调查员的辅导后都能独立正确操作笔记本电脑回答问卷，只有极少数文化程度非常低的被访者，在经过本人同意后由调查员进行访问。如果调查对象不愿意参加本次调查，可随时退出。

由于当地相当一部分男性外出打工，首选的 6 个乡镇调查得到的未婚样本不足，于是将被访者的年龄降低到 27 岁，并在备选乡镇进行补充调查，完成数据收集。

六　质量控制

为了保证数据质量，本次调查采取了多种保证措施。

1. 调查问卷设计

为了让被调查者对问卷的敏感性问题有逐步适应的过程，在设计问卷时，前半部分都是非敏感性问题，包括个人人口统计特征，然后逐步过渡到有点敏感的婚姻生育的观念题和性知识题，最后才是敏感性的性问题。前面部分的不敏感或不太敏感问题可以采用一对一的指导方式教会调查对象操作电脑回答问卷。在敏感问题出现前，电脑上会先出现一段话："为了替您保密，以下的所有问题，都由您自己使用电脑来回答。我们的调查员将坐在看不见您电脑屏幕的地方，这样，就不可能有人知道您的回答。但是，如果您有不明白的地方，可以随时询问调查员。"这样既能让调查对象清楚自己的权利，又能让他们知道自己的隐私是得到保护的，可以放心回答问题。另外在问卷中也没有任何一个能识别个人身份的问题。这样，从问卷设计之初就已经充分考虑了被调查者的接受程度和隐私保护等各方面因素，以保证调查能顺利完成，并能获得真实可信的调查结果。

2. 调查中笔记本电脑的使用

在性调查中使用笔记本电脑有诸多好处。根据国外采用计算机辅助调查技术的调查经验和潘绥铭在中国进行性调查的调查经验，使用笔记本电脑进行调查有诸多优点：一可以减少面对面访谈给被访者带来的尴尬与难堪；二是电脑中的语音功能可以保证低文化者的应答，提高问卷的适用性；三能控制访谈的环境和质量，提高应答率；四能缩短问卷填答时间（能节省三分之二的时间），减少被访者产生不良反应；五能有效地降低来自调查员的调查误差；六是有利于在问卷以外更多地收集信息；七是可以提高研究者的研究质量和效率。根据我们的调查经验，在调查中使用笔记本电脑还有一个好处，在农村很多人没有使用过笔记本电脑，对笔记本电脑的好奇也成为调查对象接受调查并认真回答问卷的一个重要原因。

3. 调查员的选择

本次调查共有 4 名调查指导员，其中 3 名男性 1 名女性，全部来自西安交通大学人口与发展研究所的课题组成员,他们均在课题立项之初就加入了课题组,参与了课题研究设计全过程,对问卷内容和调查工具非常熟悉;调查员12名,分别是从要调查的6个乡镇抽调的乡镇计生干部。选择当地计生工作人员作为调查员的原因有三方面,一是他们是当地干部,了解当地老百姓,熟悉当地情况;二是当地老百姓基本都认识当地的乡镇计生干部,由他们出面,调查对象能放下戒心并接受调查;三是计生干部的工作本来就与性与生殖健康有关,由他们去调查与性和生殖健康有关的问题,人们觉得比较合情合理,所以调查对象对他们较少有顾忌,我们的调查才能顺利开展。

4. 调查前的培训

在正式开始调查的前一天下午,西安交通大学人口所的课题组成员以调查指导员的身份在居巢区计生委会议室对12名调查员进行了调查前的相关培训。培训内容包括:问卷内容、计算机问卷回答方法、计算机使用方法、问卷中的关键概念、对调查场地和现场的要求、调查时纪律和人员安排等。培训之后让每位调查员亲自做了一遍问卷,并就做问卷过程中遇到的和可能遇到的问题进行了统一解释和回答。最后再次就调查操作中的注意事项进行强调。

5. 调查中的环境控制

为了得到真实可信的调查数据,在调查过程中我们要求力保调查对象能在一个轻松无压力的环境中回答问卷。为此,我们没有选择入户调查,而是让乡镇干部根据调查名单入户请调查对象到当地的人口学校或计生办公室进行一对一的调查。如果是在人口学校,我们把每台笔记本电脑摆放在互相看不到对方显示屏的位置;如果是在办公室,则尽可能保证一个办公室只对一个调查对象进行调查,但也可能根据当地条件,选择在每个办公室摆放最多不超过两台笔记本电脑。在调查过程中,调查指导员的一项重要工作是不让非调查人员入内,以保证被调查者的回答内容不被其他人知道。这样一个相对封闭的环境能让调查对象知道自己的回答并没有其他人能看到。此外,在回答问卷前,调查员会告知调查对象,如果觉得问卷内容太敏感自己无法接受,或其他任何问题和原因,都可以随时退出调查,充分保障被调查者的权利。

6. 调查结果

共有665人参加本次调查,其中44个样本(6.6%)因为各种原因被舍弃（如认为调查问题太敏感、识字不多不理解题意但又不愿意接受调查员面对面的访问、调查中突然有急事无法继续参加调查，或属于先天残疾不是我们的调查对象，以及计算机操作失误丢失了数据），最终获得有效样本621个。

表4-5给出了本次调查的实际抽样结果。

表4-5 实际抽样情况

抽样目标人群	MG	ZG	HL	YP	ZH	TY	LG	合计
未婚								(363)
27~35岁	21	32	30	17	22	18	5	145
36~45岁	11	11	23	25	22	23	7	122
45岁及以上	17	14	5	6	16	22	16	96
已婚								(258)
27~35岁	15	14	13	14	17	13	0或—	86
36~45岁	20	17	25	21	15	16	0或—	114
45岁及以上	11	17	2	9	9	10	0或—	58
合计有效样本	95	105	98	92	101	102	28	621
无效样本	5	7	4	8	8	2	10	44
合计样本	100	112	102	100	109	104	38	665

第三节 样本信息

一 婚姻

调查婚姻状况时，共设置了六类：从来没有结过婚，而且没有同居；同居，但还没有领结婚证；已婚且夫妻俩住在一起；已婚但夫妻分居；离婚和丧偶。表4-6给出了本次调查获得的调查对象的婚姻情况。从中可以看出，接受调查的农村大龄男性中，从未结过婚也没有跟任何人同居的大龄男性为337人，占总样本的54.3%；同居但没有领证的有26人，占总样本的4.2%；在婚的有251人，占总样本的40.4%；还有6个离婚和1个丧偶。因为本研究的目的主要是分析受到婚姻挤压的农村大龄未婚男性的性状况，我们以结婚来衡量他们能否成功摆脱婚姻挤压的后果，因此把第一类和第二类婚姻状况合并为"未婚"，把后四类婚姻状况合并为"已婚或曾婚"（简称已婚）。

表 4-6 调查对象婚姻分布情况

婚姻分类	样本数(N)	百分数(%)
从未结过婚,而且没有同居	337	54.3
同居,但还没有领结婚证	26	4.2
已婚且夫妻俩住在一起	245	39.5
已婚但夫妻分居	6	1.0
离婚	6	1.0
丧偶	1	0.2
合计	621	100.0

二 年龄

接受调查的农村大龄男性平均年龄为 40.5 岁,方差为 10.6 岁,被调查者的年龄分布区间在 27~83 岁（见表 4-7）。

表 4-7 调查对象年龄分布情况

	均值	方差	区间
年龄(岁)	40.5	10.6	27~83

三 教育

在调查教育水平时,共有六个类别：没上过学、上过小学、上过初中、上过高中（含中专、技校）、上过大专和上过大学或者研究生。表 4-8 列出了接受调查的人的教育分布情况,其中有 6.1% 的人"没上过学",28.0% 的人"上过小学",45.7% 的人"上过初中",20.2% 的人上过高中或者上过更高学历的学校。由此可见,大部分接受调查的农村大龄男性的受教育程度不太高。

表 4-8 调查对象受教育程度分布情况

教育程度分类	样本数(N)	百分数(%)	教育程度分类	样本数(N)	百分数(%)
文盲	38	6.1	大专	20	3.2
小学	174	28.0	本科以上	9	1.5
初中	284	45.7	合计	621	100.0
高中	96	15.5			

四 收入

从收入来看,表4-9显示,大部分(62.8%)的接受调查的男性报告自己近半年来的平均月收入低于1000元,回答月收入超过2000元的比例仅占5.8%。可见,接受调查的大龄男性的收入水平较低。

表4-9 调查对象收入分布情况

月收入分类	样本数(N)	百分数(%)	月收入分类	样本数(N)	百分数(%)
500元以下	222	35.8	1500~1999元	53	8.5
500~999元	168	27.0	2000元以上	36	5.8
1000~1499元	142	22.9	合 计	621	100.0

第五章　农村大龄未婚男性的性现状

本章在第三章提出的性操作化框架的基础上，从性心理、性实践和性影响三个层面对农村大龄未婚男性进行分析。性心理维度主要考察在普婚制下，由于超过社会预期的结婚年龄后仍未结婚是否会对农村大龄未婚男性的心理产生影响？他们是否认为婚姻不是必需的？他们是否适应了单身生活？他们认为自己失婚的原因是什么？他们对社会上出现的买婚现象怎么看？他们对结婚抱有什么期望？在性实践维度上，本章充分考虑农村大龄未婚男性可能没有固定和长期性伴侣的现状，首先了解他们的性需求，然后从观看黄色录像或电影、自慰和性交行为三个方面从远到近地了解农村大龄未婚男性有关的性行为和性实践，最后详细分析了农村大龄未婚男性的性行为方式和特点。他们是适应无性的生活，还是会采取各种性实践以满足自己的性需要？那些没有发生过任何性实践的农村大龄未婚男性有什么特征？性影响维度则通过分析农村大龄未婚男性由于单身感受到的压力和感知到的情感因素，以了解被迫失婚对他们在心理和情感上产生的影响。他们对自己的评价如何？因为超过社会和家庭的预期年龄仍未结婚，他们是否会承受更大的压力？

第一节　农村大龄未婚男性的一般特征

宏观数据和微观调查数据均显示，被调查地居巢区具有性别失衡的特征和表现，当地农村大龄未婚男性受到了一定程度的婚姻挤压。从宏观上看，第五次人口普查数据显示，居巢区的人口总数接近80万人，总人口男女性别比为103.9∶100，但在5岁以下儿童中却呈现显著的性别比失衡，男孩和女孩的性别比为118.9∶100，比同年龄段的正常预期性别比高出15个百分点。从结婚年龄来看，居巢区已婚男性平均结婚年龄为25.1岁，略低于2000年全国平均结婚年龄25.7岁。但就大龄人群中未婚性别比来看，2007年居巢区27岁及以上农业人口中，未婚占4.26%，其中，男性为5.46%，女性为3.07%，未婚男性和未婚女性的性别比高达177.1∶100。这说明，当地有相当比例的过剩男性人口。我们的微观调查数据也证实了这个结论。一方面，63.6%的已婚男性回答在他们周围有超过28岁仍未结婚的男性，这说明在居巢区推迟结婚年龄或永久性不婚不是一个偶然现象。另一方面，居巢区通婚圈的特点也支持了我们的判断。我们的调查数据显示，在居巢区，82.2%的已婚男性的配偶来自同县，其中还有三分之一来自同村，这表明当地绝大部分男性都在本地寻找结婚对象。由此可以推断，当地28岁以上未婚人口性别比严重失衡的现状会让这些大龄未婚男性的选择余地甚是微小，必然会有相当一部分农村大龄男性从未结婚。

我们从社会经济地位和生活模式两个方面来探讨居巢区农村大龄未婚男性的特征。

一 社会经济地位

居巢区农村大龄未婚男性的一个显著特征是社会经济地位低下。表5-1显示，接受调查的农村大龄未婚男性的年龄略低于已婚男性，但是受教育程度和平均月收入却远远低于已婚男性，这表明样本中的农村大龄未婚男性与人们对受到婚姻挤压的大龄男性的普遍认识一致（Bernard，1982；Banister，2004；Tucker等，2005）。大量研究结果表明贫穷与失婚二者之间是形影相随的关系（Bourdieu，1989）。缺乏社会地位和经济实力往往是一些男性不能成婚的主要原因，尤其是在农村地区。因为女性在选择配偶的时候，通常倾向于选择那些能给她们带来更好的生活条件的男性。

这样的关系在我们的调查中也得到证实。与居巢区调查对象中的已婚男性相比，未婚男性的社会经济状况往往较差。首先，与已婚男性相比，未婚男性的收入水平更低：在近6个月内，近四分之三（71.6%）的未婚男性反映他们近半年的平均月收入低于1000元，而这一比例在已婚的男性中只有约一半（50.4%）；未婚男性近半年的平均月收入为736元，显著低于已婚男性的1063元（见表5-1）。同时，在所有年龄组内，未婚男性的平均月收入远远低于已婚男性，这一点在较大年龄组中表现得更为明显，40岁及以上年龄组中的已婚男性平均月收入是未婚男性的两倍多，这一差距在低年龄组中就缩小了。这或许跟农村大龄男性从事的工作有关。在大龄未婚

表5-1 大龄男性的平均收入和受教育程度

单位：百分比

问题及分类	未婚 27~39岁 ($n=203$)	未婚 40岁及以上 ($n=160$)	未婚 合计 ($n=363$)	已婚 27~39岁 ($n=124$)	已婚 40岁及以上 ($n=134$)	已婚 合计 ($n=258$)
近半年来的平均月收入(元)						
<1000元	56.2	91.3	71.6	35.5	64.2	50.4
≥1000元	43.8	8.7	28.4	64.5	35.8	49.6
χ^2	59.748*** ①			21.514*** ②		
χ^2	29.046*** ③					
平均月收入(均值)	963.1	450.0	736.4	1213.7	923.5	1063.0
t检验	9.006*** ①			3.821*** ②		
t检验	6.585*** ③					
受教育程度						
没上过学或者上过小学	30.5	70.0	47.9	14.5	14.9	14.7
初中	48.8	28.1	39.7	58.1	50.8	54.3
高中及以上	20.7	1.9	12.4	27.4	34.3	31.0
χ^2	70.560*** ①			1.639 n.s. ②		
χ^2	86.659*** ③					
平均受教育年限(均值)	8.8	5.8	7.5	9.6	9.5	9.6
t检验	9.262*** ①			0.143 n.s. ②		
t检验	8.382*** ③					
工作						
只有农业	9.1	28.5	17.7	2.4	7.7	5.1
农业和其他	76.9	42.4	61.7	83.7	68.5	75.9
非农业	0.0	1.8	0.8	0.0	0.0	0.0
其他	13.9	27.3	19.8	13.8	23.9	19.0
χ^2	49.253*** ①			8.686*** ②		
χ^2	25.452*** ③					

注：*** $p \leq 0.001$；** $p \leq 0.01$；* $p \leq 0.05$；+ $p \leq 0.1$；n.s. $p > 0.1$。

①是指未婚内部年龄之间的差异检验；②是指已婚内部年龄之间的差异检验；③是指已婚和未婚之间的差异检验。

男性中，回答只从事农业的比例是已婚男性的 3 倍还多（只从事农业的未婚男性与已婚男性的比例分别为 17.7% 和 5.1%）；而在农村大龄已婚男性中，超过四分之三的人除了务农同时还从事其他的工作（未婚男性与已婚男性的比例分别为 61.7% 和 75.9%），这意味着他们获得非农收入的机会和途径更多。

就受教育程度而言，与农村大龄已婚男性相比，农村大龄未婚男性的受教育程度更低。接受调查的农村大龄未婚男性 9.6% 是文盲，而在已婚男性中这一比例仅为 1.2%；但在未婚男性中每两人就有一个人的学历是小学或文盲，而在已婚男性中这一比例只有七分之一。受教育程度上的这一差距，在高年龄组中更为明显，40 岁及以上年龄组的农村未婚男性中有 70.0% 没有上过学或者仅念过小学，是已婚男性的 4 倍多（见表 5 - 1）。平均而言，未婚男性受教育时间比已婚男性少两年，分别为 7.5 年和 9.6 年；全部样本的平均受教育时间为 8.5 年，略高于 2000 年的普查数据（8.1 年）。但受教育年限的差距在高年龄组中非常突出，高年龄组中未婚男性平均受教育年限为 5.8 年，比已婚男性少了 3.7。虽然低年龄组中也同样存在差距，但差距已经缩小，仅为 0.8 年。无论如何，这些数据在国家层面的调查中得到了证实，长期或者永久性单身的男性更可能来自社会阶层的最底层（Banister，2004）。这些研究发现也与包括来自法国的其他研究结果相符——在农村地区，大龄未婚男性问题普遍伴随着贫穷、经济不稳定和社会地位低下（Bourdieu，1989）。

二 生活模式

居巢区农村大龄未婚男性的另一个特征表现在生活模式上，他们的生活模式与已婚男性完全不同，甚至可以说完全相反，就像是两个极端。结婚让男性能组建自己的家庭，拥有合法而稳定的性渠道，并能生育自己的孩子来传宗接代延续香火。而不能成婚的男性，其性活动和不能传宗接代的现实则很难被社会接受。

从我们的调查结果来看，这个特征是非常明显的。表 5 - 2 显示，从居住安排可以看出，绝大部分农村大龄已婚男性（84.9%）和配偶子女住在组建的家庭里，而大部分农村大龄未婚男性（51.8%）却是和父母或兄弟姐妹住在一起，尤其是低年龄组的未婚男性，该比例为 62.6%。同样，只有极少数已婚男性（4.7%）是独住，而有超过三分之一（36.6%）的未婚男性是独住,这在年龄大的未婚男性中更为常见(54.4%)。虽然调查显示有 4 个(占所有接受调查的农村大龄未婚男性比例为 1.1%)未婚男性报告自己和一个固定性伴侣居住在一起,另有 2 个(0.6%)未婚男性报告和孩子居住在一起,这表明也有农村大龄未婚男性尝试选择另一种替代婚姻的方式来组建家庭,但是这种其他方式所占比例非常低,也就是说这不是生活常态。

表 5 - 2 居巢区不同婚姻状况和不同年龄组的大龄男性的居住安排和婚姻预期

问题及分类	未婚 27~39 岁 (n=203)	未婚 40 岁及以上 (n=160)	未婚 合计 (n=363)	已婚 27~39 岁 (n=124)	已婚 40 岁及以上 (n=134)	已婚 合计 (n=258)
居住安排						
独住	22.7	54.4	36.6	2.4	6.7	4.7
单独和父母住	59.1	33.8	47.9	12.1	4.5	8.1
单独和兄弟姐妹住	3.5	4.4	3.9	0.0	0.8	0.4
和配偶、孩子等住在一起	1.5	1.9	1.7	82.3	87.3	84.9
其他	13.3	5.6	9.9	3.2	0.8	1.9
χ^2		42.832*** ①			11.079* ②	
χ^2			533.935*** ③			
您认为您什么时候能结婚?						
几个月内	6.4	5.0	5.8	6.0	3.7	4.9
一年内	14.8	3.1	9.6	43.4	27.2	35.4
几年内	19.7	5.6	13.5	20.5	32.1	26.2
时间很难说	37.9	28.1	33.6	27.7	32.1	29.9
不抱什么指望	21.2	58.1	37.5	2.4	4.9	3.7
χ^2		64.412*** ①			6.655 n.s. ②	
χ^2			144.468*** ③			
您认为在农村,一个男人超过多少岁后结婚就会有困难?						
25 岁	8.4	12.5	10.2	7.3	12.7	10.1
28 岁	21.2	14.4	18.2	25.8	25.4	25.6
30 岁	36.0	32.5	34.4	43.6	41.8	42.6
35 岁	21.7	17.5	19.8	17.7	10.5	14.0
40 岁	6.4	13.1	9.4	3.2	6.7	5.0
45 岁	3.0	6.9	4.7	1.6	1.5	1.6
任何年龄都不困难	3.5	3.1	3.3	0.8	1.5	1.2
χ^2		12.153+ ①			6.317 n.s. ②	
χ^2			21.450*** ③			

注:*** p≤0.001;** p≤0.01;* p≤0.05;+ p≤0.1;n.s. p>0.1。
①是指未婚内部年龄之间的差异检验;②是指已婚内部年龄之间的差异检验;③是指已婚和未婚之间的差异检验。

再看大龄未婚男性对成婚困难的年龄的判断,农村大龄未婚男性认同"超过30岁就会有结婚困难"的累计比例高达62.8%,认同"超过35岁就很难成婚"的累计比例上升到82.6%,而几乎所有的人都认为"超过40岁就没有结婚的可能性了"(累计比例为95.3%)。同时,在对自己未来是否能够结婚的态度上,超过三分之一(37.5%)的未婚男性对结婚不抱任何指望,尤其是在40岁及以上年龄组的未婚男性中该比例高达58.0%。也有不少农村大龄未婚男性对未来婚姻持乐观态度,但在估计结婚时间时就不那么乐观了,只有不到三分之一(29.0%)的未婚男性认为自己能在几年内结婚,并且持这种比较乐观态度的人主要集中在低年龄组中(43.5%);而高年龄组中该比例仅为19.3%。

不过,已婚男性对大龄未婚男性的婚姻要乐观很多,几乎所有(96.0%)的已婚男性认为周围的未婚男性将来还是能结婚的,但他们对到什么年龄后就会结婚困难的年龄估计却更保守,超过四分之三(78.3%)的已婚男性认为在农村超过30岁后结婚就会有困难了。

从以上分析我们可以做出以下推论:非婚同居的概率之低证实了在中国农村通过婚姻之外的形式组建家庭的可能性非常小;对农村大龄未婚男性来说,未婚就意味着难以组建自己的家庭,尤其是40岁以上的未婚男性。另一个可推测而知的是大部分农村大龄未婚男性和父母等亲属居住在一起,这意味着他们很难有自己的隐私生活,显然会对他们的性生活产生影响。第三个推测是半数以上的超过40岁的农村大龄未婚男性是独居,这必然影响他们的身心健康。

三 贫穷对婚姻的影响

居巢区农村大龄未婚男性的特征证实了低下的社会经济地位是他们单身的决定性因素。从某种程度上讲,贫穷和较低的受教育程度可以看作他们不婚的重要原因,从这一点来看,贫穷毫无疑问和他们自身有关,这在40岁及以上未婚男性(82.5%)中更显而易见(低年龄组大龄未婚男性中该比例为52.7%)。因此,我们对经济状况做了进一步分析。

与同年龄段的农村已婚男性相比,无论是收入水平,还是受教育程度,居巢区农村大龄未婚男性都处于劣势。首先,他们中的绝大部分都属于低收入群体。从表5-1可以看出,近四分之三的农村大龄未婚男性近半年来的平均月收入低于1000元，而在农村已婚男性中该比例仅为50%。其次，农村大龄未婚男性的受教育程度普遍偏低。居巢区接受调查的农村大龄未婚男性中文化程度为小学或文盲的比例高达47.9%，是已婚男性（14.7%）的3倍多。平均而言，农村大龄未婚男性的受教育年限比已婚男性低两年，整个样本的平均受教育年限为8.5年，和2000年全国普查水平基本一致（8.1年）（人口普查办公室，2002）。最后，年龄越大，农村大龄未婚男性与已婚男性之间的收入差距越大，文化程度的差距也越大。在高年龄组中，农村大龄未婚男性的收入仅为同年龄组已婚男性的一半；农村大龄未婚男性属于文盲或小学文化程度的比例是同年龄组已婚男性的4倍多。

这些未婚男性不仅比已婚男性的收入低、受教育程度低，而且大部分人（65.8%）认为这种社会经济地位上的劣势是他们单身的主要原因。贫穷和单身之间的联系不是中国的特例，其实已经被广泛报道（Bourdieu，1989；Pagès，2001）。社会经济地位低下是男性尤其是农村男性不得不单身的决定性因素，因为女性通常偏好那些能给她们提供更好的生活的男性。这是中国的现实情况。因为婚姻属于高消费行为（Johnson，1993；刘燕舞，2011）。刘燕舞（2011）对中国河南、湖南、贵州的3个村庄进行调研发现，彩礼、房子等婚姻消费从20世纪90年代起急剧增长，一个劳动力需要不吃不喝劳动11~16年才能负担得起。因此，在一定程度上，婚姻成了农村地区最贫穷的男性可望而不可即的东西。

第二节 农村大龄未婚男性的性心理

独身生活会影响农村大龄未婚男性的心理吗？本节将从年龄视角入手，通过与同年龄段的农村大龄已婚男性对比，从对婚姻的态度、对单身的看法、对失婚原因的看法、对结婚年龄和结婚时间的期望、对买婚的态度和对性在单身生活中的作用等方面探讨不同年龄组的农村大龄未婚男性的性心理。

一 对婚姻的态度

为了了解独身生活是否会影响农村大龄未婚男性对婚姻的态度，我们设计了两道问题。一个题是"您认为一个人必须要结婚吗"，选项为"完全同意、比较同意、说不清、不太同意、完全不同意"；另一题是"您能够接受一辈子不结婚吗",选项为"完全可以接受、可以接受、无所谓、不能接受、完全不能接受"。从表5-3可以看出,农村大龄未婚男性和大龄已婚男性对待婚姻的态度存在显著差异。农村大龄未婚男性对婚姻的认可度明显更低:认同"人必须要结婚"的比例(50.0%)显著低于已婚男性(69.0%),不认同"人必须要结婚"的比例(19.6%)显著高于已婚男性(13.2%)。尤其是在高年龄组的农村大龄未婚男性中,四分之一的人不认同"人必须要结婚"观点。

表5-3 居巢区不同婚姻状况和不同年龄组的大龄男性的
性伴侣数量和类型

单位:百分比

问题及分类	未婚 27~39岁 (n=203)	未婚 40岁及以上 (n=160)	未婚 总计 (n=363)	已婚 27~39岁 (n=124)	已婚 40岁及以上 (n=134)	已婚 总计 (n=258)
您认为一个人必须要结婚吗?						
完全/比较同意	49.8	50.0	49.9	67.7	70.2	69.0
不太/完全不同意	14.8	25.6	19.6	12.9	13.4	13.2
χ^2		9.008 *①			0.379 n.s.②	
χ^2			23.246 ***③			
您能够接受一辈子不结婚吗?						
能接受	24.1	47.5	34.4	12.1	11.9	12.0
不能接受	56.6	28.1	44.1	75.0	71.6	73.3
χ^2		32.458 ***①			0.644 n.s.②	
χ^2			59.346 ***③			

注:*** $p \leq 0.001$;** $p \leq 0.01$;* $p \leq 0.05$;+ $p \leq 0.1$;n.s. $p > 0.1$。
①是指未婚内部年龄之间的差异检验;②是指已婚内部年龄之间的差异检验;③是指已婚和未婚之间的差异检验。

调查显示,约三分之一(34.4%)的农村大龄未婚男性回答"能够接受一辈子不结婚",远远高于已婚男性的12.0%。如果从年龄上看,约半数40岁及以上年龄的农村大龄未婚男性回答"能够接受一辈子不结婚"。但有更高比例(44.1%)的未婚男性"不能接受一辈子不结婚",这在低年龄组的大龄未婚男性中更为突出。

由此可以看出,在大部分农村大龄男性心目中,婚姻具有很高的地位;但超过社会预期结婚年龄仍没有或不能结婚的状态,影响了他们对成婚的期待，转而产生适应或接受不能结婚的心理，这种心理状态在高年龄组的大龄未婚男性中尤为明显。这说明，随着年龄的增长，农村大龄未婚男性逐渐适应或接受不结婚的现状，然而内心仍向往婚姻生活，对婚姻存在渴望。这种可望而不可即让他们对婚姻的态度看似矛盾，其实却是无奈。

二 对单身的态度

我们分别从农村大龄未婚男性本人和其父母两方面了解他们对单身的心情（询问"对尚未结婚的心情或看法"）和态度（询问"是否在意尚未结婚的状态"）。调查显示，虽然大部分（60.9%）农村大龄未婚男性对自己尚未结婚的态度是"无所谓"或者"不失望"，真正在意自己尚未结婚的人的比例也不算太高，为44.4%，但是有略高于三分之二（67.2%）的未婚男性认为父母对自己的婚姻状况是失望的，尤其是还有71.4%的大龄未婚男性清楚地知道父母在意自己未婚的婚姻状况（见表5-4）。这就是无形中的压力，尤其是那些对结婚还有期望的大龄未婚男性，这种感受会更深。

表5-4 不同年龄组的大龄未婚男性的性心理

单位：百分比

问题 \ 年龄分组	27~39岁 (n=203)	40岁及以上 (n=160)	合计 (n=363)
您对自己尚未结婚的心情（χ^2=2.943 n.s.）			
失望	35.96	43.13	39.12
无所谓	40.89	40.00	40.50
不失望	23.15	16.88	20.39
您是否在意自己至今尚未结婚（χ^2=10.057**）			
在意	49.26	38.13	44.35
无所谓	26.11	41.88	33.06
不在意	24.63	20.00	22.59
您父母对您目前没有结婚的看法（χ^2=8.899*）			
失望	71.92	61.25	67.22
无所谓	13.30	25.62	18.73
不失望	14.78	13.13	14.05
您父母是否在意您目前没有结婚？（χ^2=24.375**）			
在意	80.88	59.38	71.35
无所谓	9.36	28.13	17.63
不在意	9.85	12.50	11.02

注：*** $p \leq 0.001$；** $p \leq 0.01$；* $p \leq 0.05$；+ $p \leq 0.1$；n.s. $p > 0.1$。

但这些不良感受会随着年龄的增长而有所减弱。数据显示,低年龄组的大龄未婚男性更在意自己的未婚状态（比例为49.3%,高年龄组中该比例为38.1%）,也更能感受到父母对自己仍未结婚的失望（比例为71.9%,高年龄组中该比例为61.3%）；同样,低年龄组大龄未婚男性认为父母在意自己未婚状况的比例更高些（80.9%）。因此,在回答单身生活带来的影响时,回答"父母担心,家庭压力大"的比例最高（65.0%）（见表5-4）。这说明年龄低的农村大龄未婚男性感受到亲人朋友带来的压力和影响远大于他们给自己的压力和影响。而年龄大的农村大龄未婚男性已经开始或已经从未婚生活中体会到单身的滋味,因此他们对来自自身的压力和影响感受更深。

从上面的分析可以看出,婚姻观念在农村人心里根深蒂固,做父母的都希望自己的孩子成家立业,似乎只有孩子结婚生子后自己的使命才算完成。孩子达到结婚年龄后,只要他还没有结婚,家里人尤其是父母,比本人更着急。因此,农村大龄未婚男性感受到来自家里的压力最大,尤其是大部分农村大龄未婚男性是和父母居住在一起的。所以,无论男性的年龄大小,只要条件许可,他们通常都希望结婚。随着年龄的增长,当他们感觉到结婚的希望日渐渺茫,非正规的结婚渠道又让他们重新看到结婚的希望,他们就会羡慕那些采取了非正规和非法手段获取婚姻的人,因为他们能从大龄未婚的角度理解别人结婚的渴望。

三 对失婚原因的看法

调查数据显示,大部分农村大龄未婚男性自认为贫穷是他们不能成婚的主要原因,尤其是高年龄组的农村大龄未婚男性。在问卷中,我们列出了9种不同的说法（包括周围的女人太少；自己的长相太差,缺乏魅力；家里很贫穷；自己太害羞；找不到合适的女人；自己的健康问题；自己的受教育程度低；自己过于挑剔；自己不够勤快）,针对每种可能,我们都询问未婚男性,您认为"……"是您目前不能结婚的原因吗？您有多同意（或不同意）呢？选项包括"完全同意、比较同意、说不清、不太同意、完全不同意"五项。从表5-5可以看出,近三分之二（65.8%）的农村大龄未婚男性认为自己不能结婚的主要原因是"穷",而大部分高年龄组（82.5%）的农村大龄未婚男性也倾向于把贫穷归结为自己不能成婚的原因,而认同其他各种可能的比例均低于50%，也就是说其他各种假设的可能都不是他们认同的原因。而在最不认同的原因方面，农村大龄未婚男性最不认同"自己不够勤快"（68.9%）、"自己的健康问题"（65.3%）、"自己过于挑剔"（58.7%）。由此可以看出，农村大龄未婚男性认为自己不能成婚的主要原因不是自身，而是贫穷。

表5-5 居巢区不同年龄组的大龄未婚男性认为自己不能成婚的原因

单位：百分比

原因＼年龄分组	27~39岁 ($n=203$)	40岁及以上 ($n=160$)	合计 ($n=363$)
周围的女人太少（$\chi^2=3.702$ n.s.）			
完全/比较同意	26.6	28.1	27.3
不太/完全不同意	33.5	41.2	36.9
自己的长相太差，缺乏魅力（$\chi^2=3.490$ n.s.）			
完全/比较同意	19.2	27.5	22.9
不太/完全不同意	47.3	43.1	45.4
家里很贫穷（$\chi^2=39.226$ ***）			
完全/比较同意	52.7	82.5	65.8
不太/完全不同意	29.6	8.1	20.1
自己太害羞（$\chi^2=0.251$ n.s.）			
完全/比较同意	33.0	35.0	33.9
不太/完全不同意	41.9	39.4	40.8
找不到合适的女人（$\chi^2=4.848$ *）			
完全/比较同意	45.8	43.1	44.6
不太/完全不同意	22.2	31.9	26.4
自己的受教育程度低（$\chi^2=0.2716$ n.s.）			
完全/比较同意	37.4	39.4	38.3
不太/完全不同意	50.3	47.5	49.0
自己的健康问题（$\chi^2=0.315$ n.s.）			
完全/比较同意	22.2	24.4	23.1
不太/完全不同意	66.5	63.8	65.3
自己过于挑剔（$\chi^2=6.718$ *）			
完全/比较同意	24.1	23.8	24.0
不太/完全不同意	54.2	64.4	58.7
自己不够勤快（$\chi^2=1.759$ n.s.）			
完全/比较同意	17.7	16.9	17.4
不太/完全不同意	66.5	71.9	68.9

注：*** $p \leq 0.001$；** $p \leq 0.01$；* $p \leq 0.05$；+ $p \leq 0.1$；n.s. $p > 0.1$。

四 对结婚年龄和结婚时间的期望

随着社会的发展，人们会越来越推迟结婚，初婚年龄会逐渐提高。社会建构理论告诉我们，在一个特定的社会里，社会规定了每个生命事件的发生时间。比如在我们国家，6~7岁就应该上小学了，满18岁就已经成年等。婚姻也是如此，人们对结婚年龄也有约定俗成的时间界限。在农村，如果不再继续上学，20岁左右就要谈对象了，在法定结婚年龄就应该结婚了。如果超过一定年龄仍不结婚，家里就会催促，例如"老大不小了，你这年龄要放在以前（如古代、旧社会等）都已经是好几个孩子的爹/娘了"。为此，我们也调查了居巢区农村大龄男性对结婚年龄和结婚时间的期望。表5-6显示，虽然只有10.2%的人认为超过25岁就会存在结婚困难，和18.2%的人认为超过28岁就会存在结婚困难，但有34.4%的人认为超过30岁就会结婚困难。因此，综合选择了25岁和28岁的样本后，可以发现调查样本中近三分之二（62.8%）的人认为超过30岁就会存在结婚困难；超过五分之四（82.6%）的人认为超过35岁就会结婚困难。可见，在居巢区农村，30岁是

表5-6 不同年龄组的农村大龄未婚男性对结婚年龄和结婚时间的期望

单位：%

问题 \ 年龄分组	27~39岁 ($n=203$)	40岁及以上 ($n=160$)	合计 ($n=363$)
周围的女性太少（2 = 3.702[n.s.]）			
您认为在农村一个未婚男人超过多少岁后结婚就会存在困难？（$\chi^2=12.153^+$）			
25岁	8.4	12.5	10.2
28岁	21.2	14.4	18.2
30岁	36.0	32.5	34.4
35岁	21.7	17.5	19.8
40岁	6.4	13.1	9.4
45岁	3.0	6.9	4.7
任何年龄都不困难	3.4	3.1	3.3
您认为您会什么时候结婚？（$\chi^2=64.412^{***}$）			
几个月内就能结婚	6.4	5.0	5.8
一年内就能结婚	14.8	3.1	9.6
几年内能结婚	19.7	5.6	13.5
能结婚，但时间很难说	37.9	28.1	33.6
不抱任何指望	21.2	58.1	37.5

注：*** $p \leq 0.001$；** $p \leq 0.01$；* $p \leq 0.05$；+ $p \leq 0.1$；n.s. $p > 0.1$。

一个很重要的年龄。对大多数人来说，30岁之前还存在较大的成婚机会，而超过30岁，人们对结婚的预期就会大大下降；而一旦超过35岁，结婚的可能性就非常小了；一旦超过40岁，九成大龄未婚男性认为成婚的机会渺茫。这个结果与我们之前在河南做的试调查的结果非常相似（李艳和李树茁，2008；韦艳等，2008）。

当询问他们自己未来结婚的可能性时，年龄越大的农村大龄未婚男性认为自己成婚的可能性越低。在40岁以下的低年龄组中，大部分（78.8%）未婚男性对婚姻抱有很大期望，其中五分之一的人认为自己在一年内就能结婚，还有约五分之一（19.7%）的人认为自己在几年内就能结婚，还有近五分之二（37.9%）的人虽然不能确定具体结婚时间，但对结婚的可能性抱有乐观态度；只有五分之一（21.2%）的人持悲观态度，对结婚不抱任何指望。但在高年龄组中，超过半数（58.1%）大龄未婚男性对结婚不抱任何指望，还有28.1%的人尽管对结婚保持乐观态度，但不能确定结婚时间，只有5.6%的人相信自己几年内一定能结婚。

五 对买婚的态度

一些研究认为，长期性别失衡下的女性缺失必然会导致婚姻市场男性婚姻挤压，因在婚姻市场缺乏竞争力而找不到配偶的男性人数将大幅增加，部分男性将通过"购买"妇女的形式组建家庭，这为拐卖妇女提供了买方市场。文化水平低和法律意识淡薄，使他们认为人是可以当作商品来交易的，加上他们也有结婚和传宗接代的需要，因此愿意花钱去购买被拐卖的妇女，甚至认为"花钱买媳妇"属于"公平交易"（孙龙，2004；姜全保和李树茁，2009）。我们的调查数据显示（见表5-7），尽管三分之二的农村大龄未婚男性回答自己不可能"买婚"，并且都不存在年龄差异，但有近一半人回答能理解社会上出现的"买婚"现象，有13.2%的农村大龄未婚男性明确表示自己会"买婚"，还有20.1%人回答"不一定"。这个问题，我们也询问了已婚男性的看法，61.6%的已婚男性表示能够理解这种行为，尤其是在低年龄组的大龄已婚男性中，该比例为66.9%。由此可见，一方面，在农村大龄未婚男性中存在"买婚"的想法和需求；另一方面，无论是未婚男性还是已婚男性，大部分人对这种现象持理解态度。一旦在某个地方出现"买婚"现象，被卖的妇女如果想要摆脱困境，在当地很难得到大部分人的帮助。这也是媒体上经常报道整个村落帮助买婚的家庭留住被拐卖的妇女的原因,尤其需要引起重视。

表 5 – 7　不同年龄组的农村大龄未婚男性对买婚的态度

单位:百分比

问题 ＼ 年龄分组	27～39 岁 (n=203)	40 岁及以上 (n=160)	合计 (n=363)
能否理解买婚现象?($\chi^2=0.7163^{n.s.}$)			
理解	51.23	46.88	49.31
不清楚	14.29	16.25	15.15
不能理解	34.48	36.88	35.54
自己会买婚吗?($\chi^2=0.1451^{n.s.}$)			
会	13.79	12.50	13.22
不一定	20.20	20.00	20.11
不会	66.01	67.50	66.67

注:*** $p\leqslant 0.001$;** $p\leqslant 0.01$;* $p\leqslant 0.05$;+ $p\leqslant 0.1$;n.s. $p>0.1$。

六　对单身生活中性的态度

为了了解农村大龄未婚男性对性的态度,我们询问被调查者"您认为没有性生活是自己最难熬的事情吗",选项从完全同意到完全不同意,共有五级。根据态度决定行为的理论,我们假设,越认同"没有性生活最难熬(简称无性难熬)"的人越有可能寻找各种可替代途径。但需要注意的是,这个假设的反面却是不成立的,因为不认同"无性难熬"的人,既有可能适应了无性的生活,也有可能已经找到了替代的途径。为此,我们对持不同观点的人做进一步的分析,了解他们的性行为和自慰行为,看哪类人更有可能发生性行为和自慰行为。

从表 5 – 8 可以看出,略超过五分之二(43.5%)的农村大龄未婚男性认同"没有性生活是独身生活最难熬的事情",而大部分(56.5%)未婚男性不同意"无性难熬"的观点。在前者中,只有 21% 的人报告既没有发生过性行为,也没有过自慰行为;而在后者中,却有 33% 的人性行为和自慰行为从没有发生过。这验证了我们的假设,也就是,越认同"无性难熬"的人发生性行为或自慰行为的可能性越高。

表 5-8 对"无性难熬"的不同看法的大龄未婚男性的特征和行为

特征	是否同意没有性生活是独身最难熬的事情?					
	同意($N=158$)(43.5%)			不同意或说不清($N=205$)(56.5%)		
	同时有过性行为和自慰行为($N=49$)	有过性行为或自慰行为($N=76$)	既没有性行为也没有自慰行为($N=33$)	同时有过性行为和自慰行为($N=60$)	有过性行为或自慰行为($N=77$)	既没有性行为也没有自慰行为($N=68$)
年龄中位数	35.0	38.1	47.0	31.6	37.6	41.8
F 检验		9.86 *** ①			13.49 *** ②	
t 检验			1.393 n.s. ③			
小学及以下(%)	32.6	48.7	72.7	33.3	48.1	58.8
卡方检验		13.049 *** ①			8.451 *** ②	
卡方检验			0.198 n.s. ③			
平均受教育年限(年)	8.9	7.1	5.0	8.5	8.0	6.7
F 检验		16.00 *** ①			5.45 *** ②	
t 检验			(7.2 7.7)1.297 + ③			
只干过农业(%)	14.3	15.8	18.2	10.0	16.9	29.4
卡方检验		0.222 n.s. ①			8.178 * ②	
卡方检验			0.635 n.s. ③			
月收入低于 1000 元(%)	69.4	65.8	93.9	41.7	83.1	82.4
卡方检验		11.880 *** ①			33.061 *** ②	
卡方检验			0.185 n.s. ③			
平均月收入(元)	719.4	828.9	462.1	1125.0	636.4	551.5
F 检验		4.96 ** ①			18.91 *** ②	
t 检验			0.521 n.s. ③			
一生中平均性伴侣人数	1.7	0.5	—	2.1	1.0	—
t 检验		11.29 ** ①			19.65 ** ②	
t 检验			0.973 n.s. ③			
过去一年平均性伴侣人数	1.2	0.5	—	1.3	0.5	—
t 检验		5.75 ** ①			17.23 ** ②	
t 检验			0.059 n.s. ③			
过去一年平均每月性行为次数	1.8	1.0	—	1.8	1.2	—
t 检验		4.27 ** ①			8.97 ** ②	
t 检验			0.192 n.s. ③			
过去一年平均每月自慰次数	1.9	0.6	—	1.5	0.4	—
t 检验		3.373 ** ①			4.030 *** ②	
t 检验			1.198 n.s. ③			

注:*** $p \leq 0.001$;** $p \leq 0.01$;* $p \leq 0.05$;+ $p \leq 0.1$;n.s. $p > 0.1$。
①是指未婚内部年龄之间的差异检验;②是指已婚内部年龄之间的差异检验;③是指已婚和未婚之间的差异检验。

为了能区别这两类人,我们从人口统计学特征上对这两类农村大龄未婚男性进行详细分析,以期发现他们之间的异同。有意思的是,数据结果显示,对"无性难熬"持不同看法的未婚男性在个人人口统计学上不存在显著差异。也就是说,农村大龄未婚男性对"性在独身生活中的作用"的看法和观点与个人的受教育程度、收入情况、工作经历无关。更有趣的是,"性在独身生活中的作用"与农村大龄未婚男性的具体性实践无关。也就是说,无论农村大龄未婚男性怎么看待性的作用,他们发生自慰的可能性和发生性交行为的可能性都是一样的。这是一种感觉和行为的分离,是不是意味着,对他们而言,"性"更多的只是一种本能?这给我们留下了一个悬念。

第三节 农村大龄未婚男性的性实践

在中国,性是一个非常敏感的话题。改革开放后,中国的性文化发生了巨大变化,性变得不再那么敏感。在中国农村,尽管婚前性行为和婚外性行为日益增多,但是它们仍被看作不光彩的事情,尤其是对女性而言(潘绥铭,1993;Parish等,2007)。因此,对农村大龄未婚男性来说,无法成婚就意味着没有稳定、合乎道德规范和法律规范的性渠道,他们的性需求和性活动就可能引起很多问题。然而,我们的调查显示,有五分之二的未婚男性从未有过性行为。为此,我们可以做出两种完全不同的假设:大龄未婚男性或者存在游离于婚姻之外的性行为,或者已经适应或满足于无性的生活。在充分考虑农村大龄未婚男性可能没有固定和长期性伴侣的现状下,本节将通过观看黄色录像或电影、自慰和性交行为三方面从远到近地了解农村大龄未婚男性有关的性行为和性实践。

一 性实践现状

调查中,我们设计了三个问题询问农村大龄男性与性有关的行为,以了解农村大龄未婚男性的性实践现状。第一个问题是"您是否看过黄色录像",第二题是"您有过自慰吗",第三道题是"到现在为止,您有过性生活吗(无论跟什么人过性生活,都算有过。哪怕只有一次,也算有过)"。

从表 5-9 可以看出，约半数的农村大龄未婚男性曾经看过黄色录像，已婚男性中看过黄色录像的比例（61.6%）显著高于未婚男性（49.9%）；并且，无论是已婚男性还是未婚男性，低年龄组的大龄男性看过黄色录像的比例显著高于高年龄组的大龄男性，超过五分之三的低年龄组大龄未婚男性报告曾经看过黄色录像。

表 5-9　居巢区不同婚姻状况和不同年龄组的大龄男性的性行为情况

单位：百分比

问题及分类	未婚 27~39岁 (n=203)	未婚 40岁及以上 (n=160)	未婚 总计 (n=363)	已婚 27~39岁 (n=124)	已婚 40岁及以上 (n=134)	已婚 总计 (n=258)
到现在为止是否看过黄色录像？						
看过	65.0	30.6	49.9	77.4	47.0	61.6
χ^2		43.28*** ①			25.82*** ②	
χ^2			8.47* ③			
到现在为止是否有过自慰？						
有过	54.2	30.0	43.5	40.3	35.3	37.7
χ^2		21.65*** ①			0.76 n.s. ②	
χ^2			2.20 n.s. ③			
到现在为止是否有过性生活？						
有过	67.5	47.5	58.7	99.2	99.2	99.2
χ^2		14.78*** ①			0.03 n.s. ②	
χ^2			175.53*** ③			

注：***$p \leq 0.001$；**$p \leq 0.01$；*$p \leq 0.05$；+ $p \leq 0.1$；n.s. $p > 0.1$。
①是指未婚内部年龄之间的差异检验；②是指已婚内部年龄之间的差异检验；③是指已婚和未婚之间的差异检验。

在自慰行为上，约五分之二的大龄男性报告发生过自慰行为，不存在显著的婚姻差异。但是在大龄未婚男性中存在显著的年龄差异，年龄越低报告发生过自慰行为的比例越高，略超过半数（54.2%）低年龄组的大龄未婚男性报告有过自慰行为，而在高年龄组中，该比例仅为 30.0%。

在性交行为上，只有略超过半数（58.7%）的农村大龄未婚男性报告曾经有过性交经历，换而言之，有 41.3% 的人报告从未有过性交经历；并且年龄越大，有过性交经历的比例越低，高年龄组中报告有过性交经历的比例仅为 47.5%。

二 性行为特征

既然半数以上农村大龄未婚男性曾经发生过性关系,那么他们的性行为方式是什么?具有哪些特征?

(一)性行为的总体特征

在是否发生过性行为的问题上,在接受调查的363名未婚男性(年龄中位数是37.3)中有41.3%的人报告一生中从未有过性交行为(见表5-10)。需要指出的是,自报在其一生中至少发生过一次性行为的人中,只有157人回答了全部与性相关的问题,这样我们只能推测剩下的四分之一(56个)的未婚男性的情况。可想而知,这些人选择不回答的可能原因是他们认为没有结婚而发生性行为不合法或不道德,或者他们的性行为是偶然性行为,而不想让他人知道。反之,我们也可以推测,报告在其一生中至少有过一次性行为的人中,有些人可能实际上从未有过性行为。而已婚男性,毫无疑问都有过性经历。

表 5-10 居巢区不同婚姻状况和不同年龄组的大龄男性的性行为情况

单位:百分比

问题及分类	未 婚			已 婚		
	27~39岁 (n=203)	40岁及以上 (n=160)	总计 (n=363)	27~39岁 (n=124)	40岁及以上 (n=134)	总计 (n=258)
首次遗精						
样本量	n=163	n=124	n=287	n=108	n=102	n=210
首次遗精平均年龄 (标准差)	16.5 (3.4)	17.4 (3.5)	16.9 (3.4)	16.8 (3.1)	16.7 (2.4)	16.7 (2.8)
t检验	2.247*①			0.239②		
t检验	0.490 n.s.③					
首次性行为年龄中位数	22.1	24.9	23.0	—	—	—
到现在为止是否有过性生活?						
有过	67.5	47.5	58.7	99.2	99.2	99.2
没有	32.5	52.5	41.3	0.8	0.8	0.8
χ^2	14.78***①			0.03 n.s.②		
χ^2	175.53***③					

续表

问题及分类	未婚			已婚		
	27~39岁 ($n=203$)	40岁及以上 ($n=160$)	总计 ($n=363$)	27~39岁 ($n=124$)	40岁及以上 ($n=134$)	总计 ($n=258$)
首次性行为						
样本量	$n=92$	$n=37$	$n=129$	$n=108$	$n=111$	$n=219$
首次性行为平均年龄（标准差）	23.4 (4.4)	27.0 (7.4)	24.4 (5.6)	23.4 (3.2)	25.5 (3.5)	24.5 (3.5)
t 检验		3.37*** ①			4.537*** ②	
t 检验			0.077 n.s. ③			
最近12个月是否有过性生活						
有过	48.3	25.0	38.0	97.6	88.1	92.6
没有	51.7	75.0	62.0	2.4	11.9	7.4
χ^2		21.05*** ①			9.42** ②	
χ^2			214.324*** ③			
最近12个月里平均每月性生活次数（均值）	1.5	0.5	1.0	4.9	3.3	4.1
t 检验		3.51** ①			2.99** ②	
t 检验			11.635*** ③			

注：*** $p \leq 0.001$；** $p \leq 0.01$；* $p \leq 0.05$；+ $p \leq 0.1$；n.s. $p > 0.1$。
①是指未婚内部年龄之间的差异检验；②是指已婚内部年龄之间的差异检验；③是指已婚和未婚之间的差异检验。

我们的调查数据显示，农村大龄男性的首次性经历（包括首次遗精时间和首次性行为时间）不存在婚姻差异。接受调查的农村大龄男性首次遗精的平均年龄为16.8岁，略低于2000年全国调查的平均年龄17.3岁；首次性行为平均年龄为24.5岁。到20岁时，约四分之三的男性发生过遗精；到30岁时，约三分之一的男性发生过自慰行为。然而，是否发生过性交行为却是非常依赖于婚姻的行为。30岁之前，只有32.0%的农村大龄未婚男性曾经发生过性交行为，而对已婚男性而言，显然基本都有过性交行为。到40岁时，发生过性交行为的农村大龄未婚男性比例上升到35.3%。

接受调查的363个农村大龄未婚男性中，41.3%的人报告一生中从未发生过性关系，75个未婚男性报告在最近12个月里没有发生过性行为，从而使最近一年内没有发生过性交行为的比例上升到62.0%。

在性交频率方面，在自报发生过性行为的人群中，农村大龄未婚男性在接受调查前12个月里平均每个月性行为次数为1.0, 远低于已婚男性的每周一次（每月4.1次）。可见，虽然38.0%的农村大龄未婚男性在调查前12个月内发生过性交行为，但其频率之低可以算是临时性行为。

此外，未婚男性的性行为发生率还存在显著的年龄差异。在是否发生过性行为上，低年龄组（27~39岁）中的未婚男性更有可能有过性行为，其有过性行为的比例略超过三分之二（67.5%）；而在高年龄组（40岁以上）中该比例降低至47.5%。在最近一次性行为的发生时间上，近半数（48.3%）低年龄组的未婚男性在最近12个月内发生过性行为，而在高年龄组中该比例仅为25.0%。在性交频率上，接受调查前12个月内，低年龄组的未婚男性平均每月的性行为次数为1.5，而高年龄组的未婚男性平均每月的性行为次数仅为低年龄组未婚男性的三分之一，为0.5。这表明性匮乏更多发生在高年龄组的农村大龄未婚男性身上。

可见，与农村大龄已婚男性相比，无论在是否发生过性行为方面，还是在性交频率上，农村大龄未婚男性都处于劣势，这在高年龄组的农村大龄未婚男性身上表现尤为明显。

(二) 性行为方式上的特征

1. 首次性经历时间的特点

我们的调查数据显示，农村大龄男性的首次性经历（包括首次遗精时间和首次性行为时间）不存在婚姻差异，但是存在显著年龄差异（见表5-10）。低年龄组（40岁以下）的农村大龄男性首次遗精的平均年龄显著低于高年龄组的男性，尤其是未婚男性，低年龄组的大龄未婚男性首次遗精的平均年龄比高年龄组的大龄未婚男性提前了一岁。

同样，低年龄组的男性发生首次性行为的年龄也显著低于高年龄组。尤其是在大龄未婚男性中，低年龄组的未婚男性首次性行为平均年龄仅为23.4岁，与全国平均年龄（23.3岁）基本一致；但高年龄组的农村大龄未婚男性首次性行为平均年龄为27.0岁，年龄中位数为24.9，标准差为7.4，这意味着高年龄组农村大龄未婚男性内部存在很大差异。这说明，缺乏婚姻和婚姻内的性渠道，导致40岁以上有过性经历的农村大龄未婚男性的性行为差异很大。

2. 性交频次

表5-11中的数据显示，接受调查前12个月里，三分之一（35.2%）

的农村大龄未婚男性报告他们的性交次数为 0，20.2% 的未婚男性报告每月最多发生过一次性行为。平均而言，农村大龄未婚男性在接受调查前 12 个月内平均每月的性次数为 1.7 次，远低于已婚男性的 4.2 次。这也证实了农村大龄未婚男性的性行为是偶发性和无计划的。农村大龄未婚男性的性交频次存在显著年龄差异，年龄越大的大龄未婚男性的性交频次越低。在接受调查前的 12 个月内，低年龄组的农村大龄未婚男性平均每月性次数为 2.2 次，而高年龄组的未婚男性则不到一次（0.98 次）。

表 5-11 居巢区不同婚姻状况和不同年龄组的大龄男性的性生活次数

单位：百分比

问题及分类	未婚 27~39 岁 ($n=137$)	未婚 40 岁及以上 ($n=76$)	未婚 总计 ($n=213$)	已婚 27~39 岁 ($n=123$)	已婚 40 岁及以上 ($n=133$)	已婚 总计 ($n=256$)
最近 12 个月性生活次数						
0	28.47	47.37	35.21	1.63	11.28	6.64
1~2 次	21.17	13.16	18.31	8.13	6.77	7.42
每月一次	18.98	22.37	20.19	10.57	12.78	11.72
每月两三次	10.95	9.21	10.33	22.76	26.32	24.61
每周一次	10.95	5.26	8.92	33.33	31.58	32.42
每周两三次	8.03	2.63	6.10	21.14	10.53	15.63
每周四次或更多	1.46	0.00	0.94	2.44	0.75	1.56
χ^2		13.356*①			16.943**②	
χ^2			123.952***③			
过去 12 个月平均每月的性次数	2.15 (3.83)	0.98 (2.00)	1.73 (3.34)	4.95 (4.44)	3.47 (2.88)	4.18 (4.00)
t 检验		2.474*①			3.006**②	
t 检验			7.091***③			

注：*** $p \leq 0.001$；** $p \leq 0.01$；* $p \leq 0.05$；+ $p \leq 0.1$；n.s. $p > 0.1$。
①是指未婚内部年龄之间的差异检验；②是指已婚内部年龄之间的差异检验；③是指已婚和未婚之间的差异检验。

3. 性伴侣数量

表 5-12 显示，农村大龄未婚男性的平均性伴侣数量显著多于已婚男性。在回答有过性生活并回答了所有与性相关问题的农村大龄未婚男性中，

调查前12个月里平均性伴侣数为1.3个，显著高于已婚男性的1.0个；在询问目前为止的性伴侣数量时，农村大龄未婚男性的平均性伴侣人数上升到2.1个，显著高于已婚男性的1.6个。

表5-12 居巢区不同婚姻状况和不同年龄组的大龄男性的性伴侣数量和类型

单位：百分比

问题及分类	未婚 27~39岁 n=105	未婚 40岁及以上 n=52	未婚 总计 n=157	已婚 27~39岁 n=81	已婚 40岁及以上 n=163	已婚 总计 n=244
过去12个月性伴侣人数						
0个	32.38	48.08	37.58	11.86	33.33	22.95
1个	41.90	28.85	37.58	73.73	57.94	65.57
2个及以上	25.71	23.08	24.84	14.41	8.73	11.48
χ^2	\multicolumn{3}{c}{3.943 n.s. ①}			
χ^2			16.911 *** ②			
χ^2			31.256 *** ③			
过去12个月里平均性伴侣人数	1.4	1.2	1.3	1.2	0.8	1.0
t检验		0.594 n.s. ①			3.443 ** ②	
t检验			2.431 * ③			
到目前为止性伴侣个数	2.4	1.4	2.1	2.1	1.2	1.6
t检验		2.408 * ①			3.398 ** ②	
t检验			2.085 * ③			
第一次发生性关系的对象						
妻子	—	—	—	28.81	60.32	45.08
女朋友	72.38	51.92	65.61	65.25	38.10	51.23
性工作者（"小姐"）	11.43	3.85	8.92	2.54	0.00	1.23
其他	16.19	44.23	25.48	3.39	1.59	2.46
χ^2		14.861 *** ①			27.817 *** ②	
χ^2			171.461 *** ③			
最近一次性关系对象						
妻子	—	—	—	77.12	79.37	78.3
女朋友	62.86	48.08	57.96	17.80	12.70	15.2
性工作者（"小姐"）	10.48	9.62	10.19	2.54	0.79	1.6
其他	26.67	42.31	31.85	2.54	7.14	4.9
χ^2		3.934 n.s. ①			5.026 n.s. ②	
χ^2			302.002 *** ③			

续表

问题及分类	未婚			已婚		
	27~39岁	40岁及以上	总计	27~39岁	40岁及以上	总计
发生过性关系的人	n=103	n=48	n=151	n=117	n=124	n=241
只有女性	87.38	72.92	82.78	95.73	87.90	91.70
既有女性也有男性	7.77	8.33	7.95	3.42	6.45	4.98
只有男性	4.85	18.75	9.27	0.85	5.65	3.32
拒绝回答(n)	34	28	62	6	9	15
χ^2		7.065*①			6.259*②	
χ^2			7.797*③			
是否为发生性行为而付过钱或得到过钱	n=137	n=76	n=213	n=123	n=133	n=256
是	29.93	31.58	30.5	17.07	11.28	14.06
没有	70.07	68.42	69.5	82.93	88.72	85.94
χ^2		0.0627 n.s.①			1.779 n.s.②	
χ^2			18.675***③			

注：*** $p \leq 0.001$；** $p \leq 0.01$；* $p \leq 0.05$；+ $p \leq 0.1$；n.s. $p > 0.1$。
①是指未婚内部年龄之间的差异检验；②是指已婚内部年龄之间的差异检验；③是指已婚和未婚之间的差异检验。

仔细考察这个问题可以发现，不是所有农村大龄未婚男性都存在多性伴侣行为，这只是少数人的行为。数据显示，略超过三分之一（37.6%）的农村大龄未婚男性报告在过去12个月内没有发生过性交行为，也就是说他们在过去12个月里性伴侣数量为0，还有约三分之一的未婚男性回答只有一个性伴侣，那么只有剩下的24.8%人才有过两个及两个以上性伴侣。

对农村已婚男性而言，在过去12个月里，绝大部分（88.5%）已婚男性保持着一个性伴侣或没有性伴侣，这说明婚姻内的男性绝大部分都是专一的。

农村大龄未婚男性的性伴侣数量和性行为次数存在显著年龄差异。截至调查之时，低年龄组的未婚男性平均性伴侣人数比高年龄组的未婚男性多近一倍；在接受调查前的12个月内，大部分（68.0%）低年龄组的大龄未婚男性发生过性交行为，更有近四分之一的人有过2个及以上性伴侣；而近半数（48.1%）的高年龄组的未婚男性在接受调查前12个月内没有发生过性交行为，他们发生多性伴侣行为的比例不到五分之一（18.8%）。在性交次数上，年龄差异也非常显著。

4. 性伴侣类型

在回答第一次性对象和最近一次性对象时，农村大龄未婚男性的选择具有显著年龄差异。高年龄组大龄未婚男性中有一半的人的首个性伴侣和最近一个性伴侣是临时性伴侣，而超过三分之二的低年龄组的未婚男性回答是固定性伴侣，即女朋友。一个值得注意的现象是，还有8.9%的未婚男性报告自己的第一个性伴侣是性工作者，并且报告最近一次性关系对象是性工作者的比例也比较高，为10.2%；高年龄组的农村大龄未婚男性的首个性伴侣是性工作者的比例为3.9%，而最近一次性行为对象是性工作者的比例显著增加，为9.6%。除此之外，有30.5%（占总未婚样本的18.0%）的农村大龄未婚男性回答"曾经为发生性行为而付过钱或得到过钱"，也就是发生过我们常说的性交易行为。还有超过三分之一的未婚男性报告自己首次性行为对象和最近一次性行为对象是离异女性、他人妻子或其他人。值得注意的是，报告最近一次性行为是自己女朋友的农村大龄未婚男性中，只有14人（占总样本的3.9%）认为自己能在一年内结婚，这从另一个侧面说明，对农村大龄未婚男性而言，"是否有固定性伴侣"与婚姻之间没有必然关系。

5. 性伴侣性别

在性伴侣性别上，农村大龄未婚男性与已婚男性的回答显著不同。在回答曾经发生过性行为的男性中，91.7%的已婚男性回答自己的性伴侣只有女性，而在未婚男性中该比例为82.8%。也就是说，在接受调查的农村大龄未婚男性中，有17.2%的人曾经发生过同性性行为，并且农村大龄未婚男性在性伴侣性别上存在显著年龄差异：高年龄组的农村大龄未婚男性有过同性别性伴侣的比例高达27.0%，是低年龄组农村大龄未婚男性的2倍多（12.6%）。但如果放在总样本中看，3.9%（14人）的未婚男性和3.1%（8人）的已婚男性报告他们只与男性发生过性行为，这一比例和其他国家的调查结果比较一致。

三 贫穷对性实践的影响

调查显示被调查的农村大龄未婚男性在整体上呈现出的特点具有共性，然而他们的性实践却具有很大差异。一般认为，农村大龄未婚男性性匮乏，然而事实并非完全如此。调查显示，农村大龄未婚男性报告在接受调查前12个月里发生过性行为（$n=138$）的人目前为止的平均性伴侣人数为2.6个，远高于已婚男性的1.5个；他们平均每月的性次数为2.7次，显著低于已婚男性的 4.1 次。同时，在接受调查前 12 个月内发生过性行为的农村大龄未婚男性报告有过自慰行为的比例要显著高于其他的未婚男性（分别为 54.3% 和 36.9%，$\chi^2 = 10.6^{**}$），看过黄色录像的比例也更高些（分别为 71.7% 和 36.4%，$\chi^2 = 45.7^{**}$）。

本研究设定了三种主要性实践：看黄色录像、自慰行为和性交行为，本节的第一部分对这三种行为的发生率分别进行分析。如果把这三种性实践综合起来，我们可以发现农村大龄未婚男性的性实践形成了一个谱系：一端是三种性实践都发生过，另一端是三种性实践都没有发生过，介于中间的是发生过三种性实践中的一种或两种行为。表 5-13 显示，虽然大部分（57%）农村大龄未婚男性位于性实践谱系的中间（即发生过看黄色录像、自慰和性交行为中的一种或两种），但是两个极端的农村大龄未婚男性也占有相当比例。没有发生过任何性实践的未婚男性占未婚样本的 23.4%（n=85），三种性实践都发生过的未婚男性占未婚样本的 23.1%（n=84）。这两个"极端"的未婚群体有什么特点？为什么他们会有完全不同的性实践呢？这与他们的社会经济因素有关吗？

表 5-13 居巢区农村大龄未婚男性的三种性实践

	是否发生过性交行为？						
	是的（n=213）				没有（n=150）		
27~39 岁	137				66		
40 岁及以上	76				84		
	是否发生过自慰行为？						
	是的（n=109）		没有（n=104）		是的（n=49）		没有（n=101）	
27~39 岁	81		56		29		37	
40 岁及以上	28		48		20		64	
	是否看过黄色录像？						
	是的（n=84）	没有（n=25）	是的（n=58）	没有（n=46）	是的（n=23）	没有（n=26）	是的（n=16）	没有（n=85）
27~39 岁	69	12	36	20	19	10	8	29
40 岁及以上	15	13	22	26	4	16	8	56

表 5-14 展示了这两个"极端"群体的一些特征，从中可以看出，社会经济状况是性实践的一个决定性因素。没有任何性实践的大龄未婚男性

在收入和教育上处于更弱势的地位：他们的平均受教育年限比三种性实践都发生过的未婚男性低3.3年，平均月收入仅为他们的一半。相反，三种性实践都发生过的大龄未婚男性更年轻（年龄中位数为31.6岁，而三种性实践都没有发生过的未婚男性的年龄中位数为44.6岁），与已婚男性的特征也更相似。可见，社会经济状况处于劣势的农村大龄未婚男性不仅更容易被排除在婚姻之外，而且他们的性机会也更为有限。年龄因素同样非常重要，因为年龄大的农村大龄未婚男性更容易发生贫困或陷入贫困，并且受教育程度更低。虽然我们无法证实收入和教育之间孰因孰果，但是有一点可以肯定，在社会经济地位上处于劣势的农村大龄未婚男性在性实践中仍处于劣势。

表 5-14 处于性实践谱系两个"极端"的居巢区农村大龄未婚男性的社会经济特征

	三种性实践都没有发生过 n = 85	三种性实践都发生过 n = 84	χ^2/t 检验
文盲比例(%)	22.4	3.6	14.50**
平均受教育年限(年)	5.9	9.2	5.96**
只干农业的比例(%)	28.2	6.0	15.86**
平均月收入低于1000元的比例(%)	85.9	47.7	29.21**
平均月收入(元)	508.8	1059.5	6.69**

注：*** $p \leqslant 0.001$；** $p \leqslant 0.01$；* $p \leqslant 0.05$；+ $p \leqslant 0.1$；n.s. $p > 0.1$。

第四节 农村大龄未婚男性的性影响

单身不婚在中国农村不是主观现象，可以想象，由于贫穷导致的暂时性或永久性不婚的农村大龄未婚男性可能会被边缘化，从而对其心理、生理和生活产生影响。

一 自我评价

表5-15中的数据显示，与同年龄段的农村大龄已婚男性相比，农村大龄未婚男性的自我评价更消极。在对自己经济状况的评价上，月收入在

1000 元以下的农村大龄未婚男性中,近三分之二(62.7%)的人认为自己的经济状况比同龄人差;即使是月收入在 1000 元及以上的未婚男性,认为自己经济状况比同龄人差的比例也高达 24.3%,是相同收入的已婚男性的两倍多。在对自己健康状况的评价上,约有四分之一(23.7%)的农村大龄未婚男性认为自己的健康状况比同龄人差,是已婚男性的 3 倍多。尤其是月收入在 1000 元以下的农村大龄未婚男性中,27.7% 的人认为自己的健康状况比同龄人差,是已婚男性的 2.4 倍;即使是收入在 1000 元以上的农村大龄未婚男性中,认为自己健康状况比同龄人差的比例也高达 13.6%,是已婚男性的 3 倍多。部分原因可能是婚姻让男性有安稳的感觉,生活起居更规律,生活模式更健康;同时,较好的经济状况让他们能获得更多和更好的健康服务。Waite 和 Gallagher(2001)在世界上其他地区也得到类似的发现。从上述分析可以看出,无论是主观原因还是客观原因,农村大龄未婚男性对自己的评价比已婚男性更消极。

表 5 – 15 居巢区不同收入的大龄男性的经济状况自评和健康状况自评

单位:百分比

问题 \ 收入分组	未婚 <1000 ($n=260$)	未婚 ≥1000 ($n=103$)	未婚 合计 ($n=363$)	已婚 <1000 ($n=130$)	已婚 ≥1000 ($n=128$)	已婚 合计 ($n=258$)
和您的同龄人相比,您认为自己的经济状况如何?						
好一些或好很多	10.4	19.4	13.0	18.5	27.3	22.9
差不多	26.9	56.3	35.2	63.1	61.7	62.4
稍差或差很多	62.7	24.3	62.7	18.4	10.9	14.7
χ^2		45.204***①			4.766*②	
χ^2			95.878***③			
和您的同龄人相比,您认为自己的健康状况如何?						
好一些或好很多	38.1	46.6	40.5	46.9	57.8	52.3
差不多	34.2	39.8	35.8	41.5	38.3	39.9
稍差或差很多	27.7	13.6	23.7	11.5	3.9	7.7
χ^2		8.827***①			6.714**②	
χ^2			30.083***③			

注:*** $p \leq 0.001$; ** $p \leq 0.01$; * $p \leq 0.05$; + $p \leq 0.1$; n. s. $p > 0.1$。
①是指未婚内部年龄之间的差异检验;②是指已婚内部年龄之间的差异检验;③是指已婚和未婚之间的差异检验。

二 压力感知

表5-16显示，大部分农村大龄未婚男性感知到了独身生活的消极结果。实际上，独身生活的确给很多大龄未婚男性带来了各种心理和生理上的问题。在当代中国，尤其是农村地区，人们普遍结婚较早，超过某个年龄仍未结婚就会遭受来自家庭和社会的各种压力（张春汉和钟涨宝，2005；韦艳等，2008）。居巢区调查数据显示，绝大部分（64.7%）农村大龄未婚男性认为来自家庭的压力是最难熬的事情，尤其是低年龄组的农村大龄未婚男性，70.0%的人认为"家庭压力大，父母会担心"是最难熬的事情。而高年龄组的农村大龄未婚男性虽然也认同"家庭压力大"很难熬（占58.1%），但他们更认同单身中最难熬的事情是来自情感上，61.9%的人认为"一个人生活很孤独"，61.9%的认为"感情上很孤独，没有人交流"。来自社会的压力也是很多农村大龄未婚男性单身生活中最难熬的事情（占55.4%）。可见，居巢区农村大龄未婚男性同样也受到未婚的困扰，这些困扰除了来自家庭和社会，还有来自未婚本身带来的缺乏情感交流和孤独感。年龄越大，独身时间越长，这种孤独感越明显。

表5-16 居巢区不同年龄组的农村大龄未婚男性对单身生活的态度

单位：百分比

问题 \ 年龄分组	27~39岁 ($n=203$)	40岁及以上 ($n=160$)	合计 ($n=363$)
您认为单身最难熬的是什么？			
社会压力大，周围的人会议论（$\chi^2=1.556^{n.s.}$）			
同意	56.65	53.75	55.37
不同意	20.20	25.62	22.59
家庭压力大，父母会担心（$\chi^2=6.252^*$）			
同意	69.95	58.13	64.74
不同意	13.79	22.50	17.63
没有孩子（$\chi^2=4.282^{n.s.}$）			
同意	39.90	49.38	44.08
不同意	36.95	27.50	32.78
一个人生活很孤独（$\chi^2=3.889^{n.s.}$）			
同意	51.72	61.88	56.20
不同意	27.09	22.50	25.07

续表

问题　　　年龄分组	27~39岁 ($n=203$)	40岁及以上 ($n=160$)	合　计 ($n=363$)
感情上很孤独,没有人交流($\chi^2=4.946^+$)			
同意	50.25	61.88	55.37
不同意	27.59	20.63	24.52
没有性生活($\chi^2=2.726^{n.s.}$)			
同意	40.39	47.50	43.53
不同意	34.48	26.88	31.13
您认为下列各种说法是没有孩子后面临的最大困难吗?			
将来没有人给自己养老($\chi^2=8.410^*$)			
同意	37.93	53.13	44.63
不同意	38.92	28.75	34.44
不能够传宗接代($\chi^2=7.981^*$)			
同意	34.48	48.75	40.77
不同意	44.33	36.88	41.05
人生不完整($\chi^2=0.949^{n.s.}$)			
同意	52.22	51.25	51.79
不同意	26.60	30.63	28.37
感情上得不到寄托($\chi^2=2.121^{n.s.}$)			
同意	45.81	53.13	49.04
不同意	28.57	23.13	26.17
社会压力大,周围人会议论($\chi^2=0.075^{n.s.}$)			
同意	55.17	54.37	54.82
不同意	25.62	26.88	26.17

注：*** $p\leqslant0.001$；** $p\leqslant0.01$；* $p\leqslant0.05$；+ $p\leqslant0.1$；n.s. $p>0.1$。
①是指未婚内部年龄之间的差异检验；②是指已婚内部年龄之间的差异检验；③是指已婚和未婚之间的差异检验。

在中国人的传统观念中，孩子是父母生命的延续，也是父母的精神寄托，更是父母老了以后的全部依靠。因此，"养儿防老"是中国人传统养老的最重要和最主要的方式。大龄未婚意味着不会有自己的孩子，因此传统的儿女养老就不可能实现。对一部分居巢区农村大龄未婚男性而言，没有孩子也是他们认为单身生活中最难熬的事情（占44.1%）。然而，对于没有孩子面临的最大困难，选择"社会压力大，周围人会议论"的比例最高，达54.8%；其次是选择"人生不完整"，占51.8%；而"无人养老"只排在第三位，只占44.6%。但是，从年龄上来看，高年龄组的农村大龄未婚男性选择"无人养老"的比例更高，占53.1%，而低年龄组中该比例仅为37.9%。这表明年龄越大人们越看重孩子在生活中的重要性。

三 情感福利

婚龄人口性别失衡导致的婚姻挤压会使一部分婚龄男性暂时或永久性地游离于婚姻和家庭之外，无法过上正常的家庭生活，使他们缺少与异性的情感与生理上的交流，长此以往，会影响他们的生理和心理健康，进而影响他们的情感福利。调查数据显示，超过半数的农村大龄未婚男性认为一个人生活很孤独（占全部未婚男性的56.2%），没有人交流，一个人感情上很孤独（占55.4%）（见表5-16）。这也表明他们希望找到独身生活的情感补偿。不能成家导致的另一个直接后果是没有自己的孩子，这也会对农村大龄未婚男性的情感产生影响，因为这不仅是将来没有人养老的问题，还因为在中国人的传统观念中"儿女是父母感情的寄托"。在我们的调查中，近一半（49.0%）的人认为这会影响到他们的情感，因为没有孩子，"感情上得不到寄托"。目前，我国的社会保障制度和服务体系仍不完善，"养儿防老"的传统观念在农村仍然很盛行，子女居家养老尤其是儿子养老的模式仍是农村主要的养老方式，没有子女的孤寡老人大部分晚年生活比较悲惨。

四 日常生活

长期的婚龄人口性别失衡，必然会导致婚姻挤压，受到挤压的一方或者推迟结婚，或者永久被排除在婚姻之外。他们的独身生活时间必然会变得很长，甚至是终生，这势必会对他们的日常生活产生影响。越是单身时间长的男性，其日常生活越可能与已婚男性具有差异。我们将大龄未婚男性与同年龄段的已婚男性对比，分别从抽烟、喝酒、上网和观看黄色录像等几个方面分析查看他们在日常生活上的差异。

从表5-17可以看出，接受调查前12个月内，居巢区农村大龄男性在抽烟和喝酒行为上存在非常明显的年龄差异，高年龄组平均每天抽烟量大和经常喝酒的比例更高，其中高年龄组农村大龄未婚男性平均每天抽一盒或一盒以上的比例是低年龄组大龄男性的2.4倍，每天都喝酒的比例是后者的1.7倍；但是不抽烟的比例高年龄组和低年龄组基本相同，为40%左右，从来不喝酒的比例在高年龄组和低年龄组中也基本相同,为16%。另一个特点是不同年龄组中已婚大龄男性和未婚大龄男性的行为差异很大。从抽烟来看,低年龄组大龄男性每天抽烟的数量不存在婚姻差异,但是在高年龄组中,未婚男性抽烟比例显著高于已婚男性,而已婚男性抽烟抽得凶的比例更高。从喝酒来看,低年龄中未婚男性经常喝酒的比例显著低于已婚男性,但高年龄组就不存在这种差异了。无论是高年龄组还是低年龄组的农村大龄男性,在喝酒过量行为上都基本相同。然而在高年龄组中,喝酒过量行为存在显著婚姻差异,未婚男性经常喝酒过量的比例略高于已婚男性,但更多已婚男性会"有时"喝过量。

表 5-17 居巢区不同年龄组的农村大龄未婚男性的日常生活行为

单位:百分比

问题及分类	27~39 岁 未婚 (n=203)	27~39 岁 已婚 (n=124)	27~39 岁 总计 (n=327)	40 岁及以上 未婚 (n=160)	40 岁及以上 已婚 (n=134)	40 岁及以上 总计 (n=294)
过去12个月里,平均每天抽烟的数量						
完全不抽,或基本不抽	39.9	40.3	40.1	44.4	33.6	39.5
每天抽10支以下	28.1	27.4	27.8	16.2	22.4	19.0
每天抽10~19支	25.1	21.0	23.5	16.3	26.9	21.1
每天抽一盒或一盒以上	6.9	11.3	8.6	23.1	17.2	20.4
χ^2	2.273 n.s. ①			8.778 * ②		
χ^2	21.100 *** ③					
在过去12个月里,喝一次酒的平均时间间隔 a						
每1~2天喝一次,或者更多	15.3	37.9	23.8	40.0	41.8	40.8
每3~7天喝一次	19.2	21.0	19.9	13.8	23.1	18.0
每8~30天喝一次	12.3	7.3	10.4	6.9	9.7	8.2
超过30天	4.9	5.6	5.2	3.1	3.0	3.1
喝酒但是都不到上述标准	27.1	20.2	24.5	16.9	9.7	13.6
从来没有喝过	21.2	8.0	16.2	19.4	12.7	16.3
χ^2	28.682 *** ①			9.194 n.s. ②		
χ^2	26.519 *** ③					
在过去12个月里,曾经喝酒过量						
经常有	9.4	11.4	10.2	11.6	9.4	10.6
有时有	30.0	32.5	31.0	20.9	32.5	26.4
很少有	36.2	35.1	35.8	27.1	40.2	33.3

续表

问题及分类	27~39岁			40岁及以上		
	未婚 ($n=203$)	已婚 ($n=124$)	总计 ($n=327$)	未婚 ($n=160$)	已婚 ($n=134$)	总计 ($n=294$)
从来没有	24.4	21.0	23.0	40.3	18.0	29.7
χ^2		$0.742^{n.s.}$①			17.257^{***}②	
χ^2			$3.400^{n.s.}$③			
曾经上过网						
上过	43.4	41.1	42.5	8.1	12.7	10.2
没有	56.6	58.9	57.5	91.9	87.3	89.8
χ^2		$0.155^{n.s.}$①			$1.649^{n.s.}$②	
χ^2			87.319^{***}③			

注：*** $p \leq 0.001$；** $p \leq 0.01$；* $p \leq 0.05$；+ $p \leq 0.1$；n.s. $p > 0.1$。
①是指未婚内部年龄之间的差异检验；②是指已婚内部年龄之间的差异检验；③是指已婚和未婚之间的差异检验。
a：喝一次酒的标准是：白酒超过半两，啤酒超过一瓶，葡萄酒或者黄酒超过半瓶，就算喝一次。

农村大龄男性上网比例为27%，其是否上过网与婚姻没有显著关系，但与年龄有很大关系，年龄越低上过网的可能性越高。其中在低年龄组中，5个人中有2个曾经上过网，但高年龄组中10个人中只有1个曾经上过网。据中国互联网络信息中心（CNNIC）《2009年中国农村互联网发展状况调查报告》显示，农村网民已经过亿。虽然调查时上过网的农村大龄男性比例不高，但以后会有越来越多的28岁以上的男性上过网。

第五节 小结

一 农村大龄未婚男性的性特征

本章从性心理、性实践和性影响三个层次系统地分析性别失衡背景下农村大龄未婚男性的性现状，得到如下结论。

（一）性心理受到损害：渴望结婚而难以结婚

在婚姻普遍存在的当今农村，年龄大而没有结婚的大龄男性的性心理受到了损害。大部分被调查者认为婚姻是必需的，但是无法成婚的现状让他们只能屈服于现实，接受并适应不能结婚的事实，因此"接受一辈子不结婚"

的比例要高于持"婚姻是必须"的比例。因为单身,农村大龄未婚男性承受着来自父母、家庭和社会的巨大压力。在面对非法买婚时,虽然三分之二(66.7%)的未婚男性明确表明自己不会去买婚,但有49.3%的人认为自己能理解那些买婚者。这说明大部分农村大龄未婚男性对婚姻存在向往,但可望而不可即的婚姻让他们对婚姻充满矛盾,也是一种无奈。

(二) 感受到的性影响大: 承受着巨大的压力, 有孤独感

中国的普婚观念根深蒂固,规范着人们的行为,影响着人们的态度。由于婚姻挤压导致的不婚必然会对农村大龄未婚男性带来各种压力,情感福利受损,这显然会产生多种影响,不利于他们的生活。农村大龄未婚男性对自己评价比较消极,即使收入在1000元以上,认为自己比同龄人的经济状况差的大龄未婚男性也远多于已婚男性(分别为24.3%和10.9%);而认为自己的健康状况差的比例更是比已婚男性高出两倍多(分别为13.6%和3.9%)。农村大龄未婚男性还会经常感受到来自父母、家庭和社会的压力。而单身中产生的没人交流的孤独感是大半部分未婚男性(55.4%)认为最难熬的事情。

(三) 性实践少,性福利受损

1. 由于缺乏合法而稳定的性伴侣,大龄未婚男性的性生活普遍没有已婚男性活跃,他们的性福利受到未婚和缺乏稳定性伴侣的损害

总体上看,和已婚男性相比,大龄未婚男性获得性行为的机会和条件有限,他们与他人发生性行为的频率非常低。但是,并非所有大龄未婚男性的情况都完全相同,其中存在显著年龄差异。大部分人(76.6%)有过某种性实践(例如性交、自慰、看黄),但也有近四分之一的人没有发生过任何性实践。由于合乎传统规范的性活动通常被限制在婚内,婚姻之外的性行为通常被认为不道德,为人所不齿。在这种社会规范下,一部分大龄未婚男性敢做不敢言,更有一部分大龄未婚男性甚至不敢做。实际上,只有30.0%的大龄未婚男性既发生过性行为也有过自慰,但也有27.8%的人既没有发生性交行为,也没有自慰行为。虽然有18.7%(n=68)的未婚男性不认同"无性难熬",但是由于缺乏证据,我们无法说明他们是因为本来就是禁欲者才选择不结婚,还是因为婚姻的缺乏而被迫适应了无性的生活。可见,农村大龄未婚男性的性需求受到压抑,性福利受到损害。虽然自慰能在某种程度上补偿性行为的缺失,但是,在大龄未婚男性中普遍存在的自慰不道德和

自慰伤身的观点阻碍着他们获得性满足,从而影响他们的性福利。

2. 婚姻和年龄是性实践的两个重要影响因素

由于缺乏法律规范和道德规范许可的婚姻内稳定的性渠道,农村大龄未婚男性的性实践远没有已婚男性活跃,无论是在性交行为上,抑或是在看黄行为上。年龄也是性实践的一个决定性因素,但年龄在性实践中不存在累计作用,反而是越年轻的大龄未婚男性的性实践越活跃。这可能与年龄较大的大龄未婚男性经历的时代背景有关,改革开放前尤其是"文革"期间整个社会呈现的是"无性文化",对"性"讳莫如深(潘绥铭和黄盈盈,2011)。因此,那些青春期在这些时期度过的人和没有经历这些时期的人的性观念和性实践具有较大差异。尽管42.7%的未婚男性报告最近的性伴侣是自己的女朋友,但这主要集中在低年龄组中,从而可以假设他们有固定的性伴侣,能有相对亲密的关系,但是他们仍没有已婚男性活跃,更不用说其他只有临时性伴侣的未婚男性的性活跃度了。可见,婚姻和年龄是决定性活动和性伴侣数量的决定性因素。

(四)贫穷把农村大龄未婚男性排除在婚姻和性实践之外

在社会经济地位上处于劣势的农村大龄未婚男性是性别失衡最大的受害者。由于女性择偶的向上选择倾向和婚姻成本日益增高,贫穷的农村大龄未婚男性不仅比其他男性更容易被排除在婚姻之外,而且他们的性机会也更有限。

总而言之,无法成婚的农村大龄未婚男性对"婚姻是必须"的认同感会随着年龄的增加而逐渐减弱,但渴望结婚的心态却不会发生太大改变。缺乏婚姻的农村大龄未婚男性非常脆弱,缺乏自信,即使和同龄已婚男性条件相差无几也会自认为不如人;他们除了承受着来自家庭和社会的巨大压力,还要忍受缺乏情感交流的孤独感。一部分农村大龄未婚男性似乎适应或满足于无性的生活,另一部分人极力忍受着无性生活的痛苦——贫穷不仅把他们排除在婚姻之外,还将他们隔离在性实践之外;还有一部分人尽其所能地进行各种可能的性实践,然而这些性实践却可能将他们置于性病/艾滋病传播风险中。

二 农村大龄未婚男性的公共安全特征

从上面的分析可以看出,居巢区有相当一部分男性面临的实际情况是他们不得不经历被迫延长甚至是永久性的单身生活，因此，在某种意义上他们可能会被视为"二等公民"。事实上，他们只是少有机会或没有机会过上被主流社会认可的"普通"生活，即可以与一个固定的伴侣共同生活，有正常稳定的性行为，能生育孩子从而实现传宗接代。与中国农村大部分地区一样，在居巢区的主流社会文化规范中，婚姻是组建家庭和延续香火以及进行合法性行为的前提条件，因此，家庭延续和性欲满足等基本行为就只能是已婚男性的特权。而且，由于受教育程度和收入都较低，有些未婚男性只是从事农业生产，居巢区大龄未婚男性的生活状况更加艰苦。因此，在居巢区，甚至中国农村许多地区，能否成婚成为影响男性个人生活的一个非常重要的因素。

居巢区的调查结果显示，当地大龄未婚男性的性和已婚男性是不同的。基于"性是人的基本需要"的前提，本研究发现因为缺乏婚姻内合法而稳定的伴侣，大龄未婚男性的性深受影响。与已婚男性相比，大龄未婚男性获得性行为的机会有限，性交频率低。在某种程度上讲，自慰只能在某种程度上补偿他们的低频率的性交行为。但是，大龄未婚男性并非一个同质群体，有一部分未婚男性有过几种性实践（如性交行为、自慰行为、看黄行为），也有一部分人这三种性实践都没发生过。绝大部分未婚男性的性活动都受单身的影响，远没有已婚男性活跃。然而，年轻人的性实践发生明显的变化，他们发生婚外性活动的机会比高年龄组的未婚男性多。如果说当前的道德规范和对婚外性行为的歧视会阻止未婚男性发生性行为，那么低年龄组的大龄未婚男性能在单身生活里找到情感和性欲的替代物，这可能归因于他们的传统观念（例如对婚外性行为的禁忌等）已经减弱，也可能与他们的流动性更高有关，流动使他们发生偶然性的性行为的机会增加，而这又会对自身健康、他人健康和社会产生影响。

目前，女性缺失对男性能否结婚的影响有限，但是随着时间的推移，这种影响会越来越大。据估计，到2015～2020年，男性过剩人口将达到1200万，到2025～2030年会上升到1500万（李树茁等，2006）。因此，即使被调查的农村大龄未婚男性的情况不能代表全国，但也有助于我们了解不断增加的过剩男性将要面临的情况。值得注意的是，目前来看这些大龄未婚男性被排除在婚姻和性之外的主要原因是贫穷，不久的将来，随着婚姻市场不断加入更多的过剩男性，婚姻挤压将更加严重，可能有更多的男性无法在初婚市场上找到合适的结婚对象，一些经济条件比较好的男性也会受到影响。这样，被迫延长或永久性的单身生活将成为更多农村大龄未婚男性不得不面临的现实。单身生活中的性欲如何得到满足？如何预防和减少多性伴侣行为以及由此可能带来的各种影响？这将是公共管理不得不面对的问题。

第六章　农村大龄未婚男性的性风险

第五章的分析发现在那些报告发生过性行为的农村大龄未婚男性中存在较高的性风险，他们的性伴侣类型具有多样性，他们比已婚男性更可能与性工作者发生性关系，那么在他们中间究竟存在哪些性风险行为？这些行为具有什么风险特征？可以从哪些方面减少他们可能面临的性风险？本章试图从农村大龄未婚男性的多性伴侣行为、性交易行为、同性性行为等方面深入分析其面临的性风险及特征，探索其性风险的影响机制，为减少农村大龄未婚男性的性风险提供理论依据。

第一节　研究设计

一　分析框架

(一) 定义

对性风险行为（有的文献称为高危性行为）的界定会因研究目的和研究内容的不同而有所不同，Amanda Cohen (2009) 通过文献梳理，将对性风险行为的研究归纳成五种。在医学模型 (Medical Model) 中，性风险行为常常被严格限定在性交行为和不使用安全套的行为上，通常的定义是指能将个人置于感染性病/艾滋病或导致非意愿怀孕风险中的无保护性性交（包括阴道性交或口交）。

酒精/药物模型（Alcohol/Drug Model）是指在酒精或药物的影响下进行的性行为。在这种情况下，个人与陌生人进行偶发性的性行为并且不使用安全套的可能性更大，并且更有可能进行其他风险性行为。青少年和男男性行为者更有可能发生这样的性风险行为。

社会模型（Societal Model）纳入了风险性行为的一些影响后果，认为性风险行为对个人的一些社会属性也会产生重要影响。例如，进行风险性行为和无保护性行为的结果之一是可能要面对非计划怀孕或流产，正如Miller等（2004）指出的那样，非计划怀孕有可能影响个人的学习和就业，同时也会影响生活的其他方面。生活在贫困水平、难以获得资源和教育的人，甚至可能都不知道自己进行的是高风险行为（Gutierrez等，2006）。

自我定义模型（Self-defined Model）强调了情境和人群的重要性，指出应当区别对待各种性风险行为，因为不同人群即使发生了相似的性行为也可能面临不同的性风险。例如，在一夫一妻的关系中，比如说婚姻内，非保护性交就不应当被看成有风险的，然而当与一个陌生人发生非保护性行为则可能具有很高的风险。

文化模型（Cultural Model）则强调文化和宗教等在性风险行为中扮演着重要角色。

但也正如作者指出的那样，没有哪篇文章同时研究上述五种性风险行为。社会学对性风险行为的研究比较偏向医学模型。例如，Seacat（2002）把高风险性行为定义为在阴道性交、口交和肛交中不使用安全套或其他行之有效的风险防范措施，也包括在药物或酒精的影响下进行各种性交行为。Duong（2008）对越南年轻人的性风险和桥梁行为的研究中，将"发生过性行为、第一次性交年龄、婚前性交、多性伴侣、第一次性行为中未使用安全套、不能持续使用安全套"等视为性风险行为。而国内的研究者们通常把可能导致非意愿怀孕的行为排除在性风险行为之外。例如，蔺秀云等（2006）认为可能使个体感染性病/艾滋病的性行为都属于高危性行为，包括初始性行为发生的时间、性伙伴人数、性交易行为、性伙伴的性行为、安全套使用情况等。更多的研究者在研究风险性行为时并不对它进行明确定义，只是交代研究哪些性风险行为。

目前对性风险的研究必须考虑到艾滋病在中国的传播特点。国家卫生和计划生育委员会报告2013年中国艾滋病流行出现新特点：经性途径传播已经成为最主要的传播途径，2013年新发现的艾滋病病毒感染者中，经性传播比例占89.8%，男男性行为人群艾滋病感染人数迅速增加，50岁及以上老年感染者增加较快，其中男性感染者的途径主要为非婚异性性行为，占累计发现的92.5%。中国疾控中心性病/艾滋病预防控制中心主任吴尊友指出，随着传播方式的改变，我国艾滋病疫情已由高危人群向一般人群扩散。同时，他还指出，多性伴侣会增加感染艾滋病的风险。性伴侣越多，感染的风险越大。

同时，结合农村大龄未婚男性"大龄和被迫失婚"的特点，本书将风险性行为限定在能使个人感染性病/艾滋病的行为上，而不考虑非意愿怀孕。因此，在本书中，农村大龄未婚男性的风险性行为包括多性伴侣行为、性交易行为、同性性行为以及不使用安全套的无保护性性行为。而性风险则是这些风险性行为的综合，即累加总和。

目前学者们对多性伴侣行为的界定仍存在争议。潘绥铭和黄盈盈（2013）认为在单一配偶之外的任何一种性关系或者性交行为都属于多性伴侣行为，因为无论多性伴侣行为发生时间是否具有同时性或先后性，也不管对方是什么人和什么结果、是否结婚等，任何一种多性伴侣行为都与单一配偶具有本质的区别，都具有传播艾滋病的潜在风险。也有些学者把性对象数量超过某个较大数值后的多性伴侣行为才认为是多性伴侣行为。例如，方刚（2005）认为具有多性伴侣行为的人应该具有这样的特点：有10个以上性伴侣，并且这10名性伴侣中不能只是同性；至少曾经有一次在3个月内同时与不少于两个人保持性关系的经历（包括配偶）。本书认为性病/艾滋病的传播风险只与性行为对象的人数有关，只要曾经与超过一个人发生过性行为，就会增加性病传播风险。因此，本书中多性伴侣行为是指与两个及以上的人发生过性交行为。

性交易行为是指以金钱或某种利益作为交换，与除了妻子或未婚妻之外的任何人发生的性行为（杨雪燕等，2013）。嫖娼仅仅只是性交易行为中的一种。

同性性行为是指性对象是同性别的人。男男性行为包括自慰、拥抱、接吻、抚摸、肛交和口交等多种表现形式。其中肛交是男男性行为中最为典型、最常用的性行为方式。

(二) 影响因素

研究表明，知识—态度—行为理论（KAP）是用来解释与健康相关行为的重要理论模型，是国内性健康领域广泛使用的模型，也是很多干预项目进行干预的理论基础（胡俊峰和侯培森，2005）。该模型认为知识是行为改变的基础，正确的信念和积极的态度是行为改变的动力，行为改变是目标，也是知识和态度共同作用的结果。该模型一提出就受到研究者的青睐，曾被广泛应用在不同文化背景下的健康行为促进等方面，尤其是在艾滋病防治和安全性行为促进方面有大量应用（Sehgal 等，1992；Garcia 等，1993；Fishbein 等，1995；Singh 等，1998）。但是随着研究的进展，人们发现除了性知识和性态度之外，其他的一些因素对性风险行为也有着重要影响。

1. 性知识

在 KAP 模型中，知识是行为改变的基础。在艾滋病时代，人们对性病/艾滋病知识知晓率普遍偏低。这种现实使得人们又把性知识和性风险联系在一起。不同文化背景下的健康行为促进项目都采用了这个模型，尤其是在艾滋病防治和安全性行为促进领域。一些研究表明性知识与风险性行为之间存在相关关系。一项深圳市流动人口的研究发现，有过性交易行为人群的艾滋病知识平均得分略高于无性交易行为的人群（文彬等，2012）。杨雪燕等（2013）发现流动大龄未婚男性同性性行为发生率受到同性性行为态度、艾滋病知识和性病知识的重要影响。但是随着研究的进展，人们发现知识和行为改变之间的关系并不像模型所描述的那样。例如，Slesinger 和 Pfeffer（1992）的研究发现人们对安全套的错误认识与其风险性行为有关，但是在McGuire 等（1992）的研究中，研究者们发现无保护性行为与艾滋病相关知识和态度没有直接关系。可能的原因是把知识当作行为改变的充分条件而不是必要条件了，另一个原因可能是行为改变是一个长期过程，短时期内的干预很难看出效果。

2. 性态度

性态度是人们对 Sexuality 的看法和观点。研究中性态度多是指人们对具体的性行为或性行为的某一方面的态度，性态度和性行为之间存在显著关系。Smith（1994）研究发现，那些认为婚前性行为是完全错误的人在过去一年里有过婚前性行为的比例为 32%，而认为婚前性行为完全没有错的人在过去一年内发生过婚前性行为的比例高达86%。对同性性行为和性交易行为及其态度的相关研究也有力地支持了态度和行为之间有密切关系的结论（De 等，2000）。但是也有研究发现性态度和性行为之间的关系并非如此。潘绥铭等（2004）对全国大学生两次大规模随机抽样调查显示，十年间大学生群体的性态度日渐开放，而性行为发生率却没有显著升高。潘绥铭等（2013）发现在控制了社会阶层等因素后，男性对性的观念态度与上年内发生多性伴侣的可能性之间呈显著相关关系。

3. 主体活动

研究发现观看色情品、抽烟、上网和喝酒等主体活动会促进多性伴侣行为的发生。Mohammad 等（2007）发现曾经饮过酒的青少年更可能有过多性伴侣。Duong 等（2008）发现，接触过色情材料的人群发生临时性行为的可能性是没有接触过色情材料的人的6.4倍，并且在临时性行为中不采取保护措施的可能性比后者高出5倍。黄盈盈和潘绥铭（2012）的研究发现，调查前一年内看过色情品、接受过异性按摩、独自外出过的女性发生多性伴侣行为的可能性更高。Mohammadi 等（2006）研究发现，曾经抽过烟的青少年发生婚前性行为的可能性是没有抽过烟的人的2.2倍，喝过酒的青少年发生婚前性行为的可能性是没有喝过酒的人的4.8倍。潘绥铭等（2013）发现，喝醉过酒的男性在过去一年里发生多性伴侣的可能性要增加3.6倍。

4. 社会因素

研究发现不同年龄、受教育程度和收入的男性发生各种性风险行为的可能性存在很大差异。年龄、受教育程度和收入等因素承载着社会对个体的影响，在某种程度上可以作为个体的社会因素看待，这些因素与多性伴侣行为、性交易行为和同性性行为有关。

1）年龄

人们常常把年轻与风险联系在一起，大量研究也证实了年轻人更愿意冒险和承担风险，在性领域中也是如此。例如，疾控中心2012年的报告显示，年轻人感染性病/艾滋病的比例在增加。一些研究评估了年龄与首次性行为和一生中性伴侣数量的关系，发现年龄和高风险性行为显著相关。例如，Catania 等（1992）研究发现，在一定的时期内，较年轻的成年人有过的性伴侣数量显著多于年龄高的成年人。Kelly 等（1995）发现年轻人更有可能发生风险性行为。许多研究也支持了年龄越小，其多性伴侣行为、性交易行为和无保护性行为的可能性越大（潘绥铭等，2004；Li 等，2007；Mohammad，2007）。然而，潘绥铭等（2013）却发现，在中国，男性在过去一年里有多性伴侣的可能性与年龄没有显著关系。

2）受教育程度和收入

教育和收入常常被视为最能代表个人的社会经济地位的两个指标，但对于受教育程度和收入与性风险行为之间的关系还存在分歧。潘绥铭等（2004）发现，在中国，收入高和文化程度高的人更有可能发生多性伴侣行为，收入高的男性更有可能进行非保护性性交易行为；高中文化水平的男人找过"小姐"的比例最高。而 Cohen（2009）认为，收入的增加能减少已婚人群的风险性行为，却能增加未婚人群的性风险行为。Jung（2009）认为受教育程度的提高能增加发生性风险行为的可能性。

3）婚姻

婚姻状态是影响个人性行为发生率的非常显著的因素。迈克尔等（1996）的调查表明，美国的在婚人群中，6% 的人有两个及以上性伴侣，在未婚未同居的人群中，该比例已经略超过三分之一。潘绥铭等（2013）发现，离婚或者同居或者再婚的男性发生多性伴侣行为的可能性远远高于未婚未同居的男性。

农村大龄未婚男性的性风险行为与普通人群可能存在共性，而其自身所具有的"大龄"和"被迫失婚"的特点，让他们无法获得婚姻内稳定而合法的性渠道，他们可能面临更高的性风险，其影响因素也可能更具有特殊性。基于上述分析，本研究归纳出如图 6-1 所示的农村大龄未婚男性风险性行为影响因素分析框架。该分析框架以性风险为研究对象，以 KAP 模型为理论分析基础，并纳入主体建构因素和社会因素的影响。

（三）变量测量

测量性风险时，通常通过综合几类主要的风险性行为构建综合指数（Li 等，2007）。

对多性伴侣的测量通常把性伴侣的数量作为标准，实际操作中有两种

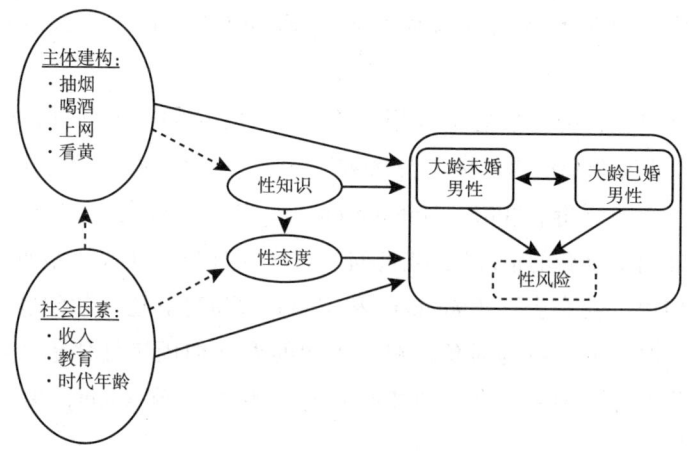

图 6-1　中国农村大龄未婚男性性风险影响因素分析框架

方式。一种是纵向考察性伴侣数量，根据考察时间长度的不同而略有不同。例如，潘绥铭（2002）指出，"在其一生中与一个以上的人发生过性行为的状况都可称之为多性伴侣行为"，在研究中采用"一生中（或到目前为止）所有的性伴侣数量"进行测量。也有的研究者将研究限定在某个时期内的性伴侣数量，如"前3个月内拥有一个以上的性伴侣"，或"前一个月内拥有一个以上的性伴侣"，或"过去一年里的性伴侣数量"，或"过去5年里的性伴侣数量"（蔺秀云等，2006；Li 等，2007）。另一种测量方式是横向考虑在拥有一个固定性伴侣的同时是否还与其他人发生过性关系，如果拥有固定性伴侣，而固定性伴侣之外还存在其他性伴侣，也被视作多个性伴侣行为（潘绥铭等，2004；方刚，2005）。在本书中，考虑到农村大龄未婚男性在性别失衡背景下，受到婚姻挤压，其性活动可能更具有临时性和偶然性的特点，并且他们平均一年的性次数非常少，只有一次，我们用"一生中多性伴侣行为"来测量农村大龄未婚男性的多性伴侣行为。

对性交易行为的测量，通常直接询问是否用钱或物交换过性或者直接询问是否与"小姐"发生过性行为或性关系（潘绥铭等，2004；蔺秀云等，2006）。

对同性性行为的测量一般都是直接询问被访者的性伴侣属于下列哪种：只有女性、只有男性、男性女性都有（Henry，2006）。需要指出是同性性行为和同性性行为倾向并不相同,前者是指行为,后者是指心理偏好。

对无保护性行为测量通常采用"在性行为过程中是否使用过安全套"以及(或)"安全套使用的频率与次数",或"最近三次性行为中安全套使用次数"(蔺秀云等,2006;Hutchinson 等,2007;Li 等,2007),或"最近一年内使用安全套的情况",或询问"首次性行为和(或)最近一次性行为中是否使用了安全套"(Meekers 和 Clein,2002)。还有的学者在研究无保护性行为时区分了行为对象,视与不同的人(如固定性伴侣、临时性伴侣、性工作者等)使用安全套的情况而定(Meekers 和 Clein,2002;Duong等,2008)。

二 变量设置

(一) 因变量

性风险。问卷中我们询问有过性经历的被调查者是否发生过下列几种性风险行为,包括多性伴侣行为、性交易行为(即为性付过钱或得到过钱的行为)、同性性行为、无保护性行为。性风险变量是这四类风险性行为的综合。

多性伴侣行为。在本研究中,通过询问"到现在为止,您一共有多少个性伴侣(哪怕只有一次也算,无论跟什么人都算,包括已经离婚、去世的人,也包括同性)",选项包括 0 个、1 个、2~3 个、4~5 个、6~7 个、8~9 个、10 个或 10 个以上。分析时,把回答 0 个和 1 个的样本赋值为 0;选择其他选项的赋值为 1,表示一生中发生过多性伴侣行为。

性交易行为。采用了一个是非题项,"请问您曾经是否因为与别人发生性行为而付过钱给对方,或得到过对方的钱"。回答"是"则赋值为 1,"否"赋值为 0。

同性性行为。通过询问"与您有过性关系的人的性别是下列哪种",选项是"只有男人,既有男人也有女人,只有女人"。由于回答得到的样本偏小,本研究只分析是否有过同性行为,而不再做进一步区分。分析时将该问题的选项赋值为 0 = 完全异性性行为,1 = 有过同性性行为。

知觉到性伴与他人发生过性行为。通过询问"您的性伙伴是否与他人发生过性行为",选项为"发生过、可能发生过、可能没有、没有、不知道"。分析时分别赋值 0 = 没有，1 = 发生过或不知道、不确定。

过去三个月里发生过无保护性行为。通过询问过去三个月里发生性行为时安全套使用情况，选项包括"每次都用、经常使用、有一半的次数用了、很少使用、从来没有用过"。分析时分别赋值 0 = 经常使用，1 = 从不或很少使用安全套。

在整个分析中，将以上五个问题合并成"性风险"综合指数，取值范围为 0~5，得分越高表明面临的性风险越高。

（二）自变量

自变量包括三类：KAP 中的变量（态度和知识）、主体建构变量（抽烟、喝酒、看黄和上网）和社会因素（收入、受教育程度和时代年龄）。

性态度。通过问是否赞同"人一生中可以和不同的人发生性关系"、"没有爱情也可以发生性关系"和"同性之间也可以发生性关系"。选项从 1"完全赞同"到 5"完全不赞同"。在分析性风险综合指数时，由于性态度 3 个题的 Alpha 值为 0.80，分析时将这 3 个题进行逆向处理后，合并成一个综合指标，得分越高表明对性的态度越是多元化。在分析多性伴侣行为时，性态度只采用多性伴侣态度一个题，赋值 0 = 完全不赞同或不赞同，1 = 说不清，2 = 赞同或完全赞同。

性知识。包括性病知识、艾滋病知识和安全套知识。

性病知识指标通过询问"您听说过性传播疾病（性病）吗"，如果回答"听说过"，则继续询问下面的问题："您是否同意性病病人比一般人更容易感染艾滋病这种说法""有人认为：在过性生活之前，只要仔细查看对方的生殖器的外表，就可以知道对方有没有性病。您觉得这样做，真的能够发现对方有性病吗"，以"0 = 未听说过，1 = 听说过但回答都不正确，2 = 听说过且回答一题以上正确，3 = 听说过且两题都回答正确"四个级别来测量。其取值范围为 0~3。

艾滋病知识指标通过询问"您听说过艾滋病吗"，如果回答"听说过"，则继续询问下面的问题："仅与一个并且没有感染 HIV 的性伙伴发生性行为，可以降低 HIV 传播危险吗""使用安全套可以降低 HIV 传播危险吗""一个看起来健康的人会携带 HIV 吗""蚊子叮咬会传播 HIV 吗""与 HIV 感染者共餐会感染 HIV 吗"，以 0 = 未听说过艾滋病，1 = 听说过艾滋病但回答均不正确,之后每回答正确一个问题加1分来测量。其取值范围为0~6。

安全套使用知识通过询问"您听说过安全套吗",如果回答"听说过",则继续询问下面的问题:"您认为下列五种使用安全套的方法正确吗""使用前吹气检查是否漏气""使用前捏紧前端气囊""安全套不能重复使用""快要射精时再带上""阴茎疲软后再取下",以0=未听说过安全套,1=听说过安全套但回答均不正确,之后每回答正确一个问题加1分来测量。其取值范围为0~6。

主体建构因素和社会因素的设置请参考第四章第一节。

三 分析策略

本章第二节主要分析农村大龄未婚男性的性风险的总体特征和影响因素。首先采用列联表法,通过与已婚男性对比,估计农村大龄未婚男性各类性风险行为发生率,对分类变量采用卡方检验,对定距变量采用t检验。然后采用一般线性回归分析方法,根据测量变量的特征,在全部样本基础上分别构建四个模型。模型1是以性风险为因变量,以KAP中的知识和态度为自变量,目的是验证KAP理论。模型2在模型1的基础上,加入婚姻变量,目的是查看性风险是否具有婚姻差异。模型3在模型2的基础上,加入个体相关行为,即抽烟、喝酒、上网和看黄,目的是验证个体相关行为对性风险的影响。模型4在模型3的基础上,加入社会因素,即年龄、教育和收入变量,目的是社会因素和其他三类因素对性风险的影响。最后,分别对农村大龄未婚男性和大龄已婚男性的性风险做Logistic回归分析,基于纳入模型中的变量数量和调查样本量的考虑,分析中采用逐步回归分析方法,以0.1为保留概率,最终得到两类人群性风险的主要影响因素。

本章第三节是在第二节的基础上,分别对农村大龄未婚男性各类风险性行为的总体特征和影响因素进行分析。这里主要分析五类风险性行为,包括一生中多性伴侣行为、性交易行为、同性性行为、首次无保护性行为和最近一次无保护性行为。首先,对这五类风险性行为进行婚姻差异的分析,在控制年龄、教育和收入之后,看各类风险性行为是否还存在婚姻差异。然后,分析农村大龄未婚男性的风险性行为中存在的公共安全特征,一方面分析不同的风险行为中农村大龄未婚男性是否会采取安全性措施,即是否会使用安全套;另一方面从性知识方面,考察他们是否具有更高的性知识,以回避性风险。最后,把知识、态度、相关行为和社会因素纳入模型,分析各类风险性行为的影响因素。

四 样本一般统计描述

表6-1给出了总样本中不同婚姻状态的农村大龄男性的描述性特征,可以发现半数以上农村男性都抽过烟、喝过酒、看过黄色录像,但绝大部分人(73%)没有上过网。在喝酒和看黄色录像上,有过此类行为的已婚男性比例显著高于未婚男性;在抽烟和上网行为上,未婚男性和已婚男性之间不存在显著差异。未婚男性的知识得分显著低于已婚男性。有五分之一(20%)的未婚男性从未听说过安全套,能正确回答全部5道安全套知识题的比例仅为3%;有11%的未婚男性从未听说过性病和艾滋病,能正确回答所有性病/艾滋病知识题的比例仅为2.5%(数据未在这里提供)。

表6-1 样本描述性结果

单位:百分比

	未婚 N=363	已婚 N=258	合计 N=621
曾经抽过烟			
没有	41.8	36.8	39.8
抽过	58.2	63.2	60.2
曾经喝过酒***			
没有	47.1	29.5	39.8
喝过	52.9	70.5	60.2
曾经看过黄色录像***			
没有	50.1	38.4	45.2
看过	49.9	61.6	54.8
曾经上过网			
没有	72.2	73.6	72.8
上过	27.8	26.4	27.2

续表

	未婚 N=363	已婚 N=258	合计 N=621
知识[a]			
性知识得分***	4.4(2.5)	5.9(2.0)	5.0(2.4)
安全套知识得分***	2.2(1.8)	3.5(1.4)	2.7(1.8)
性态度[a]			
多性伴侣态度	2.8(1.2)	2.7(1.2)	2.8(1.2)
性交易态度*	2.8(1.1)	2.5(1.2)	2.7(1.1)
同性态度*	2.5(1.2)	2.3(1.2)	2.5(1.2)
性观念综合指数	2.8(0.9)	2.6(0.9)	2.7(0.9)
安全套态度[a]			
愉悦型	3.0(0.6)	3.0(0.7)	3.0(0.6)
保护型***	3.7(0.9)	4.2(0.9)	3.9(0.9)
互动型	3.0(0.7)	2.9(0.8)	2.9(0.7)
自我感觉型*	3.1(0.6)	3.2(0.7)	3.1(0.7)

注：+ $p<0.1$；* $p<0.05$；** $p<0.01$；*** $p<0.001$。
a：该栏中数值为平均值，括号内的数值为标准差。

农村大龄男性对多性伴侣的态度不存在显著婚姻差异，普遍持不认同态度，持认同态度的人仅为23.7%；对性交易行为的态度存在显著婚姻差异，已婚男性更不赞同性交易行为，48%的人认为这会让自己觉得不道德，远高于未婚男性的38%；对同性行为普遍持不赞同态度，并且存在显著婚姻差异，未婚男性比已婚男性更赞同同性行为（分别为17.1%和15.1%）。总体而言，在性观念上，未婚男性比已婚男性更认同多元性观念。

第二节 性风险及其影响因素

一 大龄未婚男性的性风险现状

表6-2给出了不同婚姻状况和不同年龄段、有过性经历的农村大龄男性的各种风险性行为的情况。从中可以看出农村大龄未婚男性在总体上属于性匮乏，但有过性经历的人面临的性风险远高于已婚男性。

表 6-2 自报有过性行为的大龄男性的各种风险性行为

单位：百分比

	未婚			已婚		
	27~39岁	40岁及以上	合计	27~39岁	40岁及以上	合计
第一次性行为年龄小于22岁◇+	30.4	13.5	25.6*	28.7	5.4	16.9***
一生中有过两个及以上性伴侣+	36.5	13.2	28.2***	30.1	14.3	21.9**
性交易行为***	29.9	31.6	30.5	17.1	11.3	14.1
还有其他性伴侣**	46.2	29.0	37.8*	23.6	21.0	22.2
过去3个月无保护性行为*	81.5	79.0	80.1	73.6	65.0	69.0

注：+ $p<0.1$；* $p<0.05$；** $p<0.01$；*** $p<0.001$。
变量名后面的符号检验的是婚姻差异，总计栏的符号检验的是年龄差异。
◇：回答该问题的总样本为 348。

首先，在自报有过性经历的农村大龄男性中，有五分之一（20.0%）的人发生第一次性行为时的年龄低于国家男性法定结婚年龄。约四分之一（24.7%）的人一生中有两个及以上的性伴侣。超过五分之一（21.5%）的人报告曾经发生过性交易行为，未婚男性中发生这些行为的比例均显著高于已婚男性。同时，还有 83.6% 的未婚男性认为自己的性伴侣可能或肯定与其他人发生过性行为，是已婚男性的两倍多。

其次，农村大龄男性过去三个月内无保护性行为发生比例很高。在农村大龄未婚男性中，五分之四的人在过去三个月里发生性行为时没有使用安全套；农村已婚男性中该比例也达到了 69.0%。从首次性行为和最近一次性行为的安全套使用情况来看，农村大龄未婚男性在首次性行为中使用了安全套的比例不到 15.0%，尤其是报告第一个性伴侣不是自己女朋友（或未婚妻）的未婚男性中，安全套使用比例仅为 12.0%。最近一次性行为中使用了安全套的比例为 23.0%，但是报告最近一个性伴侣不是自己女朋友（或未婚妻）的未婚男性中，安全套使用比例仅为 25.0%。未婚男性中报告第一个性伴侣不是自己女朋友（未婚妻）的比例为 34.4%，其中 9.8% 的人回答是别人的妻子，5.5% 的人回答是寡妇或离异女性，8.5% 的人回答是"小姐"；报告最近一个性伴侣不是自己女朋友（未婚妻或妻子）的比例为 42.0%，其中 11.0% 的人回答是别人的妻子，5.5% 的人回答是寡妇或离异女性，9.8% 的人回答是"小姐"；报告有过同性性伴侣的比例高达 17.2%（数据未在此提供）。

此外，农村大龄未婚男性的风险性行为存在显著年龄差异。超过三分之二（67.5%）的低年龄组未婚男性发生过性行为，而有近一半的高年龄组未婚男性从未与他人发生过性关系；有30.4%低年龄组大龄未婚男性首次性行为年龄小于22岁，是高年龄组未婚男性的两倍多；有36.5%的低年龄组未婚男性有过两个及以上性伴侣，是高年龄组的两倍多。

由于中国正处在人口、社会的转型时期，人口、经济、社会、文化等各方面的变化都会引起人们生活态度和行为的巨大变化。在中国，发生第一次性行为的平均年龄相比而言仍属较晚，但对婚前性行为的双重标准（即要求女性守贞洁而对男性不加要求）普遍存在，在20多岁和30多岁的成年人中，性交易行为、多性伴侣行为和性病感染率较高已经是必须面对的现实（Parish等，2007）。婚龄人口中女性缺失和男性严重过剩以及中国频繁的人口流动加剧了这些观念和行为方式的变化。同样，由于受到婚龄人口中女性缺失的影响，农村大龄未婚男性的性也会受社会环境的影响。

从上面的分析可以发现，首先，农村大龄未婚男性面临着较高的性风险。这些大龄未婚男性虽然没有符合传统社会道德规范和法律允许的性满足渠道，但有相当一部分人通过各种非婚姻渠道发生过性行为，这包括多性伴侣行为、性交易行为以及同性行为。并且，与农村已婚男性相比，大龄未婚男性发生多性伴侣、性交易行为的比例显著高出许多，同时他们的安全套使用率非常低。

与国内其他研究比较，可以发现农村大龄未婚男性风险性行为的发生率高于全国平均水平，但低于城市未婚流动人口。在本研究中有过性经历的农村大龄未婚男性一生中多性伴侣的发生率高达23.1%，性交易行为的发生率高达31.4%，远远高于2000年基于全国的调查结果，然而低于某些城市未婚流动人口的研究结果（蔺秀云，2006；潘绥铭，2004；楼超华，2004；王瑞平，2008）。例如，在王瑞平等（2008）对中国深圳流动人口性行为的调查研究中，未婚男性流动人口中有过性经历的比例高达79.5%，多性伴侣的发生率高达57.8%。可能的解释是在农村，大龄未婚男性受到的社会约束和社会控制要远高于城市流动人口，使得他们对各种非婚性行为有所忌惮，或者即使发生了也不敢承认自己的非婚性行为。另外，周围女性很少也可能是原因之一。我们的调查显示，有27.2%的未婚男性认为周围女人太少是自己不能成婚的原因。中国巨大的人口流动背景下，大部分农村女性中学一毕业（有的甚至中学还没毕业）就外出到经济发展较好的东部或南方打工。大量流动到城市的农村年轻女性聚居在一起,也使到城市打工的农村未婚男性有更多的机会和条件接触到未婚女性。并且,城市的观念和行为更开放,更有繁荣的性产业,人们受到的社会制约更少,这都会促使各种非婚性行为的发生。

尽管有过性经历的农村大龄未婚男性存在很高的性风险,比如本书中超过20.0%的未婚男性报告与自己发生过性行为的既有性工作者也有非性工作者,37.8%的未婚男性认为自己的性伴侣除了自己之外还与其他人发生过性关系,但是,他们首次和最近一次性行为中安全套使用比例显著低于流动人口中安全套使用比例(谢立春,2005;郑真真和周云,2006)。这无形中就在高风险人群和普通人群中架起了一座桥梁,将高风险人群(如商业性伴侣)和普通人群(非商业性伴侣)连接在一起。这样,如果性病/艾滋病进入这个群体,就可能会很快传播开来。

二 农村大龄未婚男性性风险的影响因素分析

表6-3是农村大龄男性性风险的Logistic回归分析,总模型M1的回归分析显示,性观念是影响农村大龄男性性风险的显著因素,即农村大龄男性越认同多元化性观念其发生高风险性行为的可能性越大。而性知识的影响不显著。模型M2中,加入婚姻变量后,原来的影响关系不变,但婚姻对性风险有显著负影响,即农村大龄未婚男性发生高风险性行为的可能性比已婚男性大。模型M3中,加入个体相关行为后,原来的影响关系不变,但曾经看过黄色录像和曾经喝过酒的农村大龄未婚男性发生高风险性行为的可能性更大。在模型M4中,加入个体统计特征后,原来的影响关系不变,年龄、收入和教育对性风险的影响均不显著。

表6-3 大龄男性性风险的影响因素分析

变量名	M1 OR	M2 OR	M3 OR	M4 OR
性观念	0.325***	0.313***	0.288***	0.297***
性知识	-0.02	0.001	-0.076	-0.087
婚姻		-0.102*	-0.097*	-0.119*
抽烟			-0.010	-0.010
喝酒			0.0828+	0.089+

续表

变量名	M1 OR	M2 OR	M3 OR	M4 OR
上网			0.0582	0.042
看黄			0.1687***	0.160**
年龄				-0.018
教育				0.052
收入				0.018
_cons	0.158	0.274	0.142	0.165
R^2	0.106	0.117	0.154	0.157
调整后 R^2	0.102	0.110	0.138	0.135

注：+ $p<0.1$；* $p<0.05$；** $p<0.01$；*** $p<0.001$。

表6-4是农村大龄未婚男性的性风险影响因素的逐步回归分析结果。从表6-4可以发现，性观念、性知识、喝酒、上网和收入是影响农村大龄未婚男性性风险的主要因素，其中性观念的影响最显著。也就是说，多元性观念越强烈的人发生性风险的可能性越大；艾滋病知识得分越低，发生性风险的可能性越高；喝过酒的人发生性风险的可能性高于没喝过酒的；收入越高的人发生性风险的可能性也越高。

表6-4　农村大龄未婚男性性风险的影响因素分析

变量名	系数	标准化系数	显著性（P）
性观念	0.127	0.335	0.000
性知识	-0.080	-0.132	0.090
收入	0.420	0.178	0.025
喝酒	0.309	0.137	0.067
上网	-0.014	-0.136	0.095
_cons	0.679	—	0.154
调整后 R^2 = 0.161			

注：+ $p<0.1$；* $p<0.05$；** $p<0.01$；*** $p<0.001$。

表6-5是农村大龄已婚男性性风险的逐步回归分析结果，只有性观念和曾经看过黄色录像是影响农村大龄已婚男性性风险的显著因素。对农村大龄已婚男性来说，越认同多元化性观念的人发生性风险的可能性越大，曾经看过黄色录像的人比没有看过的人发生性风险的可能性大。

表 6-5　农村大龄已婚男性性风险的影响因素分析

变量名	系数	标准化系数	显著性(P)
性观念	0.107	0.289	0.000
看黄	0.409	0.199	0.001
_cons	-0.109	—	0.578
调整后 R^2 = 0.121			

注：+ p<0.1；* p<0.05；** p<0.01；*** p<0.001。

综上所述，我们可以发现，首先，无论是对农村大龄未婚男性而言，还是对农村大龄已婚男性而言，性观念都是性风险的最显著因素，能解释10%~15%的性风险的差异。也就是说，持有的性观念越多元化，农村大龄男性面临的性风险越高，这验证了人们常说的态度决定行为的观点。

第二，性风险的影响因素存在显著婚姻差异。农村大龄未婚男性中存在的性风险显著高于已婚男性，因此需要把这两类人群分开分析，分别讨论影响他们性风险的因素。对农村大龄已婚男性而言，除了性观念，只有曾经看过黄色录像这个因素对性风险存在显著影响。这说明，农村大龄已婚男性的性风险主要来自其自身建构的行为风险。对农村大龄未婚男性而言，除了性观念，收入的影响在5%水平下显著，性知识和上网喝酒的影响在10%的水平下显著。这说明，主体建构行为会影响农村大龄未婚男性的性风险，但他们更可能受到社会因素的影响，即收入越高越可能发生高风险性行为，从而使自己面临的风险越高。这也许是因为在中国农村，经济条件越来越成为婚姻的前提条件（Johnson，1993；刘燕舞，2011）。而这些大龄未婚男性虽然有较高收入，但是这些收入还没有高到能满足他们结婚的经济条件，却足以提供他们发生性行为的经济基础。另外，喝酒对农村大龄未婚男性的性风险也有显著影响。质性研究表明，农村大龄未婚男性的心理压力大，喝酒能在一定程度上释放或排解压力，但同时也能增加性风险发生概率。此外，上网对性风险存在负向影响，可能的解释是上网可以缓解部分压力，将多余的精力分散出去。

最后，对性风险的影响因素研究发现性知识对性风险没有显著影响，这支持了McGuire等（1992）的研究结果。可能的原因是知识和行为之间具有一定关系，但这种关系是性知识是性风险行为的必要条件而不是充分条件。但对农村大龄未婚男性而言，其性知识得分越高发生性风险行为的可能性越低。这说明当他们对知识掌握后，进行独立思考，会逐步形成自己的信念，从而支配自己的行动。

第三节 风险性行为及其影响因素

本节在第二节的基础上，进一步分析几类不同的风险性行为的影响因素。

一 婚姻的净影响

表6-6显示在控制年龄、受教育程度和收入因素后，婚姻对各类风险性行为的影响。从中可以看出控制年龄、教育和收入后，多性伴侣行为、性交易行为、同性行为和最近一次无保护性行为仍存在显著婚姻差异。也就是说，除了首次安全性行为不存在婚姻差异之外，农村大龄未婚男性发生多性伴侣行为、性交易行为和同性性行为的可能性显著高于已婚男性。与此同时，年龄、受教育程度和收入显著影响多性伴侣行为，受教育程度较高、收入较高和低年龄组的未婚男性更有可能发生多性伴侣行为。

表6-6 自报有过性行为的大龄男性的各种风险性行为

单位：百分比

	一生中多性伴侣	性交易行为	同性性行为	首次安全性行为	最近一次安全性行为
自变量					
婚姻（未婚/已婚）	0.56*	0.42***	0.48*	0.89	0.56*
控制变量					
年龄（<40/≥40）	0.52**	0.88	2.30*	0.63	0.45**
教育（<=6/>6）	2.08*	0.68	0.28***	0.91	1.63
收入（<1000/≥1000）	1.77*	0.94	0.82	2.36**	1.90*
伪 R^2	0.07	0.04	0.12	0.04	0.07
P值	<0.001	<0.001	<0.001	<0.01	<0.001

注：+ $p<0.1$；* $p<0.05$；** $p<0.01$；*** $p<0.001$。

对性交易行为而言，年龄、教育和收入均没有显著影响，婚姻只能解释性交易行为4%的差异，这说明性交易行为还受其他因素的影响。

对于同性性行为，年龄和教育也发生着显著影响，高年龄组的农村大龄男性发生同性性行为的可能性是低年龄组的 2.3 倍；初中及以上受教育程度的农村大龄男性发生同性性行为的可能性是小学及以下的 0.28 倍。并且，婚姻、年龄和教育能解释同性性行为 12% 的差异。

对安全套使用行为而言，收入较高的大龄男性更有可能在首次性行为和最近一次性行为中使用安全套，年龄较低组的大龄男性更有可能在最近一次性行为中使用安全套。

社会转型时期，中国人口、经济、社会、文化方面的变化引起人们生活态度和行为的巨大变化，在 20 多岁和 30 多岁的成年人中，性交易行为、多性伴侣行为和性传播疾病感染率较高已经是必须面对的现实（Parish 等，2007）。婚龄人口中女性缺失和男性严重过剩以及人口流动加剧了这些观念和行为方式的变化。婚姻对农村大龄未婚男性的性交易行为和同性性行为发生着显著影响，即这两类性风险行为在农村大龄未婚男性中的发生率显著高于已婚男性，可见，婚姻能降低农村大龄男性这两类性风险行为的发生率。这与人们的普遍认知一致，婚姻和家庭的和谐是社会稳定的基础。

二 有过风险性行为的农村大龄未婚男性的公共安全特征

表 6-7 给出有过各种风险性行为的农村大龄男性的安全性行为发生率。总体而言，发生过风险性行为的农村大龄男性安全套使用率非常低。从各类风险性行为来看，发生过多性伴侣行为的未婚男性在第一次和最近一次性行为中安全套使用比例显著低于已婚男性；但是，发生过性交易行为和同性性行为的人中，首次和最近一次性行为中安全套使用率没有显著婚姻差异。需要指出的是，由于调查总样本中同性性行为发生率非常低，有可能会影响数据分析结果。

表 6-7 农村大龄男性的各种风险性行为发生率

单位：百分比

	第一次性行为中使用了安全套的比例			最近一次性行为中使用了安全套的比例		
	未婚	已婚	Chi2	未婚	已婚	Chi2
发生过多性伴侣行为	12.5	25.0	3.01 +	17.9	38.3	6.10 *
发生过性交易行为	16.9	22.2	0.42	24.6	22.2	0.07
发生过同性性行为	15.6	28.6	1.27	15.6	14.3	0.02

注：+ $p<0.1$；* $p<0.05$；** $p<0.01$；*** $p<0.001$。

表6-8进一步给出发生各种风险性行为的农村大龄男性的性知识得分情况。从表中可以看出，发生过性交易行为的大龄已婚男性的艾滋病知识得分、性病知识得分和安全套使用知识得分均显著高于大龄未婚男性；发生过同性性行为的大龄已婚男性的艾滋病知识得分显著高于大龄未婚男性，但在性病知识得分和安全套使用知识得分上没有显著差异；发生过多性伴侣行为的大龄男性的各类性知识得分均不存在婚姻差异。

表6-8 性知识得分（平均值和标准差）

	未 婚	已 婚	t检验
艾滋病知识得分			
发生过多性伴侣行为	3.9(1.8)	4.1(1.3)	0.765[n.s.]
发生过性交易行为	3.2(2.0)	3.9(1.3)	2.078*
发生过同性性行为	2.3(1.8)	3.6(1.9)	2.470*
性病知识得分			
发生过多性伴侣行为	1.9(0.9)	2.1(0.7)	1.250[n.s.]
发生过性交易行为	1.2(1.0)	2.1(0.7)	4.666***
发生过同性性行为	1.4(1.0)	1.7(1.1)	1.176[n.s.]
安全套使用知识得分			
发生过多性伴侣行为	3.7(1.5)	3.6(1.2)	0.565[n.s.]
发生过性交易行为	2.8(1.7)	3.4(1.3)	2.080*
发生过同性性行为	2.2(1.7)	2.9(1.3)	1.508[n.s.]

注：$+p<0.1$；$*p<0.05$；$**p<0.01$；$***p<0.001$。

可见，农村大龄未婚男性的无保护性行为发生率非常高，四分之三以上的未婚男性在首次和最近一次性行为中没有采取安全保护措施，而农村未婚男性发生多性伴侣行为、性交易行为和同性性行为的比例显著高于已婚男性，并且有84%的未婚男性意识到他们的性伴侣还可能有其他性伴侣，但他们的安全意识和安全行为仍非常低，这使他们面临非常严峻的健康风险。进一步分析发现，发生过性交易行为的农村大龄未婚男性的艾滋病知识、性病知识和安全套使用知识掌握情况很差，显著低于已婚男性，表明他们识别风险和防范风险的能力较弱，这无形中增大了他们面临的风险。由于农村大龄未婚男性被迫失婚的特点，他们更容易发生性交易行为，而他们对性风险的识别和防范意识较弱，这意味着他们面临着很大的性风险。

三 农村大龄未婚男性风险性行为的影响因素分析

表 6-9 给出了农村大龄未婚男性风险性行为的 Logistic 回归分析结果。从模型 5 多性伴侣行为的 Logistic 回归结果可以看出，态度与多性伴侣行为显著正相关，越认同多性伴侣的人越有可能发生多性伴侣行为；抽烟、看黄和上网等个人生活特征显著影响着多性伴侣行为，收入也显著影响多性伴侣行为。

表 6-9 农村大龄未婚男性风险性行为的 Logistic 回归

	M5 OR	M6 OR	M7 OR	M8 OR	M9 OR
对多性伴侣行为的态度	1.83**	—	—	—	—
对商业性行为的态度	—	1.32	—	—	—
对同性性行为的态度	—	—	3.59***	—	—
对安全套的态度					
愉悦	—	—	—	0.97	0.72+
保护	—	—	—	0.87	1.19
互动	—	—	—	1.00	0.78
自我感觉	—	—	—	1.23	1.15
性知识	1.04	0.86*	0.90	1.31+	1.15
安全套使用知识	—	—	—	0.94	1.05
看黄	4.70***	1.87+	0.42	4.12*	2.99*
上网	1.98+	2.65*	0.67	0.75	0.97
抽烟	2.32*	1.16	0.90	0.89	1.98+
喝酒	0.94	2.10*	0.94	0.79	0.95
教育（小学及以下/初中及以上）	1.16	0.72	0.38+	0.51	0.96
收入（<1000/≥1000）	3.03**	1.09	0.95	3.2*	3.10*
年龄（<40/≥40）	0.73	0.91	1.71	0.46	0.39*
伪 R^2	0.28	0.08	0.29	0.16	0.23
p 值	<0.001	<0.001	<0.001	<0.001	<0.001

注：+ $p<0.1$；* $p<0.05$；** $p<0.01$；*** $p<0.001$。

模型 6 是性交易行为的 Logistic 回归结果，可以看出性病知识得分与性交易行为呈负相关；喝酒、看黄和上网与性交易行为显著正相关；而态度和年龄、受教育程度和收入等对大龄未婚男性的性交易行为没有显著影响。这些因素能解释性交易行为8%的变异。可见，态度不会显著影响农村大龄未婚男性的性交易行为，而主体建构因素发挥着重要的影响。

模型7是同性行为的Logistic回归结果，可以看出，对同性性行为的态度越积极发生同性行为的可能性越大，受教育程度在小学及以下水平的农村大龄未婚男性比初中及以上水平的人发生同性性行为的可能性更高。从显著水平来看，对同性性行为的态度是最显著的影响因素，并且态度和教育两个因素能解释同性性行为29%的变异。可见，对同性行为持什么样的态度就可能发生什么样的行为。

模型8是首次性行为中使用了安全套的Logistic回归分析。模型8显示，性知识、看黄和收入会显著影响首次性行为中使用安全套的行为。模型9是最近一次性行为中使用安全套的Logistic回归分析。从中可以看出，抽烟、看黄和收入与最近一次性行为中使用安全套行为显著正相关；而愉悦、态度和年龄与最近一次性行为中使用安全套行为显著负相关。从显著性来看，看黄和收入是影响首次性行为和最近一次性行为中是否使用安全套的最显著因素，即看过黄色录像的人使用安全套的可能性比没看过黄色录像的人高，收入高的人比收入低的人更有可能使用安全套。

从KAP模型影响因素上来看，性交易行为和同性性行为的影响机制完全不同。性知识影响性交易行为，性态度不影响性交易行为；而性知识和性态度对同性性行为的影响正好相反，性态度是显著影响因素而性知识不是。这表明，虽然性交易行为和同性性行为都是性风险行为，但性交易行为不容易受性态度的影响，同性性行为却受性态度的显著影响。这也许与社会对这两种行为的认识和接受程度有关。性产业自古就有，在众多朝代中属于被允许存在的行业。虽然曾一度在中国大陆上绝迹，但改革开放以后又死灰复燃，并且一直以一种非常暧昧的形式存在各地。因此，对性交易持什么态度对是否发生性交易行为没有显著影响。但是同性恋和同性性行为却属于比较特殊的，在现代"同志运动"的争取下，越来越多的"同志"出柜，争取"同志"权利，但似乎这一直属于少数人的事情，因此，对同性恋和同性性行为的态度更有可能对同性恋及同性行为产生重要影响。

性知识对多性伴侣行为、同性性行为和最近一次无保护性行为没有显著影响，但对性交易行为、首次无保护性行为有显著影响，而安全套使用知识对无保护性行为没有显著影响，但是收入显著影响安全套使用行为。可能的解释是目前中国农村大龄未婚男性被排除在计划生育/生殖健康和免费发放安全套的对象范围之外，他们对安全套的知识知之甚少。安全套需要自己购买，这对收入本来就很低的未婚男性来说就构成了额外开支，因而使得收入对无保护性行为具有显著作用。这告诉我们，如果只想凭借提高农村大龄未婚男性的性知识就改变他们的风险状况还需要进一步研究。

最后，从主体行为来看，看黄和性交易行为和安全套使用行为显著相关，可能的解释是农村大龄未婚男性没有正式的性知识获取渠道，也没有稳定的性渠道，黄色录像和网络上屡禁不止的色情相关物（比如黄色图片和电影等）既能满足他们对性知识的认识，也能部分缓解他们的性需求，同时也会让他们的性观念更开放，从而促使他们发生更多的性行为。

此外，收入与多性伴侣行为显著相关，这也许是因为在中国农村，经济条件越来越成为婚姻的前提条件。而这些大龄未婚男性虽然有相对较高的收入，但是这些收入还不足以让他们达到结婚的经济条件，只是具有了发生性行为的经济基础。收入对安全性行为有促进作用的可能原因是安全套不是免费品，需要额外支出，而安全套的市场价格对他们来说是一笔不小的开支。

第四节 小结

一 农村大龄未婚男性面临严峻的性风险

本章的分析发现中国农村大龄未婚男性总体上属于性匮乏，有过性经历的人面临着严峻的性风险。首先，他们的性渠道多样。这些大龄未婚男性虽然没有传统社会道德规范和法律允许的性满足渠道，但有相当一部分人通过各种非婚姻渠道有过性经历，这包括法定婚龄前的性行为、与其他婚姻内女性的性行为、与寡妇或离异女性的性行为、性交易行为以及同性性行为。其次，他们的性对象类型多样，包括自己的女朋友、性工作者、他人妻子、寡妇和离异女性以及男性等。再次，他们面临的风险大。和农村已婚男性相比，大龄未婚男性发生多性伴侣、性交易行为的比例显著高出许多，但是他们的安全套使用比例非常低。最后，性风险中存在年龄差异。在这里，性经历的累积效应完全没有发生作用，低年龄组中的大龄未婚男性发生过性交行为的比例、有过多性伴侣的比例、第一次性行为年龄低于22岁的比例都显著高于高年龄组的未婚男性。此外，有过性经历的农村大龄未婚男性安全套使用率非常低。比如本研究中，农村大龄未婚男性首次和最近一次性行为中安全套使用比例显著低于流动人口安全套使用比例，这无形中在高风险人群和普通人群中架起了一座桥梁，将高风险人群（如商业性伴侣）和普通人群（非商业性伴侣）联系在一起。这样，如果性病/艾滋病进入这个群体，就可能很快传播开来。

二 性态度是性风险的最显著影响因素

我们的研究发现，知识—态度—行为模型（KAP）中的性观念是影响农村大龄未婚男性性风险的最显著因素，持有的性观念越多元化，农村大龄未婚男性面临的性风险越高。但性知识的影响具有局限性，只影响农村大龄未婚男性，对农村大龄已婚男性没有显著影响。

三 农村大龄未婚男性和大龄已婚男性的性风险影响因素具有显著差异

看黄行为显著影响农村大龄已婚男性的性风险，但对农村大龄未婚男性没有显著影响，后者的性风险更多地受到收入的影响。也就是说，除了观念和态度之外，农村大龄已婚男性的性风险更是其主体建构的结果，而农村大龄未婚男性的性风险更多地受到社会因素的影响。

四 性风险的影响机制和风险性行为的影响机制存在显著差异

性风险是由不同的风险性行为综合形成的结果，但不同的风险性行为具有不同的影响因素。这表明，在针对总体的性风险开展干预和针对具体的风险行为开展干预时，应该采取不同的干预措施，才能起到真正的效果。

总之，本研究用数据说明了农村大龄未婚男性正面临着严峻的性风险，他们在高风险人群和普通人群中架起了一座桥梁，可能给HIV/STIs的传播和扩散带来便利。此外，随着步入婚龄期的男性越来越多，婚姻挤压更加严重，通过婚姻解决性需要的可能性更低，他们更有可能寻求非婚姻渠道的性方式；而性产业的屡禁不止也为性交易行为提供了条件；此外，人们对

"光棍"普遍有种同情心理，随着性观念日益开放，人们可能会接受"光棍"找"小姐"的现象，这为"光棍"进行性交易行为减少了社会道德规范的束缚，可能成为鼓励他们进行性交易行为的因素之一，而由于经济的窘迫和卫生保健知识的缺乏，他们往往没有能力判定和选择没有性病的性伴侣，也很少采取安全措施。以上种种可能均表明农村大龄未婚男性中潜在的性风险很大，需要引起足够重视，并采取应对措施，减少性风险。

第七章　农村大龄未婚男性的性安全

预防或减少性行为风险的关键是阻断体液交换，其中最有效的方法是正确和持续使用安全套。安全套是目前可获得的最有效的减少艾滋病病毒和其他性传播疾病感染传播的工具。世界卫生组织（WHO，2006）对安全性行为的解释是："安全性行为包括正确和持续使用男性和女性安全套，禁欲。"虽然禁欲是保证不发生性风险的有效方法，但性是人类最基本的需要之一，让所有人都不发生性行为是完全不可能的。此外，虽然女性安全套也是安全和有效的，但是由于成本高，还不能全面推广使用。因此，促进男性安全套（以下简称安全套）的使用成为各类行为干预项目的主要目标，同时安全套使用率也成为最常用和最可观测到的指标。安全套使用倾向是测量被调查者将来使用安全套的可能性，其发生率在一定程度上能预测行为主体未来的性风险情况。因此，本章从农村大龄未婚男性的安全套使用现状和安全套使用倾向两方面来研究农村大龄未婚男性的性安全。

第一节　研究设计

一　分析框架

具有理论基础的干预措施被证明是减少风险性行为、促进健康性行为的有效途径。Sheeran 等（1999）用元分析方法总结了安全套使用行为的重要影响因素，强调了基于理论进行干预的重要性。基于社会认知理论的健康行为促进被证实是传播性病/艾滋病等高危行为干预的最有效途径（Kim 等，1997；Fisher 和 Fisher，2000）。而社会认知理论中的计划行为理论由于其基础理论假设的一致性、良好的预测力和干预策略的敏感性等特点，在行为改变领域的应用非常广泛（Ajzen，1985；Armitage 和 Conner，2001；刘慧君和蔡艳芝，2008）。

计划行为理论（TPB）是由 Ajzen 等在合理行动理论基础上扩展而来（Ajzen 和 Madden，1986；Ajzen，1991；Sheeran 和 Taylor，1999；Armitage 和 Conner，2001）。该理论认为行为倾向是预测行为的最重要变量，行为倾向受到人们对行为的态度、感受到的主观规范和知觉行为控制的影响。在实际条件充分可控的情况下，行为倾向直接决定行为。Armitage 和 Conner（2001）的元分析表明，当人们打算执行某个可控行为时，行为倾向是最好的预测因素，从而支持了 TPB 在预测行为倾向和行为上的效力。当行为倾向和行为的测量在行为、目标、背景和时间框架上保持一致，并且时间间隔短到能保证行为倾向不会发生改变时，行为倾向被证明和行为显著相关。

（一）行为倾向

行为倾向是计划行为理论中的核心概念，是指个体是否打算采取某种行动，或为了完成某一行为，个体愿意去尝试的程度以及计划将为此付出多少努力。在实际条件充分可控的情况下，行为倾向直接决定行为。此外，由于实际行为受到诸多客观因素影响，在行为预测与解释领域的研究大多采用行为倾向来代替行为，这样可以去掉大多数客观因素的影响。Albarancin 等（2001）用元分析法分析了 96 项以计划行为理论和合理行动理论为基础的安全套使用行为的数据集后，发现安全套使用倾向和将来使用行为之间的相关为 0.45。这说明用安全套使用倾向预测安全套使用行为是可行的。在本研究中，行为倾向被定义为"如果自己能完全做主，将来使用安全套的可能性"。

（二）态度

TPB 模型认为态度是预测行为倾向的重要变量，众多检验和应用 TPB 模型的研究强烈支持了这一论点。Armitage 和 Conner（2001）对 185 篇应用 TPB 模型的文献进行元分析，发现态度能解释行为倾向 49% 的变异。Albarancin 等 (2001) 的结果表明态度是预测行为倾向的最好变量，Sheeran 和 Taylor (1999) 的元分析也显示积极的态度和安全套使用倾向高度相关 ($r = 0.45$)。但是，由于对安全套态度的概念的操作化存在差异，其实很难直接下个笼统的结论说安全套态度和安全套使用倾向之间存在某种本质的关系 (Norton 等，2005)。一些研究关注对安全套的普遍评价 (如"好"或"坏")，一些研究测量的却是安全套态度的某个特定方面 (如使用安全套会减少性愉悦，或性伴侣对安全套的反应，或知觉安全套在预防艾滋病和其他性传播疾病方面的效应等)，还有部分研究把对安全套不同方面的态度合并成一个综合指标进行研究。其实态度是一个矛盾结构，同时有认知成分和情感成分。如一个人可能认为安全套能有效预防艾滋病 (认知成分态度)，但是也可能认为安全套会减少性愉悦 (情感成分态度)。Albarracin 等 (2000) 区分了四种不同类型的安全套态度：保护型态度、愉悦型态度、互动型态度和自我感觉型态度，发现愉悦型态度与安全套使用倾向的关系最强。Norton 等 (2005) 分析了 57 篇以安全套和态度 (或信念) 为关键词的论文，发现相比认知态度，情感态度是更好地预测安全套使用的因素。

基于上述分析，本研究认为态度的矛盾结构是客观事实，在分析中应该尽可能将其区分清楚。因此，在本研究中，对安全套的态度被定义为四个方面：①保护态度：对安全套在预防性病/艾滋病和避孕等方面所持的肯定或否定态度；②愉悦态度：使用安全套可能产生的舒适、愉悦、亲密等感觉；③互动态度：预期性伴侣对使用安全套的消极或积极反应等；④自我感觉态度：使用安全套的结果能带来的积极情绪 (如不用担心怀孕或得病，自我感觉良好等)。

(三) 主观规范

主观规范是指个人感知到的社会压力，感知到重要他人对自己是否采取某种行为的信念。在 TPB 模型中，主观规范是感受到所有重要他人的压力的总和。一些研究者发现，在性行为中，实际上并非所有重要他人对个人的影响都一样。Kashima 等 (1993) 提出应该把性伴规范作为一个单独的影响因素来研究，因为性伴侣是性行为的直接参与者，性伴规范在解释行为倾向时的解释力更强。Swan (1999) 在检验权力对安全套使用的影响时，将性伴规范从主观规范中分离开，发现在不同权力模式下性伴规范和一般主观规范对安全套使用倾向的影响不同，高权力个体的性伴规范与安全套使用倾向没有显著关系，但低权力个体的性伴规范与安全套使用倾向高度显著相关。

在中国的文化背景下，性只能做不能说，不同的人在性行为中的作用显然应该不同。因此，本研究将主观规范区分为性伴规范和一般主观规范。性伴规范是指个人感觉到性伴侣对使用安全套的信念。一般主观规范是指个人感受到除性伴侣之外的其他重要他人对自己使用安全套的信念。

(四) 知觉行为控制

知觉行为控制是指个人在使用安全套时感受到的难易程度。个人认为自己执行该行为的能力越强，或拥有执行该行为所需的资源或机会越多时，他对执行该行为的控制感就越强（Ajzen 和 Madden，1986）。Armitage 和 Conner（2001）的元分析发现知觉行为控制和行为倾向之间的相关是 0.45，控制其他因素的影响后，知觉行为控制也能解释 13% 的变异。

(五) 过去行为经验

过去行为经验是认识和理解个人当前行为的基础和重要参考（Sutton，1994）。因此，作为行为倾向和行为的重要预测因素，"过去行为"这个概念得到了相当程度的重视和研究。一些研究表明，过去行为是预测将来行为的最好变量。Conner 和 Armitage（1998）发现过去行为平均能解释行为倾向 7.2% 的方差。在安全套使用方面，一些研究者认为过去使用安全套的经验是预测安全套使用行为的最显著变量。Albarancin 等（2001）的元分析发现过去行为经验与行为倾向之间的关系为 0.57。在本研究中，过去行为经验这一重要的心理变量将作为重要的扩展变量加入 TPB 中。

(六) 主体建构因素

抽烟、喝酒、看黄和上网等主体建构因素会影响各类风险性行为，同样也可能影响安全套使用倾向或安全套使用行为。第五章的研究结果显示，主体建构因素是影响各类风险性行为的最主要和最显著的因素，因此也将被纳入分析中。

(七) 个人人口统计特征

Sheeran 等（1999）的元分析发现，年龄和婚姻与安全套使用之间是负相关关系，即年轻的被访者比年长者更有可能使用安全套，未婚者比已婚者更倾向于使用安全套。在中国，收入高的男性更有可能进行非保护性性交易行为；高中文化水平的男人找过"小姐"的比例最高（潘绥铭等，2004）。因此，本章将重点研究年龄、教育和收入对农村大龄未婚男性安全套使用倾向的影响。

（八）性知识

性知识是众多行为干预项目中的主要测量指标和干预内容，第五章研究结果显示，性知识会影响部分风险性行为。因此，性知识也将纳入分析中。

最终的模型如图 7-1，首次和最后一次性行为中使用安全套的经历、知识、个体的主体建构因素、社会因素等可能影响大龄未婚男性性行为的因素将作为扩展变量加入 TPB 模型中。

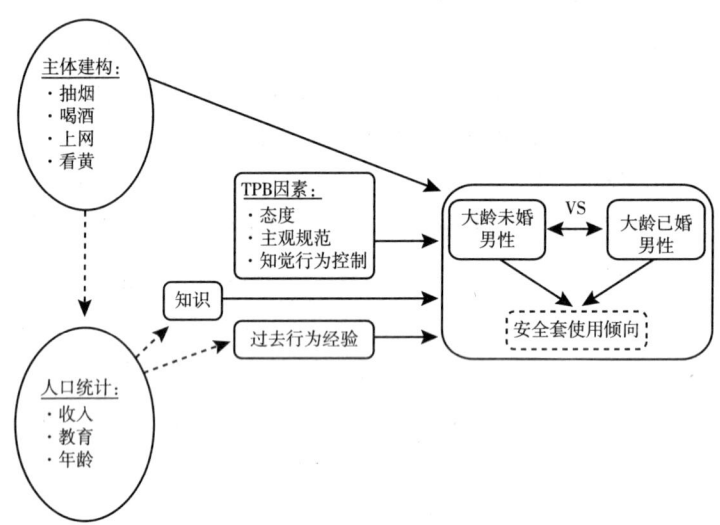

图 7-1 中国农村大龄男性安全套使用倾向影响因素分析框架

需要说明的是，本章之所以没有采用 TPB 全模型来预测实际行为，是因为 TPB 模型中的行为指的是将来的行为，在实际测量中通常采用两阶段法。第一阶段调查了解当时的行为倾向及各个影响因素的实际情况。第二阶段通常是在第一阶段调查完成一个月（或更长一段时间）之后再调查这段时间内实际行为的发生情况。这样才能用第一阶段的行为倾向真正预测第二阶段的行为。然而，本书使用的是一个时点的横截面数据，没有跟踪了解被调查者后期的行为发生情况。因此，本章只采用 TPB 模型分析预测安全套使用倾向，并不预测未来的实际行为。众多研究成果也表明，行为倾向在一定程度上能预测未来的实际行为。

二 变量设置

安全套使用行为。在问卷中我们对所有的被调查者询问了 3 个问题："第一次性行为中是否使用安全套""最近一次性行为中是否使用安全套"和"过去三个月里和刚认识的人过性生活时使用安全套的频率"，这三个题的选项都是"是的，使用了"和"没有使用"。同时，对农村大龄未婚男性，我们增加了两个问题："过去三个月里，与女朋友（或对象）过性生活时使用安全套的频率"和"过去三个月里与女朋友之外的熟人过性生活时，使用安全套的频率"。询问频率时，选项包括 1＝每次都使用，2＝经常使用，3＝有一半的次数使用了，4＝很少使用，5＝从来没有用过，6＝不适用。

安全套使用倾向。问卷中通过两个题测量安全套使用倾向，一个是"将来如果要和女朋友（或妻子）过性生活您会使用安全套吗"，另一个是"将来如果要和刚认识的人（如网友、"小姐"等）过性生活您会使用安全套吗"。每个问题有 5 个选项，从 1＝一定不会，2＝可能不会，3＝不确定，4＝可能会，到 5＝一定会。在本章中将这两道题合并成一个新指标，然后取均值。考虑到样本小和为了简化分析，分析时该指标在均值处分成二分变量，得分等于或低于均值则赋值为 0，得分高于均值赋值为 1，1 表示将来更有可能使用安全套。

对安全套的态度。安全套态度量表有 16 道题（各题的均值和标准差请参见表 7-1），改编自 DeHart 和 Birkimer（1997）和 Xiao（2007）。每道题分别询问被调查者对该题的赞同程度，选项采用五级，从非常不赞同（赋值为 1），到非常赞同（赋值为 5）。分析时进行了正负向处理，得分越高表示对安全套的态度越积极。因子分析显示有一道题的因子负载小于 0.4，删掉后再进行主成分因子分析后得到四个因子，分别为①愉悦（如使用安全套会减少心理的舒服和满足）、②保护（如使用安全套可以降低感染性病和艾滋病病毒的风险）、③互动（如使用安全套会让性伴侣觉得我不信任她）、④自我感觉（如正确使用安全套能增加性快感），alpha 值分别为 0.79、0.81、0.60 和 0.65。

表7-1 不同婚姻的大龄男性的态度量表各题项的均值和标准差

态度量表题项	未婚男性	已婚男性
愉悦态度	2.95(0.72)	3.02(0.68)
安全套没有吸引力	3.03(1.03)	3.02(1.02)
安全套的价格太贵	3.38(1.10)	3.46(1.13)
安全套的气味、质地等让人觉得不舒服	2.79(1.03)	2.96(1.01)
买安全套(或问别人要安全套)会让人很难为情	3.00(1.18)	3.17(1.17)
使用安全套会打断做爱的过程	3.10(1.12)	3.15(1.05)
使用安全套会减少心理(精神上)的舒服和满足	2.42(1.01)	2.34(1.02)
保护态度	3.97(0.89)	4.29(0.82)
使用安全套可以降低感染性传播疾病和HIV(艾滋病病毒)的风险	4.01(1.08)	4.26(0.96)
使用安全套能避孕	3.94(1.01)	4.31(0.87)
互动态度	2.92(0.78)	2.90(0.81)
使用安全套会让性伴侣觉得我不信任她	2.99(1.02)	3.03(1.09)
如果您很了解您的性伴侣,就不需要使用安全套	2.91(1.14)	2.92(1.24)
使用安全套很麻烦	3.02(1.17)	3.07(1.18)
不戴安全套时,自己与性伴侣的接触更"亲近"	2.77(1.02)	2.57(1.06)
自我感觉态度	3.14(0.79)	3.26(0.70)
使用安全套能获得和不使用安全套时一样的舒服和满足	2.96(1.14)	2.91(1.04)
正确使用安全套能增加性快感	2.82(0.95)	2.91(0.99)
使用安全套是对性伴侣负责任的行为	3.63(1.13)	3.97(0.94)
未纳入分析的题项		
如果能确信自己的性伴侣没有性病,就没必要使用安全套	3.15(1.30)	3.07(1.19)

一般主观规范。对一般主观规范的测量是通过询问被调查者个人感知到男性好朋友、女性好朋友、父母和普通熟人对自己使用安全套的支持程度（规范信念），选项从1＝根本不支持，到5＝非常支持；以及询问被试者认为这些人对自己是否使用安全套的影响程度（影响率），选项从1＝没有影响，到5＝影响非常大。每类人群规范信念和影响率的乘积结果就是被试者感知到该人群的主观规范的得分，得分越高则表明感知到的主观规范越强。

性伴规范。性伴规范的测量是通过询问被调查者认为自己的性伴侣对使用安全套的态度，以及自己遵从性伴侣的可能性。方法和程序和一般主观规范一样。

知觉行为控制。知觉行为控制量表共有8道题，选编自CUSES-R量表

(Swan, 1999)，每个题选项为五级，从完全不同意（赋值1分）到完全同意（赋值5分），得分越高表示个体感知到的自我效能越强。该量表的alpha值为0.8048。

过去行为经验。本调查采用两道题测量过去行为经验："您第一次发生性关系时，采取了哪种措施"和"您最近一次发生性关系时采取了哪种措施"，选项包括体外射精、安全套、口服避孕药、安全期、其他措施和没有采取措施。如果被调查者在任何一道题或两道题中选择了安全套，则赋值为1，选其他任何选项都赋值为0。

安全套使用知识。参见第六章。

三 分析策略

在分析安全套使用行为时，只采用了简单的列联表分析法，通过与同年龄段的已婚男性对比了解农村大龄未婚男性安全套使用情况。需要注意的是，在中国农村，由于计划生育政策贯彻落实比较彻底，农村已婚夫妇生育一个男孩或生育两个孩子之后，通常都采用了长效避孕措施。而农村一般情况是在结婚一两年内就会生育孩子，因此在30岁之后绝大部分人都落实了长效避孕措施，安全套等短效避孕措施采用率非常低。鉴于这个原因，我们不对比农村大龄未婚男性和农村大龄已婚男性在长期性伴侣上是否使用安全套，只对比第一次、最近一次和与刚认识的人发生性行为时是否使用安全套。

在分析安全套使用倾向时，根据本研究的需要，我们分析时对调查样本做了一些处理。其中，样本中从未听说过安全套（占总样本的13.5%）、从未有过性行为（占总样本的24.5%，其中占未婚者的59.6%）的，在分析时被删除；另外由于个别样本存在缺失值问题，分析时也删除了这些样本，最终在分析预测安全套使用倾向时，本研究实际使用样本为未婚96个、已婚169个。总体分析思路是通过与同年龄段的已婚男性对比，以期待发现大龄未婚男性安全套使用倾向影响因素的特点。具体策略是首先检验婚姻和TPB扩展模型中的变量在安全套使用倾向中的作用，以了解总样本中安全套使用倾向的影响因素；然后分别对未婚样本和已婚样本进行统计分析，期待通过与已婚男性的对比，发现TPB模型中的变量、扩展变量，以及主体建构因素、社会经济地位变量（教育和收入）和年龄分别对农村大龄未婚男性安全套使用倾向的影响和作用。

实际执行方法如下：首先对所有变量进行统计描述（计算其频数或均值），并用似然比卡方检验或 t 检验检测了这些变量在未婚男性和已婚男性之间的关系。然后在总样本中采用 Logistic 回归检验婚姻和 TPB 扩展模型的变量分别对安全套使用倾向的影响：①婚姻对安全套使用倾向的影响；②婚姻和 TPB 模型中的变量对安全套使用倾向的影响；③婚姻和 TPB 扩展模型中的变量对安全套使用倾向的影响；④在③的基础上加入主体建构因素；⑤加入社会经济地位和年龄变量后，再看婚姻、TPB 扩展模型中的变量和主体建构因素对安全套使用倾向的影响。最后，分别对未婚男性和已婚男性的安全套使用倾向进行 Logistic 回归，对比得到农村大龄未婚男性安全套使用倾向的影响因素。

根据上述研究策略，本研究建立了 13 个模型。其中，模型 1 至模型 5 用于检验婚姻、TPB 模型中的变量、扩展变量、主体建构变量等在安全套使用倾向中的作用；模型 6 至模型 9 用于分析农村大龄未婚男性安全套使用倾向的影响因素；模型 10 至模型 13 用于分析农村大龄已婚男性安全套使用倾向的影响因素。模型 6 和模型 10 是 TPB 模型的粗效应，模型 7 和模型 11 是 TPB 扩展模型（在原 TPB 模型基础上增加了安全套使用经历和知识）的粗效应，模型 8 和模型 12 是加入个人生活特征后的粗效应，模型 9 和模型 13 是加入人口统计特征后，TPB 扩展模型的净效应。

第二节 过去的性安全

在性行为中，过去的性安全指的是在过去的性行为中是否持续和正确使用了安全套。在研究中，我们从三个方面进行分析。首先是了解被调查者第一次性行为和最近一次性行为中是否使用了安全套，然后从最近三个月的使用情况来了解被调查者是否持续使用安全套，最后从安全套使用情况来分析被调查者能否正确掌握安全套使用知识。

一 第一次和最近一次安全套使用现状

表 7-2 给出了不同年龄段农村大龄未婚男性和已婚男性第一次和最近一次性行为中安全套使用情况。从中可以看出，无论是已婚男性还是未婚男性，第一次性行为中安全套使用率非常低，分别为 19.8% 和 13.5%。在 0.1 的显著水平下，未婚男性的安全套使用率要高于已婚男性；而在已婚男性

中，低年龄组的男性第一次性行为中使用安全套的比例为18.6%，显著高于高年龄组的男性的8.7%。

表7-2 第一次性行为和最近一次性行为中安全套使用情况和性对象类型

单位：百分比

问题及分类	未婚 27~39岁	未婚 40岁及以上	未婚 总计	已婚 27~39岁	已婚 40岁及以上	已婚 总计
第一次性行为中使用了安全套	22.9	13.5	19.8	18.6	8.7	13.5
χ^2	2.040 n.s.①			5.189 *②		
χ^2	2.709 +③					
最近一次性行为中使用了安全套	40.0	15.4	31.8	22.9	9.5	16.0
χ^2	10.492 ***①			8.244 **②		
χ^2	13.646 ***③					
第一次发生性关系的对象						
妻子/女朋友	72.38	51.92	65.61	94.1	98.4	96.3
性工作者("小姐")	11.43	3.85	8.92	2.54	0.00	1.23
其他	16.19	44.23	25.48	3.39	1.59	2.46
χ^2	14.861 ***①			5.296 +②		
χ^2	69.791 ***③					
最近一次性关系对象						
妻子/女朋友	62.86	48.08	57.96	94.9	92.1	93.4
性工作者("小姐")	10.48	9.62	10.19	2.54	0.79	1.6
其他	26.67	42.31	31.85	2.54	7.14	4.9
χ^2	3.934 n.s.①			3.994 n.s.②		
χ^2	74.503 ***③					

注：*** $p \leq 0.001$；** $p \leq 0.01$；* $p \leq 0.05$；+ $p \leq 0.1$；n.s. $p > 0.1$。
①是指未婚内部年龄之间的差异检验；②是指已婚内部年龄之间的差异检验；③是指已婚和未婚之间的差异检验。

在最近一次性行为中，农村大龄未婚男性的安全套使用比例远远高于第一次性行为中安全套使用率，增加了12个百分点，上升到31.8%，并且远远高于农村已婚男性的使用比例16.0%；而已婚男性安全套使用率几乎没有什么变化。农村大龄未婚男性安全套使用比例显著增加的一个重要原因是低年龄组的未婚男性安全套使用比例显著升高了，从第一次的22.9%上升到40.0%，增加了1.6倍；而高年龄组的大龄未婚男性安全套使用比例并没有发生实质性的变化。同样的情况也表现在农村已婚男性中，低年龄组的已婚男性在最近一次性行为中使用安全套的比例是高年龄组的2.4倍。其中可能的原因是，绝大部分已婚男性第一次性行为和最近一次性行为都是与自己的配偶或女朋友发生的（在我们的调查中，超过90%的已婚男性第一次和最近一次是与妻子或女朋友发生性关系的）。在中国，安全套的主流称呼是避孕套，很多人都把它和避孕联系在一起。由于我国的计划生育国策贯彻执行得比较彻底，大部分已经生育过的农村家庭都采取了长效避孕措施，很少有人再长期使用安全套来避孕，因而在已婚家庭中安全套使用率相对较低。而对于农村大龄未婚男性而言，尤其是那些高年龄的未婚男性，性更多表现为一种需要，对于经济状况本来就不太好的他们来说，如果还要使用安全套，那会增加更多支出。这在安全套的态度题中也有所体现，除了安全套的保护作用之外，安全套的价格太贵是所有题项中最得到被访者认可的。

从第一次和最近一次性行为对象来看，绝大多数已婚男性是自己的妻子或女朋友；大部分未婚男性回答其首次和最近一次的性对象也是女朋友，或至少是他认为可以算作女朋友的人。但是需要注意的是，在高年龄组的农村大龄未婚男性中，半数左右第一次和最近一次性行为是与临时性伴侣发生性关系，且安全套使用率不到16.0%。由于他们的性行为具有临时性和偶然性，他们的性伴侣不是长期固定的，很有可能引起性传播疾病的扩散，增加其性风险。

二 近三个月安全套使用情况

为了了解农村大龄未婚男性在与什么人发生性行为时更可能使用安全套，本书把性伴侣的类型分成：女朋友等固定性伴侣、熟人等临时性伴侣、陌生人如"小姐"等临时性伴侣，然后询问被调查者与这些不同的性伴侣发生性行为时的安全套使用频率，选项包括6个，分别是：1 = 每次都使用，2 = 经常使用，3 = 有一半的次数使用了，4 = 很少使用，5 = 从来没有用过，6 = 不使用或过去三个月里我没有过性生活。然而由于回答近三个月有过性行为的未婚男性人数较少，分析时，我们删除选6的样本后，把选项 1 ~ 3 合并为"经常使用"，把 4 ~ 5 合并为"很少使用或不用"。

表 7 - 3 给出了农村大龄未婚男性近三个月安全套使用情况。从中可以看出，在接受调查的前三个月中，无论与谁发生性关系，农村大龄未婚男性的安全套使用率没有显著的年龄差异。回答与女朋友或刚认识的人发生性行为

时，略超过半数的人经常使用安全套；但与女朋友之外的熟人过性生活时，经常使用安全套的人低于半数。由于最初的研究设计中并没有关于安全套使用原因的题项，因此我们无法得知农村大龄未婚男性使用安全套是为了避孕还是为了安全。然而，一个重要的事实是农村大龄未婚男性的性伴侣类型比较多样，如果不能保证安全套的长期持续使用，显然是无法防范性行为中的风险的。

表 7-3 农村大龄未婚男性近三个月安全套使用情况

单位：百分比

题项	27~39 岁	40 岁及以上	卡方值
与女朋友过性生活时使用安全套吗？			
经常使用	51.8	38.2	1.795 n.s.
很少使用或不用	48.2	61.8	
与女朋友之外的熟人过性生活时使用安全套吗？			
经常使用	42.7	33.3	0.949 n.s.
很少使用或不用	57.3	66.7	
与刚认识的人（如"小姐"）过性生活时使用安全套吗？			
经常使用	54.3	43.2	1.249 n.s.
很少使用或不用	45.7	57.8	

注：*** $p \leq 0.001$；** $p \leq 0.01$；* $p \leq 0.05$；+ $p \leq 0.1$；n.s. $p > 0.1$。

三 安全套正确使用知识情况

研究表明，只有持续正确使用安全套才能真正减少性行为中的性风险。因此，我们又测量了农村大龄男性安全套正确使用知识的知晓率。测量安全套正确使用的题项来自"艾滋病预防"项目，一共包括 5 道题。首先，我们会询问被访者是否听说过安全套，对于回答"听说过"的人，我们才会继续询问 5 道与安全套使用有关的题，每道题都有三个选项"正确""不正确"和"不知道"。对于每道题，回答正确赋值 1 分，回答错误或不知道，均赋值为 0，最后把所有 5 道题的分值加总起来就是安全套知识最后得分。

调查显示，在所有接受调查的农村大龄男性中，有 86.5% 的人报告听说过安全套，其中，95% 的农村已婚男性听说过安全套，但只有 78.8% 的农村大龄未婚男性听说过安全套。表 7-4 给出了每道题的回答情况，从中可以发现，总体而言，农村大龄男性对安全套正确使用知识掌握程度不高。对于这 5 道题，有相当一部分大龄农村男性直接选择"不知道";尤其是"使用前捏紧前端气囊"这道题,二分之一(53%)的大龄未婚男性和三分之一(33.9%)的大龄已婚男性选择"不知道"。对于"阴茎疲软后再取下"这道题,也有近二分之一(46.6%)的大龄未婚男性和四分之一(25.7%)的已婚男性回答"不知道"。只有"安全套不能重复使用"这道题的回答情况最好,但也只有刚刚超过一半(52.7%)的未婚男性和四分之三(74.3%)的已婚男性回答正确;其次是"快要射精时再戴上",45.6%的未婚男性和76.3%的已婚男性回答正确。

其次,农村大龄未婚男性安全套正确使用的知识知晓率远远低于已婚男性。一方面,农村大龄未婚男性选择"不知道"的比例远高出已婚男性;另一方面,农村大龄未婚男性每道题的正确回答率远低于已婚男性,即使是未婚男性中知晓情况最好的题(题3),其正确回答率也比已婚男性的低20多个百分点。如果把正确回答一道题赋值为1,回答错误或不知道赋值为0,我们可以得到安全套使用知识的综合得分。农村大龄未婚男性的综合得分为1.95分,显著低于已婚男性的3.02分。也就是说,对所有听说过安全套的农村大龄未婚男性而言,平均每个人能正确回答两道题,平均每个农村大龄已婚男性能正确回答3道题。综合这5道题的回答情况,能全部正确回答5道题的比例仅为10.2%(n=55),其中,仅有7.2%(n=21)的大龄未婚男性和13.9%(n=34)的大龄已婚男性能正确回答全部5道题。但是,5道题全部回答错误的比例更高,为19.0%,其中在大龄未婚男性中的比例为30.1%(n=88),在已婚男性中的比例为5.7%(n=14)。也就是说,仅三分之一的农村大龄未婚男性完全不懂安全套该如何正确使用。

表7-4 安全套使用知识

单位:百分比

题项	未婚(n=292) 正确	未婚(n=292) 不正确	未婚(n=292) 不知道	已婚(n=245) 正确	已婚(n=245) 不正确	已婚(n=245) 不知道	卡方值/t值
1. 使用前吹气检查是否漏气	37.0	16.4	46.6	60.0	19.2	20.8	40.81***
2. 使用前捏紧前端气囊	30.8	16.1	53.1	44.9	21.2	33.9	20.07***
3. 避孕套不能重复使用	52.7	11.6	35.6	74.3	15.1	10.6	45.50***
4. 快要射精的时候再戴上	11.0	45.6	43.5	9.4	76.3	14.3	59.17***
5. 阴茎疲软后再取下	24.3	29.1	46.6	27.4	46.9	25.7	27.49***
综合得分	1.95(1.64)			3.02(1.35)			8.16***

注:***p≤0.001;**p≤0.01;*p≤0.05;+p≤0.1;n.s. p>0.1。

综上所述，农村大龄男性安全套正确使用知识知晓率不高，尤其是农村大龄未婚男性，大部分人都不会正确使用安全套。这也告诉我们，即使他们能获得安全套，并且在性行为中坚持使用安全套，但仍难以实现世界卫生组织提出的"正确"使用安全套。这也从另一个侧面反映出农村大龄未婚男性中潜藏着巨大的性风险。

第三节 安全性行为倾向

安全性行为倾向描述的是被调查者未来进行安全性行为的可能性，在这里，我们用安全套使用倾向表示。

一 一般统计描述

从表7-5可以看出，大部分（60.4%）的未婚男性认为自己将来一定会使用安全套，显著高于已婚男性的比例（46.2%）。在安全套的四种态度上，未婚男性和已婚男性均是保护型态度得分最高，互动型态度得分最低。而且未婚男性和已婚男性的保护型态度得分均值都超过3分，表明未婚男性和已婚男性普遍赞同安全套的保护作用，同时，数据还表明已婚男性比未婚男性更赞同安全套的保护作用；其他三种态度得分均值低于3分，表明他们普遍不太赞同使用安全套会带来心理或生理上的满足感，在使用安全套时不太在意性伴侣的感受，较少能从安全套的使用中获得性快感。

表7-5 未婚男性和已婚男性的安全套态度、主观规范、
知觉行为控制和过去行为经验

特征	未 婚	已 婚	总体
安全套态度的均值(方差)			
愉悦	1.8(0.7)	1.8(0.7)	1.8(0.7)
保护**	3.2(1.1)	3.6(1.0)	3.4(1.0)
互动	1.5(0.6)	1.5(0.6)	1.5(0.6)
自我感觉	2.1(0.9)	2.2(0.9)	2.2(0.9)
主观规范的均值(方差)			
性伴规范	2.3(1.4)	2.3(1.4)	2.3(1.4)
一般主观规范	1.5(1.1)	1.4(1.0)	1.5(1.0)

续表

特征	未婚	已婚	总体
知觉行为控制的均值（方差）***	3.4(0.7)	3.7(0.6)	3.6(07)
过去行为经验(%)	40.6	26.0	31.3
主体建构因素(%)			
抽烟	65.6	61.5	63.0
喝酒+	60.4	71.0	67.2
看黄	75.0	68.6	70.9
上网*	45.8	30.8	36.2
将来一定会使用安全套(%)*	60.4	46.2	51.3

注：*** $p \leq 0.001$；** $p \leq 0.01$；* $p \leq 0.05$；+ $p \leq 0.1$。

未婚男性和已婚男性在主观规范上没有显著差异，性伴规范和一般主观规范的得分都在3分以下，表明他们认为性伴侣和周围其他人对他们是否使用安全套的影响不大，但相对而言，性伴侣的影响要稍大些。已婚男性知觉行为控制得分显著高于未婚男性，意味着已婚男性控制使用安全套的能力或资源要显著高于未婚男性。过去行为经验得分表明约五分之二（40.6%）的大龄未婚男性在首次或最近一次性行为中使用了安全套，只有四分之一（26.0%）的大龄已婚男性在首次或最近一次性行为中使用了安全套。

二 安全套使用倾向影响因素

（一）婚姻在安全套使用倾向中的作用

表7-6展示了总样本中婚姻在安全套使用倾向中的作用。从模型M1至模型M5中可以看出，婚姻与安全套使用倾向显著相关，这说明未婚男性比已婚男性更有可能使用安全套。模型M2说明TPB模型中的变量态度、主观规范和知觉行为控制在不同程度上与安全套使用倾向显著相关。模型M3告诉我们加入扩展变量后，过去安全套使用经历与使用倾向显著相关，但知觉行为控制和安全套使用倾向不再显著。模型M4告诉我们，加入了主体建构因素后，模型M3中的影响关系不变，但喝酒和上网与安全套使用倾向显著相关，并且Pseudo R^2 从0.17增加到0.20。模型M5加入社会经济地位和年龄后，模型M4中的影响关系不变，但是上网与使用倾向的显著性增强，并且教育和年龄与使用倾向显著负相关。

表7-6 总样本中安全套使用倾向的 Logistic 回归

	M1 OR	M2 OR	M3 OR	M4 OR	M5 OR
婚姻（已婚是参照组）	1.78*	2.48**	2.27**	2.61**	2.33*
TPB 主变量					
态度					
愉悦		0.97	0.99	1.02	1.05
保护		1.35*	1.39*	1.59**	1.63**
互动		1.48**	1.40*	1.58**	1.63**
自我感觉		1.13	1.14	1.20	1.24
主观规范					
性伴规范		1.08**	1.07*	1.07*	1.10**
一般主观规范		1.00	1.01	1.03	1.02
知觉行为控制		1.33+	1.24	1.22	1.19
TPB 扩展变量					
过去安全套使用经历			3.22***	3.73***	3.03**
安全套使用知识			1.11	1.13	1.16
过去安全套使用经历			3.22***	3.73***	3.03**
安全套使用知识			1.11	1.13	1.16
主体建构因素					
抽烟				0.78	0.74
喝酒				0.39**	0.45*
看黄				0.77	0.63
上网				0.54+	0.37*
社会经济地位					
教育					0.49+
月收入					1.33
年龄					0.33***
Pseudo R^2	0.01	0.13	0.17	0.20	0.25
P 值	<0.05	<0.001	<0.001	<0.001	<0.001

注：*** $p \leq 0.001$；** $p \leq 0.01$；* $p \leq 0.05$；+ $p \leq 0.1$。

（二）影响农村大龄未婚男性安全套使用倾向的因素

表7-7展示了农村大龄未婚男性和已婚男性安全套使用倾向的 Logistic 回归结果。模型 M6 显示具有积极的互动态度、较高的性伴规范和知觉行为控制感强的未婚男性将来更有可能使用安全套。模型 M7 在模型 M6 的基础

上增加了过去行为经验和知识，结果表明过去行为经验显著影响安全套使用倾向，但是知识没有影响。模型 M8 在模型 M7 的基础上增加主体建构因素，结果显示性伴规范不再显著，知觉行为控制的显著性减低，喝酒会减少安全套使用的可能性。模型 M9 在模型 M8 的基础上增加了社会经济地位和年龄，结果显示，性伴规范的影响再次显著，上网也显著减弱将来安全套的使用可能，年龄的负面作用也显示出来。

增加了年龄、教育和收入等人口统计特征，我们发现只有年龄是影响未婚男性安全套使用倾向的显著因素，较大年龄组的未婚男性更不愿意使用安全套。

模型 M10 至模型 M13 表明，对农村大龄已婚男性而言，具有积极的互动态度和保护态度、较高的性伴规范、有过安全套使用经历、没有接受过高中及以上教育以及年龄较低的人将来更有可能使用安全套。而喝酒和上网均与安全套使用倾向负相关。

从表 7-7 的回归结果可以看出，未婚男性和已婚男性的安全套使用倾向影响因素之间存在婚姻差异。与已婚男性比较，未婚男性的保护型态度和安全套使用倾向之间没有显著关系，受教育程度与安全套使用倾向之间也没有显著关系。

表 7-7 大龄未婚和已婚男性安全套使用倾向的 Logistic 回归

	未婚				已婚			
	M6 OR	M7 OR	M8 OR	M9 OR	M10 OR	M11 OR	M12 OR	M13 OR
TPB 变量								
态度								
愉悦	1.11	1.28	1.20	1.09	0.89	0.90	0.93	0.96
保护	1.18	1.17	1.57	1.79	1.47*	1.55*	1.67*	1.71*
互动	1.91*	1.77+	2.08*	2.14*	1.48*	1.43+	1.61*	1.74**
自我感觉	1.07	1.08	1.11	1.49	1.23	1.23	1.29	1.35
主观规范								
性伴规范	1.11*	1.09	1.10	1.16*	1.09**	1.07*	1.08*	1.10**
一般主观规范	0.97	0.99	0.99	0.94	1.02	1.02	1.05	1.04
知觉行为控制	2.25***	1.95*	1.88+	1.82+	0.92	0.91	0.92	0.88
扩展变量								

续表

	未婚				已婚			
	M6 OR	M7 OR	M8 OR	M9 OR	M10 OR	M11 OR	M12 OR	M13 OR
过去经历		5.23**	5.74**	3.21+		2.52*	3.08**	2.69*
安全套知识		1.16	1.23	1.09		1.05	1.03	1.13
主体建构因素								
抽烟			0.85	0.92			0.74	0.61
喝酒			0.32+	0.32+			0.39*	0.45+
看黄			0.68	0.58			0.78	0.62
上网			0.64	0.18+			0.47+	0.44+
社会因素								
教育				1.09				0.34*
月收入				2.18				1.06
时代年龄				0.15*				0.45+
Pseudo R^2	0.20	0.28	0.31	0.38	0.10	0.13	0.17	0.21
P值	<0.001	<0.001	<0.001	<0.001	<0.01	<0.001	<0.001	<0.001

注：*** $p \leq 0.001$；** $p \leq 0.01$；* $p \leq 0.05$；+ $p \leq 0.1$。

三 讨论

毫无疑问，中国正在面临并将在未来较长一段时间内仍将面临严重的男性过剩，他们通常未婚、受教育程度低、收入低下，由于缺乏婚姻内的"合法"而稳定的性伴侣，他们更有可能和多个性伴侣进行临时性和无计划的风险性行为，这会显著增加艾滋病和其他性病传播的可能性，使他们成为 HIV 从高危人群向普通人群扩散的桥梁，但这取决于他们的性行为方式。我们的调查显示，有过性行为的农村大龄未婚男性发生高风险性行为（如有过多个性伴侣和性交易行为）的比例远远高于已婚男性。因此，对有过性行为和有潜在性需求的农村大龄未婚男性而言，需要鼓励和促进他们使用安全套。

本研究发现计划行为理论中的核心心理变量（态度、主观规范、知觉行为控制）、扩展变量（过去行为经验）、主体建构因素和社会因素都是预测农村大龄未婚男性安全套使用倾向的显著变量。然而，与已婚男性安全套使用倾向的影响因素对比后，可以发现未婚男性的保护型态度和受教育程度与安全套使用倾向没有显著关系。

值得注意的是，尽管态度与安全套使用倾向显著相关，但并不是任何类型的态度都与安全套使用倾向显著相关，并且态度对安全套使用倾向的影响存在婚姻差异。首先，无论是未婚还是已婚，积极的互动态度均是预测安全套使用倾向的显著变量，而愉悦态度和自我感觉态度与安全套使用倾向没有显著关系。这与Albarracin（2000）和Norton（2005）等的研究结果不一致。他们认为自我感觉和愉悦态度和安全套使用倾向相关程度非常高，而保护和互动态度却没什么影响。一个可能的解释是因为美国人更关注使用安全套带来的感受（Wyatt, 1994），而中国人通常认为Sexuality只能做不能说，更认同性是表达情感和关系互动的过程（张海微，2008）。其次，积极保护型态度只与已婚男性安全套使用倾向显著正相关。这也许与中国的文化背景和环境有关。一方面，生殖至上论的观念仍主宰着大部分中国人，尤其是农村人，性对他们而言最重要的作用是繁衍下一代。另一方面，中国严格的生育制度让生育和避孕成为一种社会行为，需要承担一定的社会责任。因此，在中国，新婚夫妇在领取结婚证时通常要接受生育避孕等方面的培训，并被告知安全套是可供他们选择的一种非常重要的免费避孕工具。这或许是大龄已婚男性保护型态度得分显著高于未婚男性的原因。而对未婚男性而言，怀孕不是他们考虑的事情，对风险的感知弱也可能阻碍他们将来使用安全套。因此，保护型态度对他们基本不起作用。

本研究结果支持了积极的性伴规范能增加安全套使用倾向的可能。我们的研究结果跟张海微对大学生性行为意向的研究结果类似，他发现主观规范不是预测中国大学生性行为倾向的主要因素（张海微，2008），但他没有区分性伴侣和其他人群的影响。这也许跟中国的文化背景有关。首先，在中国，尤其是农村，性是一个非常敏感的话题。中国人的传统观念是性不登大雅之堂，只能做不能说。这种观念限制了性方面问题的讨论和交流，因此人们很难知道他人对是否使用安全套的看法。其次，性行为决策并非个体独立选择的结果，而在很大程度上依赖于性伴侣的配合（Soler等，2000）。而且与性伴侣的交流和讨论合乎传统道德规范，因此来自性伴侣的声音显然会比较有影响力。

需要注意的是，本研究中，知觉行为控制只与未婚男性安全套使用倾向显著相关，而与已婚男性没有显著关系。这也许是因为尽管知觉行为控制实际上是个人权利的一个方面（Sheeran和Taylor，1999），但在中国这种权利关系也许会受到婚姻的限制。对已婚夫妇而言，避孕是一种长期社会责任，因此他们通常采取长效避孕措施，如2006年全国人口和计划生育抽样调查显示，采取宫内节育器、女性绝育以及男性绝育的比例高达87.2%，采取安全套的比例仅为10%（人口和计划生育统计公报，2007），显然在已婚男性看来使用安全套也许并不是一种权利的象征。但对未婚男性而言，不存在这种长期社会责任的制约，使用安全套的行为是一种自愿和深思熟虑的选择结果。对他们而言，安全套使用行为代表着一定的知识（如何正确使用安全套）、资源（如何获得安全套）和机会（何时使用安全套）。因此知觉行为控制仍体现为一种权利关系，对安全套使用倾向产生着影响。

还需要注意的是，对未婚男性安全套使用倾向而言，性伴规范的影响很不稳定。加入过去使用经历后，性伴规范的影响从显著变成了不显著；而再加入年龄和社会经济地位变量后，性伴规范又变成了显著变量，同时，上网的影响也变成了显著。这可能的解释是性伴规范和上网的影响更多是发生在年龄较低组的人身上。

尽管受到婚姻挤压的农村大龄未婚男性通常具有贫穷和受教育程度低的特征，但是这两个因素与安全套使用倾向没有显著关系，只有年龄显著影响安全套使用倾向，并且较大年龄组的大龄未婚男性更倾向于不使用安全套。这个结果也被其他的研究所证实（Sheeran和Taylor，1999；郑真真等，2006）。

需要指出的是本章存在一些不足之处。首先，本次调查是基于调查对象的自我填答，并且调查时间在8月底，大部分有劳动能力的男性外出打工，因此所获得的样本可能存在偏差，调查结果可能低估了总体的性行为和安全套使用行为。其次，本章用从未结过婚的男性作为受到婚姻挤压的大龄未婚男性是有内在缺陷的，因为这群人里可能有主动选择不婚或主动选择推迟结婚的男性。最后，受样本量偏小的限制，在这只能选择一些对安全套使用倾向影响可能较大的变量。

第四节 小结

一 农村大龄未婚男性安全套使用现状

本章从三个方面描述了农村大龄未婚男性安全套使用状况，从第一次和最近一次性行为中是否使用安全套来看,绝大多数未婚男性没有使用安全套。从最近三个月的性生活来看,无论是与固定性伴侣,还是临时性伴侣或熟人,农村大龄未婚男性安全套使用率约在50%左右。再从安全套正确使用知识来看,农村大龄未婚男性的正确使用安全套知识知晓率非常低,只有十分之一的人能全部正确回答所有安全套使用问题,而有三分之一的人所有问题都回答错误。把这三方面综合起来可以发现,即使农村大龄未婚男性能长期持续使用安全套,但由于其安全套正确使用知识知晓率非常低,一旦遇到性传播疾病,他们感染的风险非常大;由于其性伴侣类型多样,他们可能成为性传播疾病的桥梁,把性传播疾病扩散出去。

二 安全套使用倾向的影响因素

(一) TPB 中的心理变量对安全套使用倾向的影响具有婚姻差异

态度的四个维度只有互动型态度会影响农村大龄未婚男性将来是否使用安全套,而对已婚男性的安全套使用倾向有显著影响作用的保护型态度对大龄未婚男性并没有显著作用。知觉行为控制不影响已婚男性的安全套使用倾向,但却是未婚男性安全套使用倾向的最显著影响因素。性伴规范的影响在上网和年龄的作用下发生变化,表明性伴规范对年轻人的影响更大。

(二) 心理因素对安全套使用倾向的影响非常显著

知觉行为控制和过去行为经验这两个心理变量在安全套使用倾向中的影响最显著,而主体建构因素和社会因素不是安全套使用倾向最主要的影响因素。这说明安全性倾向和风险性行为的影响因素不完全相同,不能用风险性行为的影响因素作为风险干预的主要依据或唯一依据。对农村大龄未婚男性而言,未来是否使用安全套更主要是受其心理因素影响,进行行为干预时,重点要放在心理引导上。

过去经历会显著影响未来行为。过去行为经验作为 TPB 的扩展变量放入模型中,其实也是一个心理变量,也是预测安全套使用倾向的显著变量(Sheeran 和 Taylor, 1999)。该作者的另一个研究发现,首次性行为中使用安全套的未婚男性将来更有可能使用安全套,最近一次性行为中使用了安全套的已婚男性将来更有可能使用安全套 (Zhang 等, 2011)。这说明对未婚男性而言,首次性行为使用安全套的经验会对以后的行为产生重要影响。也就是说安全套促进行为干预的时间越早越好,最好是在发生首次性行为之前。

(三)社会因素的作用

虽然知识、教育和收入与安全套使用倾向的关系不显著,但是年龄的影响非常显著,并且能增加安全套使用倾向7%的方差。年龄,似乎属于个体因素,但是从我们对年龄的两个分类来看,40岁以下的未婚男性都是改革开放后(14岁左右时)进入青春期,进入青春期所处的社会环境和历史时代对个人的影响深远,对形成个人的价值观具有非常重要的作用,因此可以把这个年龄分类看成社会历史因素(潘绥铭等,2004;黄盈盈和潘绥铭,2011)。在相同的受教育程度和收入下,年龄越低的未婚男性在将来的性行为中越有可能使用安全套。

三 对公共管理的启示

本章发现,农村大龄未婚男性安全套使用倾向受心理因素、主体建构因素和社会因素的影响,但这三类因素的影响作用和大小并非完全一样,并且与风险性行为的影响因素也不完全相同。我们认为通过强调或关注特定的具体因素可以提高未来使用安全套的可能性。

(一)重视农村大龄未婚男性的心理因素

态度是具有多重维度的矛盾结构,我们的研究显示只监测安全套的保护态度远远不够,因为本研究发现保护型态度对农村大龄未婚男性的安全套使用倾向并无显著影响作用,只有互动型态度才发生显著影响作用。因此应该把干预重点放在提高农村大龄未婚男性和女性在性行为中的互动上。

重视知觉行为控制的作用,提高农村大龄未婚男性对安全套的自信感知,将有利于提高安全套使用的可能性。可以采取的措施包括努力提高农村大龄未婚男性对相关知识、资源和机会的了解和掌握情况的感知度,即对安全套正确使用知识的掌握情况,对获取安全套的能力和对如何使用安全套的自信能力。

重视性伴侣的作用。性行为并非独立行为,性伴侣在性行为中的作用远高于我们的想象。因此,在开展干预行动时,不能只采取针对男性的措施,也要提高女性的安全套使用意识,增强她们和男性互动的能力,提高她们的沟通能力。

过去行为经验在安全性行为倾向中具有重要作用，这表明干预介入的时间越早越好，最好是在发生首次性行为之前。

（二）健康教育的目标不能只是提高知识知晓率

本研究发现性知识与农村大龄未婚男性的风险性行为有一定关系，但与安全套使用倾向的关系不具有统计意义。也就是说，性知识水平的提高不会直接导致未来安全套使用率的提高。因此，本研究认为，只关注性知识知晓率的提高的干预措施在目前来看很难取得效果。

第八章 结论和政策建议

第一节 主要结论

本研究的前提和基础是性是一种社会建构,受社会文化制度的影响,可以像研究人类的其他行为和其他社会现象一样进行研究。在社会建构主义对性的认知基础上,本书探索性地研究了性别失衡背景下,农村大龄未婚男性的性现状、面临的性风险和性安全及其影响因素,得到以下结论。

第一,农村大龄未婚男性整体上处于性匮乏状态。

调查数据显示,在性实践上,农村大龄未婚男性内部存在显著差异。大部分人(76.6%)发生过某种性实践,例如性交行为、自慰、观看黄色录像等,但也有近四分之一的人从来没有发生过上述三种性实践中的任何一种。由于合乎传统性道德规范的性活动通常被限制在婚内,婚姻之外的性行为通常被认为不道德,为人所不齿,所以,一部分大龄未婚男性敢做不敢言,更有一部分大龄未婚男性甚至不敢做。我们的调查发现,有30%的大龄未婚男性既发生过性行为也有过自慰行为,有27.8%的人报告既没有发生性交行为,也没有自慰行为。虽然有18.7%(n=68)的未婚男性不认同"无性难熬",但是由于缺乏证据,我们无法证明他们是因为本来就是禁欲者才选择不结婚,还是因为没有婚姻而被迫适应了无性的生活。从总体上看,与已婚男性相比,农村大龄未婚男性获得性行为的机会和条件有限,他们与他人发生性行为的频率非常低。虽然自慰能在某种程度上补偿性行为的缺失，但是在大龄未婚男性中普遍存在的自慰不道德和自慰伤身的观点阻碍着他们获得性高潮，从而影响了他们的性福利。可见，农村大龄未婚男性整体属于性匮乏。

第二，婚姻和年龄是性实践的两个重要影响因素。

由于缺乏法律规范和道德规范许可的婚姻内稳定的性渠道，农村大龄未婚男性的性实践远没有已婚男性活跃，无论是在性交行为上，还是在看黄行为上。年龄也是性实践的一个决定性因素，但年龄在性实践上不存在累积作用，反而是越年轻的大龄未婚男性的性实践越活跃。这可能与年龄较大的大龄未婚男性经历的时代背景有关，改革开放前尤其是"文革"期间整个社会呈现的是"无性文化"，那些青春期在这个时期度过的人和没有经历这个时期的人的性观念和性实践具有巨大差异。尽管有42.7%的未婚男性报告最近的性伴侣是自己的女朋友，但这主要集中在低年龄组中，因而可以假设他们有固定性伴侣，能有相对亲密的关系，但是他们仍没有已婚男性活跃，更不用说其他只有临时性伴侣的未婚男性的性活跃度了。可见，婚姻和年龄是决定性活动和性伴侣数量的决定性因素。

第三，农村大龄未婚男性的性心理受到损害，他们渴望结婚但难以结婚。

在婚姻普遍存在的当今农村，年龄大而没有结婚的大龄男性的性心理受到了损害。大部分被调查者认为婚姻是必须，但是无法成婚的现状让他们只能屈服于现实，接受并适应不能结婚的事实，因此"接受一辈子不结婚"的比例要高于持"婚姻是必须"的态度的比例。尽管还有19.6%（n=71）的未婚男性认为婚姻不是必需的，但其中却有42.3%（n=30）的人不能接受自己不结婚。因为单身，农村大龄未婚男性承受着来自父母、家庭和社会的巨大压力，即使在面对非法买婚时，虽然三分之二（66.7%）的未婚男性明确表明自己不会去买婚，但有49.3%的人认为自己能理解那些买婚者。这说明大部分农村大龄未婚男性对婚姻存在向往，但想结婚却结不了婚的现实让他们对婚姻充满矛盾，这是一种又爱又恨的心态，也是一种无奈。

第四，农村大龄未婚男性承受着巨大的压力，有孤独感。

中国的普婚观念根深蒂固，规范着人们的行为，影响着人们的态度。婚姻挤压导致的不婚必然会对农村大龄未婚男性带来各种压力，其情感福利受损，这显然会产生多种影响，不利于他们的生活。单身对农村大龄未婚男性的影响不仅表现在性福利受损上，还影响着他们对自己的评价。在农村大龄未婚男性中普遍存在着对自己评价消极的心态，即使收入水平处于同一层次，农村大龄未婚男性也认为自己比别人差。例如，近半年的平均月收入在1000元以上的农村大龄未婚男性认为自己比同龄人的经济状况差的比例远高于已婚男性（分别为24.3%和10.9%），认为自己的健康状况差的比例更是比已婚男性高出两倍多（分别为13.6%和3.9%）。农村大龄未婚男性还会经常感受到来自父母、家庭和社会的压力。而单身产生的没人交流的孤独感是大部分未婚男性（55.4%）认为最难熬的事情。

第五，贫穷把农村大龄未婚男性排除在婚姻之外，也把他们排除在性实践之外。

社会经济地位处于劣势的农村大龄未婚男性是性别失衡的最大受害者。由于女性择偶的向上选择和婚姻成本日益增高，贫穷的农村大龄未婚男性不仅比其他男性更容易被排除在婚姻之外，而且他们的性机会也更有限。本研究发现，农村大龄未婚男性在性实践中并不是同质群体，有近三分之一的人发生过性交行为和自慰行为，虽然他们有过性实践，但远没有已婚男性在性上活跃；还有近四分之一的人自报没有发生过性交行为、自慰行为和看黄行为中的任何一种。而最后一种人是未婚男性群体中最贫困的人。虽然相对已婚男性而言，农村大龄未婚男性总体上处于社会经济弱势地位，但是最贫困的未婚男性不仅被排除在婚姻之外，还被排除在性实践之外。

第六，有过性行为的农村大龄未婚男性面临着严峻的性风险。

首先，农村大龄未婚男性的性渠道多样。这些农村大龄未婚男性虽然没有传统社会道德规范和法律允许的性满足渠道，但有相当一部分人通过各种非婚姻渠道发生过性经历，这包括法定婚龄前的性行为、与其他婚姻内女性的性行为、与寡妇或离异女性的性行为、性交易行为以及同性行为。其次，他们的性对象类型多样，他们的性对象包括自己的女朋友、性工作者、他人妻子、寡妇和离异女性以及男性等。再次，他们面临的风险大。和农村已婚男性相比，农村大龄未婚男性发生多性伴侣、性交易行为的比例显著高出许多，但是他们的安全套使用比例非常低。并且性风险中存在显著年龄差异。在这里，性经历的累积效应完全没有发生作用，低年龄组中的农村大龄未婚男性发生过性交行为的比例、有过多性伴侣的比例、第一次性行为年龄低于22岁的比例都显著高于高年龄组的未婚男性。最后，有过性经历的农村大龄未婚男性安全套使用率非常低。农村大龄未婚男性在首次和最近一次性行为中安全套使用比例显著低于流动人口安全套使用比例。另外,由于农村大龄未婚男性的艾滋病知识、性病知识和安全套使用知识掌握情况很差,显著低于已婚男性,并且在发生各类高风险性行为时很少或基本不采取保护措施,使得自己和性伴侣处于高风险之中。这无形中就在高风险人群和普通人群中架起了一座桥梁,将高风险人群(如商业性伴侣)和普通人群(非商业性伴侣)联系在一起。

第七,性态度是性风险的最显著影响因素。

我们的研究发现知识—态度—行为模型中的性观念是影响农村大龄未婚男性性风险的最显著因素,持有的性观念越多元化,农村大龄未婚男性面临的性风险越高。但性知识的影响具有局限性,只影响农村大龄未婚男性,而对农村大龄已婚男性没有显著影响。看黄行为显著影响农村大龄已婚男性的性风险,但对农村大龄未婚男性没有显著影响关系,后者的性风险更多受到收入的影响。也就是说,除了观念和态度之外,农村大龄已婚男性的性风险更是其主体建构的结果,而农村大龄未婚男性的性风险更多受到社会因素的影响。

第八,风险性行为的影响机制和性风险的影响机制存在显著差异。

性风险是由不同的风险性行为综合导致的结果,但不同的风险性行为具有不同的影响因素。抽烟、喝酒、看黄和上网等主体活动与风险性行为显著相关,尤其是看黄和上网是影响多性伴侣和性交易行为的最重要因素。而社会因素(如性知识、教育和收入)和心理因素(如态度)只对部分风险性行为存在影响。这说明,农村大龄未婚男性的风险性行为主要是个体主动选择的结果。这表明,在针对总体的性风险开展干预和针对具体的风险行为开展干预时,应该采取不同的干预措施,才能起到真正的效果。

第九,心理因素是影响安全套使用倾向的最主要因素。

知觉行为控制和过去行为经验这两个心理变量在安全套使用倾向中的影响最显著,互动型态度也会显著影响农村大龄未婚男性安全套使用倾向。而主体建构因素中只有喝酒和上网有比较显著的影响作用。而社会因素中的教育和收入对安全套使用倾向没有显著影响,只有年龄的影响显著。这表明,农村大龄未婚男性的安全性行为倾向主要受个体心理因素影响。这告诉我们,安全性倾向和风险性行为的影响因素不完全相同,不能用风险性行为的影响因素作为风险干预的主要依据或唯一依据。对农村大龄未婚男性而言,未来是否使用安全套更主要是受其心理因素影响，进行行为干预时，重点要放在心理引导上。

总而言之，无法成婚的农村大龄未婚男性对"婚姻是必须"的认同感会随着年龄的增加而逐渐减弱，但渴望结婚的心态却不会发生太大改变。缺乏婚姻的农村大龄未婚男性非常脆弱，缺乏自信，即使和同龄已婚男性条件相差无几也会自认不如人；他们除了承受着来自家庭和社会的巨大压力之外，还要忍受缺乏情感交流的孤独感。一部分农村大龄未婚男性似乎适应了或满足于无性的生活，另一部分人极力忍受着无性生活的痛苦——贫穷不仅把他们排除在婚姻之外，还将他们隔离在性实践之外；还有一部分人尽其所能进行着各种可能的性实践，然而这些性实践却可能将他们置于性病/艾滋病传播风险中。

因为他们面临着严峻的性风险，他们可能成为连接高风险人群和普通人群的桥梁人群，会给性病/艾滋病的传播和扩散带来便利。随着步入婚龄期的过剩男性越来越多，婚姻挤压会更加严重，通过婚姻解决性需要的可能性变得更低，他们更有可能寻求非婚姻渠道的性方式；而性产业的日益扩大和性工作者规模日益增大以及低端性服务业的增加让寻求性交易行为更加成为可能；此外，人们对"光棍"普遍有种同情心理，随着性观念日益开放，人们更能接受"光棍"找"小姐"的现象，这为"光棍"进行性交易行为减少了社会道德规范的束缚，可能成为鼓励他们进行性交易行为的因素之一。而由于经济的窘迫和卫生保健知识的缺乏，他们往往没有能力判定和选择没有性病的性伴侣，也很少采取安全措施。以上种种现象均表明农村大龄未婚男性中潜在的性风险很大，需要引起足够重视，并采取应对措施，减少性风险。

第二节　政策建议

本研究在文献综述中已经指出，目前对各类风险性行为的干预措施主要包括健康教育、同伴教育、安全套使用的推广、医疗干预和综合干预方法。但是这些干预措施的效果主要体现在知识知晓率的提高上，对行为改变的影响不大。结合本研究的分析结果来看，风险性行为和安全性行为是两类不同的行为，其影响因素并不完全相同。因此，需要分别对这两类行为采取不同的干预措施。下面结合本书研究结果从性的几个维度探讨目前干预项目中难以取得行为改变目标的可能原因。

一 现有干预中存在不足的原因分析

（一）心理因素

1. 态度的多重性

态度是一种后天习得的倾向性，用于积极或消极地应对某事物、情境、惯例、理念和个人，通常体现在个体的信念、感觉或行为倾向中（Olson和Zanna，1993）。因此，态度至少包括三类因素：认知、情感和行为倾向。然而，这三类因素并不总是指向一致，人们既可能在认知态度上对某一事物有比较全面的认识，知道其优缺点，但在情感态度上却可能只偏向一方面，从而表现出某种特别的行为倾向态度。例如对安全套的态度，人们可能会认为安全套具有预防和保护作用，但又觉得安全套不会给自己带来生理和心理上的愉悦感，从而在性行为中不会使用安全套。但也可能因为在和性伴侣的互动中感觉安全套能给自己带来心理上的满足感，从而使用安全套。因此，本书认为如果只关注安全套具有保护作用，而在干预中只在意干预对象的保护型态度是否得到改变，那么这些干预措施能取得的效果值得商榷。由此可见，在对行为干预的研究中需要注意态度的多重性。

2. 知觉行为控制具有婚姻差异

从某种程度上说，知觉行为控制其实是个人权利的一个方面，体现了对知识、资源或机会的掌握（Sheeran和Taylor，1999）。因而，知觉行为控制在行为改变中具有重要作用。我们的分析发现，知觉行为控制只与未婚男性安全套使用倾向显著相关，而与已婚男性没有显著关系。这也许是因为尽管知觉行为控制实际上是个人权利的一个方面，但在中国这种权利关系也许会受到婚姻的限制。对已婚夫妇而言，避孕是一种长期社会责任，因此他们通常采取长效避孕措施，如人口和计划生育情况统计公报显示（2007），2006年全国人口和计划生育抽样调查显示，采取宫内节育器、女性绝育以及男性绝育的比例高达87.2%，采取安全套的比例仅为10%（人口和计划生育委员会，2007），显然在已婚男性看来使用安全套也许并不是一种权利的象征。但对未婚男性而言，不存在这种长期社会责任的制约，使用安全套的行为是一种自愿和深思熟虑的选择结果。对他们而言，安全套使用行为代表着一定的知识（如何正确使用安全套）、资源（如何获得安全套）和机会（何时使用安全套）。因此知觉行为控制仍体现为一种权利关系，对安全套使用倾向产生着影响。因此，需要区别对待已婚和未婚人群。

3. 性伴规范的作用

众多干预项目常常把干预对象当作孤立群体对待，忽视了与他们密切相关人群的作用，忽略了性行为并非个体的独立行为，忽视了性伴侣在性行为中的重要作用。只对性行为一方进行干预只能取得部分效果。研究发现，对性工作者的干预能在短期内提高一定的安全套使用率，但之后就很难再有所突破。一些质性研究发现主要原因是性工作者在性交易行为中是否使用安全套的决定权并不在自己，尽管她们对性病/艾滋病的危害知之甚多，也非常清楚如何获得和使用安全套。

4. 过去行为经验的作用

本研究发现过去行为经验对安全套使用倾向的影响显著，而很多干预项目都没有重视这个因素。这意味着行为干预的时间越早越好，最好是在首次性行为发生之前进行，同时也意味着青少年性教育的必要性和重要性。

（二）主体建构因素

抽烟、喝酒、看黄、上网等行为可能增加风险性行为的发生率，虽然看黄、上网对将来是否使用安全套没有显著影响，但喝酒和抽烟会减少安全套使用倾向。这说明主体活动在某种程度上会促进风险性行为的发生和减少安全性行为。也许黄色录像和上网对农村大龄未婚男性来说，既能缓解他们的部分性需要，又能增加性知识，对他们而言具有积极作用，但也可能诱发更多的风险性行为。抽烟和喝酒能在一定程度上减缓或排解压力，但也可能增加发生性风险的概率。因此，需要重视个体的主体活动，为他们创造一个良好的活动环境，引导其健康行为。

（三）社会因素

社会因素中的性知识知晓率在各类行为干预中占据重要位置。从 KAP 理论来看，知识是行为改变的基础，正确的信念和积极的态度是行为改变的动力，行为改变是目标，也是知识和态度共同作用的结果。众多研究表明，知识和风险性行为之间存在非常显著的关系，本研究也支持这一观点。但需要指出的是，本研究发现，性知识和风险性行为显著相关，但与安全套使用倾向在统计上没有显著相关关系。因此，性知识水平的提高可能会减少干预对象性风险行为发生率，但不会直接促进未来安全套的使用。那些希望用性知识水平的提高来增加未来安全套的使用率的干预项目可能失效。

而社会经济地位，如教育和收入状况对风险性行为和安全性行为的影响有限。

二 政策建议

中国的出生人口性别比从20世纪80年代开始偏离103~107的正常水平，然后持续上升并保持高位徘徊，到2009年左右其上升趋势出现遏制现象（Gupta等，2009）。出生人口性别比的长期失衡已经引起总人口性别结构的失衡，据估计，中国已经形成了至少800万的男性过剩人口。这群男性将无法在初婚市场上找到婚配对象，由此将引起诸多社会问题，其中之一就是他们的性需要不能在婚姻家庭内得到满足，转而寻求其他方式而引发的社会健康和安全问题。性是人的基本需要之一，在普婚制和家本位制的中国，家庭是最重要和无可替代的。一小部分失婚的农村大龄未婚男性也许能接受一辈子不结婚，能适应无性的生活，但大多数人希望结婚，存在着性需要，并且其中一部分人已经在努力采取各种方式满足自己的性需要，然而这样做的结果可能是将他们置于较高的性风险之中，对社会和他人带来威胁。基于上述分析，同时结合其他干预项目的已有成果，我们从性的维度出发，提出以下建议。

（一）对心理层面的干预

1. 树立正确的性观念和性态度

农村大龄未婚男性中普遍存在自慰有害论，这会严重影响他们本来就受损的性福利，甚至会影响他们的性心理。因此，建立正确的性观念很重要。政府部门，尤其是当地计生部门，可以把未婚男性纳入性教育中，为他们普及一些基本的性知识，更正他们的错误观念，树立正确的性爱观。

2. 提高农村大龄未婚男性的知觉行为控制能力

知觉行为控制能力在一定程度上是一种权利关系的体现，在本研究中，具体表现为感知到对相关知识、资源和机会的了解和掌握情况。即对安全套正确使用知识的掌握情况，对获取安全套的能力和对如何使用安全套的自信能力。知觉行为控制能力高的人未来使用安全套的可能性更大。因此，对农村大龄未婚男性的性教育内容应包括如何正确使用安全套和从何获取安全套，以及安全套代表的责任和能力，从而提高他们安全套使用的知觉行为控制能力。

3. 增强性伴侣对农村大龄未婚男性的影响力

从性伴侣对农村未婚男性的巨大作用来看，可以采取迂回战术，从女性入手，提高她们在性中的谈判能力，这将有助于在两性性行为中提高安全行为的可能性。对女性进行性交流和沟通方面的工作，一是可以通过计生系统完成，计划生育部门在对育龄妇女开展生殖健康方面的培训时纳入性交流和性沟通的内容，提高她们在性中的谈判能力。二是通过卫生系统完成，在卫生部门对重点人群进行干预时也纳入性交流和性沟通的内容。三是非政府组织和研究机构等在开展相关干预项目时，也应把性交流和性沟通作为重要的干预内容。

4. 尽早开展健康教育工作

过去行为经验的显著影响告诉我们，越早介入进行健康教育，最好是在发生首次性行为之前，越能取得好的效果。一个可行途径是把农村大龄未婚男性纳入计划生育系统的性教育培训中，通过发放宣传小册子、举办性教育知识讲座等形式为他们提供相关培训。

（二）主体活动干预

农村大龄未婚男性的主体建构因素会显著促进风险性行为和减少将来使用安全套的可能性，因此，一方面要减少他们增加性风险和减少性安全的主体活动，鼓励和引导他们多参加集体活动。比如说，举办一些文体娱乐活动，村干部督促村里的未婚男性参加，让他们更多地融入社区。另一方面要加强对黄色录像和网络信息等的管理，为他们创造一个良好的活动环境，引导其健康行为。

（三）社会因素的干预

1. 提高性知识水平

在本研究中，性知识和教育对农村大龄未婚男性的风险性行为和安全性行为倾向都没有显著影响，这说明目前占社会主流的"知识改变行为"的观点至少目前对农村大龄未婚男性没有作用。我们不能指望只要提高农村大龄未婚男性的性风险意识和性知识水平，他们就能规避风险并采取安全行为。

2. 提高收入水平

虽然收入与风险性行为和安全性行为倾向没有显著关系，但是本研究分析发现，贫困是农村大龄未婚男性被排除在婚姻和性实践之外的主要因素，所以，提高农村大龄未婚男性的经济水平是改变他们的现实状况的最重要手段。然而单靠大龄未婚男性自己是难以摆脱贫困的。因为质性研究发现他们大多数文化程度低、不善言谈、内向、缺乏外出经历、缺少竞争意识，因此，需要政府或其他组织出面，为这个弱势群体开展实用技术和就业技能培训，并提供就业机会。一方面，利用当地资源优势，因地制宜地发展一些"短、平、快"项目，并优先给予贷款支持，为他们创业提供资金服务。另一方面，聘请技术专家为他们提供一对一的技术指导，直到他们完全掌握技术技能。对有意外出打工的农村大龄未婚男性进行免费职业技能培训，使他们掌握一技之长，并与经济发展水平高的地区或厂矿企业等开展就业合作，提高他们的就业机会。

但是需要指出的是，发展经济提高收入改变贫穷的现状，或许能使他们步入婚姻殿堂或提高获得性实践的机会，但是对减少他们的性风险、促进安全性行为的作用仍值得研究。

3. 创造一个良好的社会环境

大量农村男性不得不单身已经开始成为目前和将来相当长一段时期内农村不得不面临的一个现实问题。这些男性由于婚姻的缺失，缺乏情感交流对象而感受到孤独，在情感和性上能感受到来自家庭和社会的压力，心灵或多或少都会受到伤害。因此，创造一个良好的环境将有助于缓解他们的压力和所受的伤害，有助于建立和谐社会。一是农村文化建设，发展一些适合农村未婚青年的文化事业，满足农村大龄未婚男性的精神需求。二是建立农村大龄未婚男性的低收入保险和养老专项计划，减少他们对未来养老无保障的担忧。这有利于稳定他们的心态，减少为了结婚而采取的非法婚姻手段，例如买卖婚、拐骗妇女等，也能部分减弱以男性为主的家庭养老导致的男孩偏好。三是增强社区的性风险意识，倡导和提倡安全性行为。这样，性风险意识能逐渐渗入农村大龄未婚男性心里，同时，还要提高安全套的可及性，让农村大龄未婚男性也有获取免费安全套的途径，并且知晓这些途径。最后，还要教会他们正确使用安全套，让他们会使用安全套。

4. 治理性别结构

经济因素和成婚的关系更多体现在结婚时间上，即结婚的早晚（陈友华，2004）。有研究表明，当收入水平较高时，人们倾向于较早结婚；而当经济水平下降或收入比较有限时，人们会因为手头拮据而推迟结婚（叶文振，1995）。这也是中国男性大龄未婚人口主要集中在农村的原因——不是不想成家而是娶不起媳妇（陈友华，2004）。这种因为贫穷而娶不起媳妇的现象，从古至今在中国都存在。但如果只看到经济因素而忽视人口结构因素，我们就无法解释即使所有女性都结婚，仍会有1000多万的男性找不到配偶（陈友华，2004）。因此，发展经济治理贫困只是治标之策，出生人口性别比的治理才是治本之道。在出生性别比的治理上，中国政府已经采取了很多行动，并制定和出台了一系列法律法规和政策。例如，"关爱女孩行动"就是旨在改变目前中国对男孩的偏好和对女孩的歧视的专项行动。由于出生性别比失衡的后果存在滞后性，性别失衡的治理需要持续下去。

总之，从性的三个维度来看，生理维度、心理维度和社会文化维度是相互作用、互相融合的，是个人人格的组成部分。性行为属于生理维度，虽然看似个人行为，其实是最受社会文化等影响的因素。在艾滋病时代，风险性行为可能使行为主体感染性病/艾滋病并传播给其性伴侣，其多性伴侣行为会通过加剧性病/艾滋病的传播，给中国生殖健康乃至整个社会带来挑战和威胁。心理因素和社会文化因素都会作用于性行为。具体而言，个人对性的态度、主体建构因素和社会经济地位等因素都可能影响个体的性行为，但其影响程度并不相同。主体建构因素是影响各类风险性行为的主要因素，而心理因素在安全套使用倾向中的影响最大。因此，对个体的性进行干预时，虽然针对这几类因素采取的干预措施都会取得效果，但如果把重点放在影响最显著的因素上会取得事半功倍的效果。比如，为了减少风险性行为的发生，干预重点应放在主体活动上，让他们多参加集体活动，少做一些诸如抽烟、喝酒等的单独行动；还要加强对网络、影视、书报杂志等媒体的管理，增加其性健康知识，引导其健康行为。为了促进安全性行为，干预重点应放在心理因素上。例如，通过健康教育，树立正确的性观念和性态度，教授正确使用安全套的知识和提供获取安全套的途径以提高他们对安全套的行为控制能力，创造条件提高女性的性谈判能力以增强她们对男性的影响力等。

第三节 研究展望

本书利用在安徽省居巢区的调查数据,对婚姻挤压下的农村大龄未婚男性的性现状进行了详细、系统的描述,分析了他们面临的性风险和性安全现状,指出了性风险和性安全的影响机制,得到了一些有价值的发现,主要表现在以下四个方面。

第一,从生理、心理和社会影响三个维度构建了农村大龄未婚男性的性研究分析框架。对性别失衡背景下受到婚姻挤压的农村大龄未婚男性的性研究时间不长,关于其性的研究凤毛麟角。本书基于系统工程的理念和分析思路,根据社会建构主义对性的解释,结合社会心理学对性的研究成果,从生理维度、心理维度和社会影响维度入手,构建了受到婚姻挤压的农村大龄未婚男性群体的性的分析框架,为这个新兴弱势群体的研究提供了一种分析思路,为大规模调查研究提供了数据收集依据。

第二,多层次、多维度地揭示农村大龄未婚男性的性现状,发现农村大龄未婚男性的性受到损害。由于缺乏合法而稳定的性伴侣,有过性经历的农村大龄未婚男性的性生活普遍没有已婚男性活跃。虽然自慰能在某种程度上补偿性行为的缺失,但是,在农村大龄未婚男性中普遍存在的自慰不道德和自慰伤身的观点却阻碍着他们获得性高潮,从而影响了他们的性福利。同时,大部分农村大龄未婚男性心中存在着对婚姻的矛盾心理:既认为结婚不是必需的,又难以接受自己不结婚。他们承受着来自父母、家庭和社会的压力,经常能感受到没人交流的孤独感,对自己的评价消极。

第三,性知识、态度、主体建构因素、社会因素与风险性行为相关,其中主体建构因素的影响最大并且最显著。由于缺乏婚姻内稳定的性伴侣,农村大龄未婚男性更容易发生多性伴侣行为,其性伴侣类型呈现多样性,包括女朋友、其他婚姻内女性、寡妇或离异女性,还有性工作者和男性;其性行为存在显著的年龄差异,低年龄组中的大龄未婚男性发生各种风险性行为的比例显著高于高年龄组的未婚男性。然而农村大龄未婚男性安全套使用比例非常低,显著低于流动人口安全套使用比例。这无形中会在高风险人群和普通人群中架起一座桥梁,将高风险人群和普通人群联系在一起。二元 Logistic 回归分析显示，性知识、态度、主体建构因素、社会因素都与风险性行为相关，尤其是主体建构因素的影响最大并且最显著。这说明农村大龄未婚男性的风险性行为主要是其主体自主选择的结果。

第四，农村大龄未婚男性的风险性行为影响机制和安全性行为倾向影响机制存在差异。研究发现，态度、知觉行为控制、主观规范和过去行为经验等心理变量是影响农村大龄未婚男性安全套使用倾向的主要因素，而知识、教育和收入等社会因素对安全套使用倾向不存在显著影响。这表明农村大龄未婚男性的安全性行为倾向影响机制和风险性行为影响机制存在差异，这为对农村大龄未婚男性的性进行公共管理提供了理论支持。如果忽视二者的差异而采取相同的干预措施就难以达成目标，这正是目前一些干预项目在行为改变目标上失效的主要原因。

本研究也存在一定的局限性，主要表现在以下几方面。

首先，本书的数据来源于 2008 年 8 月至 9 月在安徽省居巢区农村针对 27 岁以上的农村大龄未婚男性进行的调查。然而在人口迁移的大背景下，大部分有劳动能力的男性外出打工。有研究表明高流动性的流动人口的性风险在逐渐增加（Li 等，2004），因而本研究在某种程度上可能会低估农村男性中的性风险，从而也可能使具有统计显著性的影响因素偏少，导致数据可能存在部分系统性偏差。

其次，受样本量偏小的限制，本书只能选取一些对风险性行为和安全套使用倾向影响可能较大的变量。由于本书主要研究农村未婚男性的风险性行为和将来是否使用安全套的行为，在研究风险性行为影响因素时，是基于他们自报是否曾经发生过五类风险性行为，在研究安全套使用倾向时基于他们有过性行为并且至少听说过安全套。这样，很大一部分样本被排除在外。分析时，一些可能的影响因素被排除在研究之外，可能导致忽略某些影响因素。

最后，本书用从未结过婚的男性作为受到婚姻挤压的"光棍"是有内在缺陷的，因为这群人里可能包含主动选择不婚或主动选择推迟结婚的男性。尽管存在这样的局限，但通过前瞻性的调查研究，有助于我们预测和了解未来大规模过剩男性在性方面可能出现的情况。

因此，未来的研究可以从以下几个方面进行改进。

1. 在研究经费充足的情况下，可以考虑调查更大的样本，从而减少由于样本偏少带来的偏误。

2. 加入流动视角。调查从农村流动到城市的大龄未婚男性的性现状，与留守农村的大龄未婚男性进行对比，了解流动对农村大龄未婚男性的性的影响。

3. 在样本足够大的情况下，纳入更多的影响因素进行分析。

参考文献

[1] 安徽省统计信息网：《我省农村劳动力转移的新情况、新问题及新对策》2009年5月11日，http://www.dss.gov.cn/News_wenzhang.asp?ArticleID=300788，最后访问日期：2014年10月10日。

[2] 安治民：《我国城乡光棍现象对比研究》，《武汉理工大学学报》（社会科学版）2011年第5期。

[3] 陈潇潇、卫平民、黄明豪、李小宁、浦跃朴：《流动人口多种艾滋病健康教育方法的干预效果及知识遗忘的研究》，《现代预防医学》2007年第2期。

[4] 陈雅雪：《中国艾滋病问题的社会建构过程研究》，昆明理工大学硕士学位论文，2007。

[5] 陈友华：《中国和欧盟婚姻市场透视》，南京大学出版社，2004。

[6] 陈友华、米勒·乌尔里希：《中国婚姻挤压研究与前景展望》，《人口研究》2002年第3期。

[7] 段毓雯：《男性行为人群预防控制艾滋病同伴综合干预方法研究》，安徽医科大学硕士学位论文，2011。

[8] 方刚：《中国多性伙伴个案考察》，中国社会出版社，2005。

[9] 方晓义、蔺秀云、林丹华、李晓铭、邓林园：《保护动机对农村流动人口性病艾滋病高危性行为的预测》，《心理学报》2006年第6期。

[10] 约翰·盖格农：《性社会学——人类性行为》，李银河译，内蒙古大学

出版社，2009。

[11] 高尔生、左霞云、沈燕、楼超华：《未婚流动人口性与生殖健康知识性别差异分析》，《中国公共卫生》2006年第4期。

[12] 高云、王曙光：《艾滋病干预实践中社会理论的鉴别分析》，《社会科学研究》2005年第1期。

[13] 哈夫曼·E.、莱蒂南·M.：《美国人的单身生活》，陈彪译，《国外社会科学》1993年第1期。

[14] 何春蕤：《研究社会性/别：一个脉络的反思》，《社会学评论》2013年第5期。

[15] 胡俊峰、侯培森：《当代健康教育与健康促进》，人民卫生出版社，2005。

[16] 胡新民：《石河子市未婚青年农民工性教育经历与性行为认知的对照研究》，《中国行为医学科学》2007年第3期。

[17] 黄盈盈、潘绥铭：《中国男人的多伴侣与性交易之间马太效应的实证研究》，《中国性科学》2011年第5期。

[18] 黄盈盈、潘绥铭：《边缘人群的社会治理——河南"性奴案"引发的思考》，《探索与争鸣》2012年第1期。

[19] 黄盈盈、王文卿、潘绥铭：《男民工与阶层、社会性别、性的主体建构》，《社会》2011年第5期。

[20] 疾控中心：《2011年中国艾滋病疫情评估报告》，2012，http://ncaids.chinacdc.cn/fzdt/zxdd/201201/t20120129_1745902.htm，最后访问日期：2012年1月30日。

[21] 姜全保、李树茁：《女性缺失与社会安全》，社会科学文献出版社，2009。

[22] 姜全保、李树茁、费尔德曼：《20世纪中国"失踪女性"数量的估计》，《中国人口科学》2005年第4期。

[23] 江震：《HIV/AIDS/STI社区综合干预效果评价研究》，安徽医科大学博士学位论文，2010。

[24] 靳小怡、刘利鸽：《性别失衡下社会风险与行为失范的识别研究》，《西安交通大学学报》（社会科学版）2009年第6期。

[25] 老愚：《湘西凤凰：文明解体的活标本》，英国《金融时报》，中文

网，2011 年 11 月 24，http：//www. ftchinese. com/story/001041881，最后访问日期：2013 年 8 月 14 日。

[26] 李树茁、姜全保、费尔德曼：《性别歧视与人口发展》，社会科学文献出版社，2006。

[27] 李树茁、靳小怡、费尔德曼、李南、朱楚珠：《当代中国农村的招赘婚姻》，社会科学文献出版社，2006。

[28] 李炜：《民办高校大学生性病/艾滋病防治现场干预效果研究》，南昌大学硕士学位论文，2009。

[29] 李艳、李树茁：《中国农村大龄未婚男青年的压力与应对——河南 YC 区的探索性研究》，《青年研究》2008 年第 11 期。

[30] 李艳、李树茁：《农村大龄未婚男性的社会支持网络》，社会科学文献出版社，2011。

[31] 李银河：《性的问题》，中国青年出版社，1999。

[32] 练武：《农民工生殖健康需求和服务对策研究》，华中科技大学博士学位论文，2008。

[33] 林丹华、方晓义、李晓铭：《健康行为改变理论述评》，《心理发展与教育》2005 年第 4 期。

[34] 刘达临：《中国当代性文化》，上海三联书店，1992。

[35] 刘鸿雁：《生殖健康中的社会性别问题》，《人口与计划生育》2008 年第 9 期。

[36] 刘慧君、蔡艳芝：《计划行为模型在 HIV 性风险行为领域的应用与发展》，《心理科学进展》2008 年第 1 期。

[37] 刘慧君、李树茁：《性别失衡下的人口健康与公共安全：国际视野与历史经验》，《人口学刊》2011 年第 5 期。

[38] 刘慧君、李树茁、费尔德曼：《性别失衡下的人口流动与艾滋病传播风险——基于风险选择的元分析》，《人口与经济》2012 年第 6 期。

[39] 刘金波：《南京地区流动人口性病/艾滋病健康教育的干预研究》，南京医科大学硕士学位论文，2009。

[40] 刘爽、郭志刚：《北京市大龄未婚问题的研究》，《人口与经济》1999 年第 4 期。

[41] 刘燕舞：《农村光棍的类型研究——一种人口社会学的分析》，《中国

农业大学学报》（社会科学版）2011年第3期。

[42] 刘中一：《大龄未婚男性与农村社会稳定——出生性别比升高的社会后果预测性分析之一》，《青少年犯罪问题》2005年第5期。

[43] 刘正红：《Sexuality的涵义浅析及其中文翻译的探寻》，Sexuality研讨会会议论文，2002。

[44] 楼超华、沈燕、高尔生、许业林、张聆、涂晓雯：《未婚流动人口中性相关行为》，《生殖与避孕》2004年第1期。

[45] 吕峻涛：《中国西部农村性贫困调查》，《中国作家》2006年第19期。

[46] 迈尔斯·戴：《社会心理学》，人民邮电出版社，2006。

[47] 迈克尔等：《美国人的性生活》，潘绥铭、李放译，陕西人民出版社，1996。

[48] 米歇尔·福柯：《性史》，上海科学技术文献出版社，1989。

[49] 莫丽霞：《出生人口性别比升高的后果研究》，中国人口出版社，2005。

[50] 潘绥铭：《当前中国的性存在》，《社会学研究》1993年第2期。

[51] 潘绥铭：《中国人"初级生活圈"的变革及其作用——以实证分析为例的研究》，《浙江学刊》2003年第1期。

[52] 潘绥铭：《中国性革命成功的实证：全国成年人口随机抽样调查结果简报，2000年与2006年的对照研究》，万有出版社，2008。

[53] 潘绥铭：《家庭、婚姻、性与社会性别》，郑杭生编《社会学概论新修》，中国人民大学出版社，2013。

[54] 潘绥铭、白维廉、王爱丽、劳曼：《当代中国人的性行为与性关系》，社会科学文献出版社，2004。

[55] 潘绥铭、黄盈盈：《"主体建构"：性社会学研究视角的革命及本土发展空间》，《社会学研究》2007年第3期。

[56] 潘绥铭、黄盈盈：《性社会学》，中国人民大学出版社，2011。

[57] 潘绥铭、黄盈盈：《网上性爱与网下的性实践之间的关系——全国14~61岁总人口随机抽样调查结果的实证》，《学术界》2012年第1期。

[58] 潘绥铭、黄盈盈：《性之变：21世纪中国人的性生活》，中国人民大学出版社，2013。

[59] 潘绥铭、黄盈盈、李楯：《中国艾滋病"问题"解析》，《中国社会科学》2006年第1期。

[60] 潘绥铭、杨蕊：《性爱十年：全国大学生性行为的追踪调查》，社会科学文献出版社，2004。

[61] 庞皎明：《"光棍问题"挤压我国现行人口政策》，《中国经济时报》2006年8月23日。

[62] 彭远春：《贫困地区大龄青年婚姻失配现象探析》，《青年探索》2004年第6期。

[63] 人口和计划生育统计公报：《2006年全国人口和计划生育抽样调查主要数据公报》，2007年第2号，http://www.cpirc.org.cn/tjsj/tjsj_cy_detail.asp?id=8124，2009年4月28日。

[64] 人口普查办公室：《中国2000年人口普查资料》，中国统计出版社，2002。

[65] 阮芳赋：《性的报告：21世纪版性知识手册》，中国古籍出版社，2002。

[66] 阮芳赋：《试论Sexuality及其汉译》，潘绥铭主编《中国"性"研究的起点与使命》，万有出版社，2006。

[67] 阮芳赋、王榕芝、王素女：《Sex词义的演变和Sexuality概念的发展兼论其汉译》，http://www.sssst.org.tw/modules/news/article.php?storyid=37。

[68] 石人炳：《青年人口迁出对农村婚姻的影响》，《人口学刊》2006年第1期。

[69] 世界卫生组织：《预防和控制性传播感染：全球战略草案》，第五十九届世界卫生大会，2006。

[70] 孙江平：《深化干预：扩大我国艾滋病防治成效》，《中华预防医学杂志》2009年第11期。

[71] 孙龙：《当代中国拐卖人口犯罪研究》，华东政法学院硕士学位论文，2004。

[72] 谭钟：《恐惧诉求理论及其在广告传播中的应用研究》，四川大学硕士学位论文，2006。

[73] 唐杰：《我国未婚流动女性生殖健康现状、影响因素及社区干预探索

[74] 田秀红:《上海市长途货运卡车司机艾滋病预防干预研究》,复旦大学硕士学位论文,2009。

[75] 涂晓雯、楼超华、高尔生:《社区干预项目对未婚年轻人性行为的长期影响》,《复旦学报》(医学版)2006年第2期。

[76] 汪洁、梁朝辉:《城市大龄未婚青年婚恋观探析》,《南方论丛》2006年第2期。

[77] 王俊杰:《动力学模型在我国艾滋病五类高危人群传播规律分析中的应用》,中国疾病预防控制中心,2011。

[78] 王瑞平、武俊青、姜综敏、黄酉戎、陶林:《深圳市流动人口性行为情况及影响因素分析》,《中国计划生育学杂志》,2008。

[79] 王曙光:《艾滋病亚文化易感挑战社会建构理论》,《社会科学研究》2008年第4期。

[80] 王霞:《第三次单身潮解析》,《中国青年研究》2006年第12期。

[81] 王颖馨:《山东省低档场所女性性工作者艾滋病知识、态度、行为变化及干预效果分析》,济南大学硕士学位论文,2011。

[82] 王跃生:《十八世纪后期中国男性晚婚及不婚群体的考察》,《中国社会经济史研究》2001年第2期。

[83] 王芸、肖霞、郑频频、Abdullah、傅华:《保护动机理论在个体行为改变中的应用和发展》,《中国健康教育》2009年第11期。

[84] 王作振、闫宝华、王克利:《同伴教育及其研究状况》,《中国健康教育》2004年第5期。

[85] 韦艳、靳小怡、李树茁:《农村大龄未婚男性家庭压力和应对策略研究——基于YC县访谈的发现》,《人口与发展》2008年第5期。

[86] 文彬、李玉艳、张玉凤、周颖、武俊青、赵瑞:《深圳流动人口商业性行为及影响因素分析》,《中国公共卫生》2012年第3期。

[87] 翁乃群:《艾滋病的社会文化建构》,《清华社会学评论》2001年第1期。

[88] 吴丽丽、段成荣:《中国流动人口性和生殖健康公共服务政策分析》,《人口与经济》2009年第3期。

[89] 武锋:《云南西双版纳傣族农村地区艾滋病健康教育与行为干预研

究》，中国协和医科大学博士学位论文，2007。

[90] 夏国美、杨秀石：《商业性性交易者艾滋病认知、态度与行为调查》，《社会》2005年第5期。

[91] 谢立春、曾序春、钟于玲、王亦凡、陈泽强、史闯：《流动未婚男青年生殖健康现状研究》，《中国性科学》2005年第11期。

[92] 邢成举：《男性光棍构成差异的地域性解释——基于凤城和新县两个村庄的比较分析》，《青年研究》2011年第1期。

[93] 许磊：《南汇地区建筑工人艾滋病性病流行病学及预防干预研究》，复旦大学硕士学位论文，2011。

[94] 杨博、魏伟、李树茁：《中国性别失衡与Sexuality：一个新的研究视角与框架》，《西安交通大学学报》（社会科学版）2012年第3期。

[95] 杨雪燕、阿塔尼·伊莎贝尔、李树茁：《性别失衡背景下大龄未婚男性的商业性行为——基于中国农村地区的研究发现》，《人口学刊》2013年第1期。

[96] 杨雪燕、李树茁：《性别失衡与人口流动视角下的男男性行为：来自中国城市地区的证据》，《人口与发展》2013年第1期。

[97] 杨雪燕、伊莎贝拉·阿塔尼、李树茁：《大龄未婚男性的男男性行为及其对公共安全的意义：基于中国农村性别失衡背景的研究发现》，《中国软科学》2012年第5期。

[98] 叶文振：《我国妇女初婚年龄的变化及其原因——河北省资料分析的启示》，《人口学刊》1995年第2期。

[99] 殷海善：《山西省晋西北贫困地区某乡镇光棍问题的调查研究》，《山西农业大学学报》（社会科学版）2009年第4期。

[100] 虞晨、孙业桓、孙良、王波、曹红院：《我国流动人口艾滋病预防干预效果的Meta分析》，《中国循证医学杂志》2008年第5期。

[101] 袁雁飞、纪颖、栗潮阳、常春、王东旭、段超：《北京市海淀区流动人口生殖健康知识与性行为调查分析》，《中国健康教育》2011年第7期。

[102] 张春汉、钟涨宝：《农村大龄未婚青年成因分析——来自湖北潜江市Z镇Y村的个案分析》，《青年探索》2005年第1期。

[103] 张海微：《基于计划行为理论对大学生性行为意向的研究》，西南大

学硕士学位论文，2008。

[104] 张洁：《关于健康风险信息与恐惧诉求理论的探讨》，《武汉船舶职业技术学院学报》2011年第1期。

[105] 张宁：《学界有关艾滋病传播研究的回顾》，《大连大学学报》2007年第4期。

[106] 张宁、武沐：《十年来社会组织（NGOs）参与防治艾滋病研究述评》，《西北工业大学学报》（社会科学版）2011年第1期。

[107] 郑灵巧：《去年我国新发染艾者4.8万人》，2012年1月30日，http://jkb.com.cn/document.jsp?docid=271091&cat=oB，最后访问日期：2012年2月25日。

[108] 郑晓丽：《贫困山区大龄未婚青年成家难现象探析》，《中国青年研究》2008年第1期。

[109] 郑真真、周云：《男性流动人口避孕套使用及影响因素分析》，《中国计划生育杂志》2006年第12期。

[110] Aiken L. R.：《态度与行为：理论、测量与研究》，何清华、雷森、陈浪译，中国轻工业出版社，2008。

[111] Ajzen, I., 1985. "From Intentions to Actions: A Theory of Planned Behavior," *Action Control: From Congition to Behavior*: pp. 11–39.

[112] Ajzen, I., 1991. "The Theory of Planned Behavior," *Organizational Behavior and Human Decision Processes*, 50 (2): 79–211.

[113] Ajzen, I. and M. Fishbein., 1980. *Understanding Affitudes and Predicting Social Behavior*, New Jersey: Prentice-Hall.

[114] Ajzen, I. and Madden, T. J., 1986. "Prediction of Goal Direted Behavior: Attitudes, Intentions, and Pereeived Behavioral Control," *Journal of Experimental Social Psychology*, 22: 453–474.

[115] Albarracín, D, Ho, R. M., McNatt, P. S., Williams, W. R., Rhodes, F, Malotte, C. K. and Iatesta, M., 2000. "Structure of Outcome Beliefs in Condom Use," *Health Psychology*, 19 (5): 458–468.

[116] Albarracín, D., Johnson, B. T., Fishbein, M. and Muellerleile, P. A., 2001. "Theories of Reasoned Action and Planned Behavior as Models of Condom Use: A Meta-analysis," *Psychological Bulletin*, 127 (1): 142–

161.

[117] Armitage, C. J. and Conner, M., 2001. "Efficacy of the Theory of Planned Behaviour: A Meta-analytic Review," *British Journal of Social Psychology*, 40: 471-499.

[118] Askun D. and Ataca, B., 2007. "Sexuality Related Attitudes and Behaviors of Turkish University Students," *Archives of Sexual Behavior*, 36 (5): 741-752.

[119] Attané I., 2005. *Une Chine sans femm*. Paris: Perrin.

[120] Attané I., 2006. "The Demographic Impact of a Female Deficit in China, 2000-2050," *Population and Development Review*, pp. 755-770.

[121] Attané I. and Guilmoto C. Z., 2007. *Watering the Neighbour's Garden: The Growing Demographic Female Deficit in Asia*, Committee for International Cooperation in National Research in Demography (CICRED).

[122] Bakker A. B., Buunk B. P. and Siero F. W., 1993. "Condom Use among Heterosexuals: A Comparison of the Theory of Planned Behavior, the Health Belief Model and Protection Motivation Theory," *Gedrag Gezond*, 21 (5): 238-254.

[123] Banister J., 2004. "Shortage of Girls in China Today," *Journal of Population Research* 21 (1): 19-45.

[124] Becker M. H., Haefner D. P., Kasl S. V., Kirscht J. P., Maiman L. A. and Rosenstock I. M., 1977. "Selected Psychosocial Models and Correlates of Individual Health-related Behaviors," *Medical Care*, 15 (5): 27-46.

[125] Becker M. H. and Joseph J. G., 1988. "AIDS and Behavioral Change to Reduce Risk: A Review," *American Journal of Public Health*, 78 (4): 394-410.

[126] Becker M. H., Maiman L. A., Kirscht J. P., Haefner D. P. and Drachman R. H., 1977. "The Health Belief Model and Prediction of Dietary Compliance: A Field Experiment," *Journal of Health and Social Behavior*, pp. 348-366.

[127] Bernard J., 1982. *The Future of Marriage.* New York: Columbia University Press.

[128] Bloom D. E., 1998. "Technology, Experimentation, and the Quality of Survey Data," *Science*, 280 (5365): 847 – 848.

[129] Bo Z. and Wenxiu G., 1992. "Sexuality in Urban China," *The Australian Journal of Chinese Affairs*, 28: 1 – 20.

[130] Bourdieu P. 1989. "Reproduction Interdite. La Dimension Symbolique de la Domination Économique," *Etudes Rurales*, pp. 15 – 36, 113 – 114.

[131] Brown L. K., Di Clemente R. J. and Reynolds L. A., 1991. "HIV Prevention for Adolescents: Utility of the Health Belief Model," *Aids Education and Prevention.*

[132] Bruess C. E. and Greenberg J. S., 2008. *Sexuality Education: Theory and Practice*, Jones and Bartlett Learning.

[133] Buss D. M., 1989. "Ex Differences in Human Mate Preferences: Evolutionary Hypotheses Tested in 37 Cultures," *Behavioral and Brain Sciences*, 12 (1): 1 – 49.

[134] Buss D. M. and Schmitt D. P., 1993. "Sexual Strategies Theory: An Evolutionary Perspective on Human Mating," *Psychological Review*, 100 (2): 204.

[135] Cai Y. and Lavely W., 2004. "China's Missing Girls: Numerical Estimates and Effects on Population Growth," *Studies in Family Planning*, 35 (2): 145 – 147.

[136] Catania J. A., Coates T. J., Kegeles S., Fullilove M. T., Peterson J., Marin B. and Hulley S., 1992. "Condom Use in Multi-ethnic Neighborhoods of San Francisco: The Population-based AMEN (AIDS in Multi-Ethnic Neighborhoods) Study," *American Journal of Public Health*, 82 (2): 84 – 287.

[137] Cha E., Kim K., Patrick T., 2008. "Predictors of Intention to Practice Safer Sex among Korean Colleage Students," *Archives of Sexual Behavior*, 37 (4): 641 – 651.

[138] Clark R. D., and Hatfield E., 1989. "Gender Differences on Receptivity

to Sexual Offers", *Journal of Psychology and Human Sexuality*, 2 (1): 39 – 55.

[139] Cockrumm J. and White P. , 1985. "Influences on the Life Satisfaction of Never-married Men and Women," *Family Relations*, 34: 551 – 556.

[140] Cohen A. , 2009. *Sexual Risk Behaviors: Who is Vulnerable? An Extensive Literature Review of Sexual Risk Practices and the Development of a Pamphlet for An At-risk Community*, Doctor of Pshchology, Antioch University Seattle, Seattle.

[141] Conner M. and Armitage C. J. , 1998. "Extending the Theory of Planned Behavior: A Review and Avenues for Further Research," *Journal of Applied Social Psychology*, 28: 429 – 1464.

[142] Conner M. and Norman P. , 2005. "Predicting Health Behaviour: A Social Cognition Approach," *Predicting health behaviour*, pp. 1 – 27.

[143] Corey S. M. , 1937. Professed Attitudes and Actual Behavior," *Journal of Educational Psychology*, 28 (4): 271.

[144] Cosmides L. , Tooby J. and Barkow J. , 1992. "Evolutionary Psychology and Conceptual Integration," In J. Barkow, L. Cosmides and J. Tooby (Eds.), *The Adapted Mind: Evolutionary Psychology and the Generation` of Culture*. New York: Oxford University Press.

[145] Courtwright D. T. , 1998. *Violent Land: Single Men and Social Disorder from the Frontier to the Inner City*, Harvard Univ Pr.

[146] Crenshaw T. , 1984. *Medical Causes of Seuxal Disfunction*, Paper Presented at the Awareness AASECT 1984 Regional Conference, Las Vegas.

[147] Das A. , Parish W. L. and Laumann E. O. , 2009. "Asturbation in Urban China," *Archives of Sexual Behavior*, 38 (1): 108 – 120.

[148] De Wit J. B. F. , Stroebe W. , De Vroome E. M. M. , Sandfort T. G. M. and Van Griensven G. J. P. , 2000. "Understanding AIDS Preventive Behavior with Casual and Primary Partners in Homosexual Men: The Theory of Planned Behavior and the Information-Motivation-Behavioral-Skills Model," *Psychology and Health*, 15 (3): 25 – 340.

[149] DeHart D. D. and Birkimer J. C. 1997. "Trying to Practice Safer Sex:

Development of the Sexual Risks Scale," *The Journal of Sex Research*, 34 (1): 11-25.

[150] Dudley P. and Glover K., 2005. "Too Many Males: Marriage Market Implications of Gender Imbalances in China," *Genus*, 61 (2): 119-140.

[151] Duong C., Nguyen T., Hoang T., Nguyen V., Do T., Pham V. and Detels R., 2008. "Sexual Risk and Bridging Behaviors among Young People in Hai Phong, Vietnam," *AIDS and Behavior*, 12 (4): 643-651.

[152] Dzewaltowski D., 1989. "Toward a Model of Exercise Motivation," *Journal of Sport and Exercise Psychology*, 11 (25): 1-269.

[153] Eagly A. H., 1987. *Sex Differences in Social Behavior: A Social-role Interpretation* (Vol. 1985), Lawrence Erlbaum.

[154] Eagly A. H. and Chaiken S., 1993. *The Psychology of Attitudes*, Harcourt Brace Jovanovich College Publishers.

[155] Eagly A. H. and Wood W., 1999. "The Origins of Sex Differences in Human Behavior: Evolved Dispositions Versus Social Roles," *American Psychologist*, 54 (6): 408.

[156] Ebenstein A. Y. and Jennings E., 2009. "Bare Branches, Postitution and HIV in China: A Demographic Analysis," In J. Tucker, D. L. Poston, Q. Ren, B. Gu, X. Zheng, S. Wang and C. Russell (Eds.)" *Gender Policy and HIV in China: Catalyzing Policy Chang*, New York: Springer.

[157] Ebenstein A. Y. and Sharygin E. J., 2009. "The Consequences of the 'Missing Girls' of China," *World Bank Economic Review*, 23 (3): 399-425. doi: 10.1093/wber/lhp012.

[158] Eberstadt N., 2000. *Prosperous Paupers and Other Population Problems*, New Brunswick: Transaction.

[159] Edlund L., 1999. "Son Preferences, Sex Rations, and Marriage Patterns," *Journal of Political Economy*, 107 (6): 1275-1304.

[160] Ehrlich P., Feldman M., Dubrovsky B., Hagen E., Hauser M.,

Wrangham R. and Brown G. R., 2003. "Genes and Culture: What Creates Our Behavioral Phenome," *Current Anthropology*, 44 (1): 87 – 107.

[161] Emily H., 2003. *Socialist Sex, the Cultural Revolution Revisited*, Stanford: Stanford University Press.

[162] Fishbein M. and Ajzen I., 1975. *Belief, Attitude, Intention and Behaviour: An Introduction to Theory and Research*, Addison-Wesley.

[163] Fishbein M., and I. Ajzen, 2005. "Theory-based behavior Change Interventions: Comments on Hobbic and Sutton," *Journal of Health Psychology*, 10 (1): 27 – 31.

[164] Fishbein M., Trafimow D., Middlestadt S. E., Helquist M., Francis C. and Eustace M., 1995. "Using an AIDS KABP Survey to Identify Determinants of Condom Use Among Sexually Active Adults From St. Vincent and The Grenadines1," *Journal of Applied Social Psychology*, 25 (1): 1 – 20.

[165] Fishbein M., Triandis H. C., Kanfer F. H., Becker M., Middlestadt S. E., Eichler A. and Revenson T. A., 2000. "Factors Influencing Behavior and Behavior Change", Handbook of Health Psyhchology.

[166] Fisher H. E., 1994. *Anatomy of Love: A Natural History of Mating, Marriage, and Why We Stray*, Ballantine Books.

[167] Fisher J. D. and Fisher W. A., 2000. "Theoretical Approaches to Individual-level Change in HIV Risk Behavior," Handbook of HIV Prevention, New York: Kluwer Academic/Plenum.

[168] Fisher J. D. and Misovich S. J., 1990. "Evolution of College Students' AIDS-related Behavioral Responses, Attitudes, Knowledge, and Fear," *AIDS Education and Prevention*.

[169] Fisher J. D., Misovich S. J. and Fisher W. A., 1992. "Impact of Perceived Social Norms on Adolescents' AIDS-risk Behavior and Prevention", *Adolescents and AIDS: A Generation in Jeopardy*, Newbury Park, CA: Sage Publi-cations.

[170] Gagnon J. and Parker R., 1995. "Introduction: Conceiving Sexuality,"

In R. Parker and J. Gagnon (Eds.), *Conceiving Sexuality: Approaches to Sex Research in a Postmodern World*, New York: Routledge.

[171] Gagnon J. H. and Simon W., 1973. *Sexual Conduct: The Social Sources of Human Sexuality*, Chicago: Aldine.

[172] Gagnon J. H. and Simon W., 2005. *Sexual Conduct: The Social Sources of Human Sexuality*, Chicago: Aldine.

[173] Gammeltoft T., 2002. "Seeking Trust and Transcendence: Sexual Risk-taking among Vietnamese Youth," *Social Science and Medicine*, 55 (3): 483 – 496.

[174] Garcia-Calleja J., Sam-Abbenyi A., O'dell V., Bowmans J., Mboun, G., Boupda A. and Schmidt-Ehry B., 1993. "A Review of KABP Studies on AIDS and HIV Infection in Cameroon," *Bull. filiais. doc. – OCEAC*, 26 (4): 169 – 174.

[175] Gatch C. L., Kendzierski D., 1990. "Predicting Exercise Intrentions-the Theory of Planned Behavior," *Research Quarterly for Exercise and Sport*, 61 (1): 100 – 102.

[176] Gebhardt W. A., Kuyper L. and Greunsven G., 2003. "Need for Intimacy in Relationships and Motives for Sex as Determinants of Adolescent Condom Use," *Journal of Adolescent Health*, 33 (3): 154 – 164.

[177] Gebhardt W. A. and Maes S., 2001. "Integrating Social-psychological Frameworks for Health Behavior Research," *American Journal of Health Behavior*, 25 (6): 528 – 536.

[178] Godin G., and Kok G., 1996. "The Theory of Planned Behavior: A Review of It's Applications to Health-Related Behaviors," *American Journal of Health Promotion*, 11 (2): 87 – 98.

[179] Godin G., and Ualois P., Lepage L., Desharnais R, 1992. "Predictors of Smoking Behavior: An Application of Ajzen's Theory of Planned Behavior," *British Journal of Addiction*, 87 (9): 1335 – 1343.

[180] Greenberg J. S., Bruess C. E. and Conklin S. C., 2010. *Exploring the Dimensions of Human Sexuality*, Jones and Bartlett Publishers.

[181] Greenberg J. S., Bruess C. E. and Conklin S. C., 2011. *Exploring the Dimensions of Human Sexuality*, Jones and Bartlett Publishers.

[182] Gupta M. D., Chung W. and Shuzhou L., 2009. "Evidence for an Incipient Decline in Numbers of Missing Girls in China and India," *Population and Development Review*, 35 (2): 401–416.

[183] Gutierrez J., Bertozzi S. M., Glez C. and Sanchez-Aleman M., 2006. "Risk Behaviors of 15–21 Year Olds in Mexico Lead to a High Prevalence of Sexually Transmitted Infections: Results of a Survey in Disadvantaged Unban Areas," *BMC Public Health* (6): 1–11.

[184] Henry T. A., 2006. The Relationship Between Identity, High Risk Sexual Behavior, Perceptions of Oppression, Social Support, and Coping in Black/Hispanic Men Who Have Sex With Men: an Internet Study (PH. D., Columbia University.)

[185] Hertog S. and Merli M. G., Demographic Shifts and The Spread of HIV in China. Paper represented at the Population Association of America Annual Meetings, New York, 2007.

[186] Hong Y., and Li X. M., 2008. "Behavioral Studies of Female Sex Workers in China: A Literature Review and Recommendation for Future Research," *Aids and Behavior*, 12 (4): 623–636.

[187] Hudson V. M. and Den Boer A. M., 2004. *Bare Branches: The Security Implications of Asia's Surplus Male Population*, Cambridge, Mass: the MIT press.

[188] Janz N. K. and Becker M. H., 1984. "The Health Belief Model: A Decade Later," *Health Education and Behavior*, 11 (1): 1–47.

[189] Jemmott J. B. I., Jemmott L. S., Hacker C. I., 1992. "Predicting Intentions to use Condoms among African-American Adolescents : The Theory of Planned Behavior as a Model of HIV Risk-associated Behavior," *Ethnicity and Disease*, 2 (4): 371–380.

[190] Jessor R. and Jessor S. L., 1977. *Problem Behavior and Psychosocial Development: A Longitudinal Study of Youth*, Academic Press New York.

[191] Jiang Q., Attané I., Li S. and Feldman M. W., 2007. "Son

Preference and the Marriage Squeeze in China: an Integrated Analysis of the First Marriage and the Remarriage Market," *Watering the Neighbour's Garden: The Growing Demographic Female Deficit in Asia*, p. 347.

[192] Jiang Q. and Barricarte J. J. S. , 2011. "Trafficking in Women in China," *Asian Women* 27 (3): 83 – 111.

[193] Johanson S. , and Nygen O. , 1991. "The Missing Girls of China: A New Demographic Account," *Population and Development Review.* , 22 (1): 35 –51.

[194] Johnson G. E. 1993. "Family strategies and Economic Transformation in Rural China: Some Evidence from the Pearl River Delta," In Davis. D. and Harrell S. Chinese Families in The Post-Mao Era, 103 – 136. (Eds.), Berkeley: University of California Press.

[195] Jung M. and Choi M. , 2009. "The Sociodemographic Characteristics of Concurrent Sexual Partnerships and their Risky Sexual Behaviors: Results of a Nationally Representative Sample of South Korean Adults," *Sexuality and Disability*, 27 (3): 127 –138.

[196] Kaljee L. , Genberg B. , Minh T. , Tho L. , Thoa L. and Stanton B. , 2005. "Alcohol Use and HIV Risk Behaviors among Rural Adolescents in Khanh Hoa Province Viet Nam," *Health Education Research*, 20 (1): 71 – 80.

[197] Kashima Y. , Gallois C. and McCamish M. , 1993. "The Theory of Reasoned Action and Cooperative Behaviour: It Takes Two to Use a Condom," *British Journal of Social Psychology*, 32 (3): 227 –239.

[198] Kelly J. A. , Sikkema K. J. , Winett R. A. , Solomon L. J. , Roffman R. A. , Heckman T. G. and Desiderato L. J. , 1995. "Factors Predicting Continued High-risk Behavior among Gay Men in Small Cities: Psychological, Behavioral, and Demographic Characteristics Related to Unsafe Sex," *Journal of Consulting and Clinical Psychology*, 63 (1): 101.

[199] Kenrick D. T. and Keefe R. C. , 1992. "Age Preferences in Mates Reflect Sex Differences in Human Reproductive Strategies," *Behavioral and Brain Sciences*, 15 (1): 75 –91.

[200] Kim N., Stanton B., Li X., Dickersin K. and Galbraith J., 1997. "Effectiveness of the 40 Adolescent AIDS-risk Reduction Interventions: a Quantitative Review," *Journal of Adolescent Health*, 20 (3): 204 - 215.

[201] Kirby D., Short L., Collins J., Rugg D., Kolbe L., Howard M. and Zabin L. S., 1994. "School-based Programs to Reduce Sexual Risk Behaviors: a Review of Effectiveness," *Public health reports*, 109 (3): 339.

[202] Klasen S. and Wink C., 2002. "A Turning Point in Gender Bias in Mortality? An Update on the Number of Missing Women," *Population and Development Review*, 28 (2): 285 - 312.

[203] Kohlmeier L., Mendez M., McDuffie J. and Miller M., 1997. "Computer-Assisted Self-interviewing: A Multimedia Approach to Dietary Assessment," *American Journal of Clinical Nutrition*, 65 (4): S1275 - 1281.

[204] Laumann E. O., 1994. *The Social Organization of Sexuality: Sexual Practices in the United States*, University of Chicago Press.

[205] Li N. P., Bailey J. M., Kenrick D. T. and Linsenmeier J. A. W., 2002. "The Necessities and Luxuries of Mate Preferences: Testing the Tradeoffs," *Journal of Personality and Social Psychology*, 82 (6): 947.

[206] Li X., Zhang L., Stantion B., Fang X., Xiong Q., Lin D., 2007. "HIV/AIDS - Related Sexual Risk Behavior among Rural Residents in China: Potential Role of Rural-to-urban Migration," *Aids Eduation Prevention*, 19 (5): 396 - 407.

[207] Li S., Zhang Q., Yang X. and Attane I., 2010. "Male Singlehood, Poverty and Sexuality in Rural China: An Exploratory Survey," *Population (English edition)*, 65 (4): 679 - 694.

[208] Li X., Shi W., Li D., Ruan Y., Jia Y., Vermund S., 2008. "Predictors of Unprotected Sex among Men Who Have Sex with Men in Beijing, China," *Southeast Asian of Joural Tropical Medicine and Public Health*, 39 (1): 99 - 108.

[209] Li X., Stanton B., Fang X., Lin D., Mao R., Wang J. and Harris

C., 2004. "HIV/STD Risk Behaviors and Perceptions among Rural-to-urban Migrants in China," *Aids Education and Prevention*, 16 (6): 538 – 556.

[210] Liao S., Schensul J. and Wolffers I., 2003. "Sex-related Health Risks and Implications for Interventions with Hospitality Women in Hainan, China," *Aids Education and Prevention*, 15 (2): 109 – 121.

[211] Magnani R. J., Karim A. M., Weiss L. A., Bond K. C., Lemba M. and Morgan G. T., 2002. "Reproductive Health Risk and Protective Factors among Youth in Lusaka, Zambia," *Journal of Adolescent Health*, 30 (1): 76 – 86.

[212] Maner J. K., Kenrick D. T., Becker D. V., Delton A. W., Hofer B., Wilbur C. J. and Neuberg S. L., 2003. "Sexually Selective Cognition: Beauty Captures the Mind of the Beholder," *Journal of Personality and Social Psychology*, 85 (6): 1107.

[213] Masters W. H. and Johnson V. E., 1966. *Human Sexual Response*, Boston: Little Brown.

[214] McGuire E., Shega J., Nicholls G., Deese P. and Landefeld C. S., 1992. "Sexual Behavior, Knowledge, and Attitudes about AIDS among College Freshmen," *American Journal of Preventive Medicine*, 8 (4): 226.

[215] McGuire W. J., 1985. "Attitudes and Attitude Change," *Handbook of Social Psychology*, 2: 233 – 346.

[216] Meekers D. and Klein M., 2002. "Determinants of Condom Use among Young People in Urban Cameroon," *Studies in Family Planning*, 33 (4): 335 – 346.

[217] Merli M. G. and Hertog S., 2010. "Masculine Sex Ratios, Population Age Structure and the Potential Spread of HIV in China," *Demographic Research*, 22 (3): 63 – 94.

[218] Miller J. D., Lynam D., Zimmerman R. S., Logan T., Leukefeld C and Clayton R., 2004. "The Utility of the Five Factor Model in Understanding Risky Sexual Behavior," *Personality and Individual Differences*, 36 (7): 1611 – 1626.

[219] Mohammad K., Farahani F. K. A., Mohammadi M. R., Alikhani S., Zare M., Tehrani F. R. and Ghanbari H., 2007. "Sexual Risk-taking Behaviors among Boys Aged 15 – 18 Years in Tehran," *Journal of Adolescent Health*, 41 (4): 407 – 414.

[220] Mohammadi M. R., Mohammad K., Farahani F. K. A., Alikhani S., Zare M., Tehrani F. R. and Alaeddini F., 2006. "Reproductive Knowledge, Attitudes and Behavior among Adolescent Males in Tehran, Iran," *International Family Planning Perspectives*, 32 (1): 35 – 44.

[221] Mullen P. D., Hersey J. C. and Iverson D. C., 1987. "Health Behavior Models Compared," *Social Science and Medicine*, 24 (11): 973 – 981.

[222] Murray N. J., Zabin L. S., Toledo-Dreves V. and Luengo-Charath X., 1998. "Gender Differences in Factors Influencing First Intercourse among Urban Students in Chile," *International Family Planning Perspectives*, pp. 139 – 152.

[223] Myers D. G., 2005. *Social Psychology*, McGraw-Hill.

[224] Norton T. R., Bogart B. M., Cecil H. and Pinkerton S. D., 2005. "Primacy of Affect over Cognition in Determining Adult Men's Condom-use Behavior: A Review," *Journal of Applied Social Psychology*, 35 (12): 2493 – 2534.

[225] Olson J. M. and Zanna M. P., 1993. "Attitudes and Attitude Change," *Annual review of psychology*, 44 (1): 117 – 154.

[226] Pagès A., 2001. "Pauvreté et Exclusion en Milieu Rural Fran? ais," *Etudes rurales* (3): 97 – 110.

[227] Parish W. L., Laumann E. O., Cohen M. S., Pan S., Zheng H., Hoffman I., Ng K. H., 2003. "Population-based Study of Chlamydial Infection in China: a Hidden Epidemic," *JAMA*, 289 (10): 1265 – 1273.

[228] Parish W. L., Luo Y., Stolzenberg R., Laumann E. O., Farrer G., Pan S. M., 2007. "Sexual Practices and Sexual Satisfaction: A Population Based Study of Chinese Urban Adults ," *Archives of Sexual Behavior*, 36

(1): 5 - 20.
[229] Parish W. L. and Whyte M. K., 1980. *Village and Family in Contemporary China*, Chicago: The University of Chicago Press.
[230] Park C. B. and Cho N. H., 1995. "Consequences of Son Preference in a Low-fertility Society: Imbalance of The Sex Ratio at Birth in Korea," *Population and Development Review*, pp. 59 - 84.
[231] Parker R. G. and Gagnon J. H., 1995. *Conceiving Sexuality: Approaches to Sex Research in a Postmodern World*, London: Routledge.
[232] Poston D. L. and Glover K. S., 2005. "Too Many Males: Marriage Market Implications of Gender Imbalances in China," *Genus*, 61 (2): 119 - 140, 115.
[233] Price J. H., Desmond S. and Kukulka G., 1985. "High School Students' Perceptions and Misperceptions of AIDS," *Journal of School Health*, 55 (3): 107 - 109.
[234] Rogers R. W., 1975. "A Protection Motivation Theory of Fear Appeals and Attitude Change," *The Journal of Psychology*, 91 (1): 93 - 114.
[235] Rogers R. W., 1983. "Cognitive and Physiological Processes in Fear Appeals and Attitude Change: A Revised Theory of Protection Motivation," *Social psychophysiology*, pp. 153 - 176.
[236] Rugpao S., 2008. "Women's Reports of Condom Use in Thai Couples under Intensive and Regular STI/HIV Risk Reduction Counseling," *AIDS and Behavior*, 12 (3): 419 - 430.
[237] Rupp H. A. and Wallen K., 2008. "Sex Differences in Response to Visual Sexual Stimuli: A Review," *Archives of Sexual Behavior*, 37 (2): 206 - 218.
[238] Schwarzer R., 1992. *Self-efficacy in the Adoption and Maintenance of Health Behaviors: Theoretical Approaches and a New Model*, Hemisphere Publishing Corp.
[239] Seacat J. P., 2002. *Predictors of High-risk Sexual Behavior in College Males: a Study on the Effect of Sexual Orientation*. (Ph. D. diss., Dr Eastern Michigan University, Ypsilanti, Michigan.)

[240] Sehgal V. N., Sharma A and Bhattacharya S., 1992. *KABP Study on AIDS among School Boys.*

[241] Seidman S., Fischer N. and Meeks C., 2007. *Hand Book of the New Sexuality Studies*: TaylorandFrancis, e-Library.

[242] Sheeran P. and Taylor S., 1999b., "Predicting Intentions to Use Condoms: A Meta-Analysis and Comparison of the Theories of Reasoned Action and Planned Behavior 1," *Journal of Applied Social Psychology*, 29 (8): 1624 – 1675.

[243] SIECUS., 2005. Position Statements on Sexuality.

[244] Simon W. and Gagnon J. H., 1984. "Sexual Scripts," *Society*, 22 (1): 53 – 60.

[245] Simon W. and Gagnon J. H., 1986. "Sexual Scripts: Permanence and Change," *Archives of Sexual Behavior*, 15 (2): 97 – 120.

[246] Simon W. and Gagnon J. H., 2003. "Sexual Scripts: Origins, Influences and Changes," *Qualitative sociology*, 26 (4): 491 – 497.

[247] Simpson J. A. and Gangestad S. W., 1991. "Individual Differences in Sociosexuality: Evidence for Convergent and Discriminant Validity," *Journal of Personality and Social Psychology*, 60 (6): 870.

[248] Singh N., Singh M., Saxena A., Sharma V. and Kalra N., 1998. "Knowledge, Attitude, Beliefs and Practices (KABP) Study Related to Malaria and Intervention Strategies in Ethnic Tribals of Mandla (Madhya Pradesh)," *Current Science*, 75 (12): 1386 – 1390.

[249] Slesinger D. P. and Pfeffer M. J., 1992. "Migrant Farm Workers," *Rural poverty in America*, pp. 136 – 153.

[250] Smith T. W., 1994. "Attitudes toward Sexual Permissiveness: Trends, Correlates, and Behavioral Connections," *Sexuality across the Life Course*, 63 – 97.

[251] Snyder M. and Ickes W., 1985. "Personality and Social Behavior," *Handbook of social psychology*, 2: 883 – 947.

[252] Soler H., Quadagno D., Sly D. F., Riehman K. S., Eberstein I. W. and Harrison D. F., 2000. "Relationship Dynamics, Ethnicity and

Condom Use among Low-income Women," *Family Planning Perspectives*, 32 (2): 82 – 101.

[253] South S. J. and Trent K., 2010. "Imbalanced Sex Ratios, Men's Sexual Behavior, and Risk of Sexually Transmitted Infection in China," *Journal of Health and Social Behavior*, 51 (4): 376.

[254] Stanton B. F., Li X., Kahihuata J., Fitzgerald A. M., Neumbo S., Kanduuombe G. and Guevara I., 1998. "Increased Protected Sex and Abstinence among Namibian Youth Following a HIV Risk-reduction Intervention: a Randomized, Longitudinal Study," *Aids*, 12 (18): 2473.

[255] Stanton D. C., 1992. *Discourses of Sexuality: From Aristotle to AIDS*, University of Michigan Pr.

[256] Sutton S., 1994. "The Past Predicts the Future: Interpreting Behavior-behavior Relationships in Social Psychological Models of Health Behavior," *Social psychology and health: European perspectives*. Aldershot, UK: Avebury.

[257] Swan D. J., 1999. *Understanding Sexual Behavior as an Interpersonal Process: the Influence of Power on Sexual Risk-taking and Condom Use within Intimate Relationships*. (Ph. D. diss., Faculty of Claremont Graduate University Claremont, California.)

[258] Tan M. L., 1998. *Sex and Sexuality*. Quezon: UP-UCWS.

[259] Tucker J. D., Henderson G. E., Wang T. F., Huang Y. Y., Parish W., Pan S. M. and Cohen M. S., 2005. "Surplus Men, Sex Work, and the Spread of HIV in China," *AIDS*, 19 (6): 539 – 547.

[260] Tucker J. D. and Wang T., 2009. "Heterosexual Male STI/HIV Risk in China," *Gender Policy and HIV in China*, pp. 115 – 123.

[261] Tuljapurkar S., Li N. and Feldman M. W., 1995. "High Sex Ratios in China's Future," *Science*, 267 (5199): 874 – 876.

[262] Vance C. S., 1991. "Anthropology Rediscovers Sexuality: A Theoretical Comment," *Social Science and Medicine*, 33 (8): 875 – 884.

[263] Vanlandingham M. J., Suprasert S., Grandjean N. and Sittitrai W.

1995. "Two Views of Risky Sexual Practices among Northern Thai Males: The Health Belief Model and the Theory of Reasoned Action," *Journal of Health and Social Behavior*, pp. 195 – 212.

[264] Waite L. J. and Gallagher M., 2001. *The Case for Marriage: Why Married People Are Happier, Healthier, and Better off Financially*. New York: Broadway Books.

[265] Weeks J., 1985a. *Sexuality and Its Discontents: Meanings, Myths and Modern Sexualities*, London and New York: Psychology Press.

[266] WHO, 2007. "Sex, Sexuality, Gender Reproductive Health and FP," from < http://www.who.int/reproductive-health/gender/sexual_health.html#2 >.

[267] Wicker A. W., 1969. "Attitudes Versus Actions: The Relationship of Verbal and Overt Behavioral Responses to Attitude Objects," *Journal of social issues*, 25 (4): 41 – 78.

[268] Winslow R. W., Franzini L. R. and Hwang J., 1992. "Perceived Peer Norms, Casual Sex, and AIDS Risk Prevention1," *Journal of Applied Social Psychology*, 22 (23): 1809 – 1827.

[269] Wyatt G. E., 1994. "The Sociocultural Relevance of Sex Research: Challenges for the 1990s and Beyond," *American Psychologist*, 49 (8): 748 – 754.

[270] Xenos P. and Gultiano S. A., 1992. *Trends in Female and Male Age at Marriage and Celibacy in Asia*. Honolulu: East-West Center.

[271] Xiao Z., 2007. *Adapting and Applying a Multiple Domain Model of Condom Use to Chinese College Students*. (Ph. D. diss University of Kentucky.)

[272] Yang X., Attané I., Li S. and Zhang Q., 2011. "On Same-Sex Sexual Behaviors Among Male Bachelors in Rural China: Evidence From a Female Shortage Context," *American Journal of Men's Health*, 108 – 119.

[273] Zhang Q., Attané I., Li S. and Yang X., 2011. "Condom Use Intentions among Forced Male Bachelors in Rural China: Findings from a Field Survey Conducted in a Context of Female Deficit," *Genus*, 67 (1): 21 – 44.

附录1

态度量表各题项的因子载荷

态度量表题项	因子载荷
因子1:愉悦态度	
安全套没有吸引力	0.79
安全套的价格太贵	0.73
安全套的气味、质地等让人觉得不舒服	0.70
买安全套(或问别人要安全套)会让人很难为情	0.69
使用安全套会打断做爱的过程	0.53
使用安全套会减少心理(精神上)的舒服和满足	0.51
因子2:保护态度	
使用安全套可以降低感染性传播疾病和HIV(艾滋病病毒)的风险	0.88
使用安全套能避孕	0.86
因子3:互动态度	
使用安全套会让性伴侣觉得我不信任她	0.79
如果您很了解您的性伴侣,就不需要使用安全套	0.64
使用安全套很麻烦	0.54
不戴安全套时,自己与性伴侣的接触更"亲近"	0.57
因子4:自我感觉态度	
使用安全套能获得和不使用安全套时一样的舒服和满足	0.79
正确使用安全套能增加性快感	0.82
使用安全套是对性伴侣负责任的行为	0.62

附录 2

农村大龄男性生殖健康和家庭生活调查

朋友：

您好！我们正在进行一项关于男性人口健康和家庭生活的社会调查。我们将请您回答一些您的个人情况，包括生殖健康知识，以及性生活、性关系等方面的一些问题。整个调查大约需要 45 分钟。

这次调查是完全保密的。我们不会问您的名字和地址。我们不想，也不会把调查结果与您本人联系起来。根据我国的《统计法》，我们将对您回答的一切情况严格保密。

如果您接受我们的调查，我们会送给您一份精美的小礼品，以对您的支持和配合表示感谢。

您看过我们的说明，并且同意接受调查？

（1）是的，同意接受调查，（2）不同意接受调查（跳出结束访问）

第一部分 个人基本信息

DQ1. 您出生年月_____（请填公历时间）

（甄别访问对象，<27 周岁：您不是我们的访问对象，谢谢，再见！）

DQ2. 您的文化程度是下列哪种：（　）

(1) 没上过学 (2) 上过小学 (3) 上过初中

(4) 上过高中（含中专、技校）

(5) 上过大专 (6) 上过大学或者研究生

DQ3. 您的民族：（ ）

(1) 汉族 (2) 少数民族（请注明：×族）

DQ4. 您是否有兄弟姐妹？（ ）

(1) 有 (2) 没有（跳问 DQE1）

DQ5. 您兄弟姐妹的婚姻状况：（控制：哥哥＋姐姐＋弟弟＋妹妹≥1）

兄弟：_____个，已婚的兄弟有：_____个

姐妹：_____个，已婚的姐妹有：_____个

DQ6. 您现在的婚姻状况：（ ）

(1) 从来没有结过婚，而且没有同居 (2) 同居，但还没有领结婚证

(3) 已婚且夫妻俩住在一起 (4) 已婚但夫妻分居 (5) 离婚 (6) 丧偶

DQE1. 收入情况：近半年来，您的平均月收入为：（ ）

(1) 500 元以下 (2) 500～999 元 (3) 1000～1499 元

(4) 1500～1999 元 (5) 2000 元以上

DQE2. 和您的同龄人相比，您认为自己的经济状况如何？（ ）

(1) 比一般人好很多 (2) 比一般人好一些 (3) 和一般人差不多

(4) 比一般人稍差 (5) 比一般人差很多

DQE3. 在您的月收入中，以下这些支出分别有多少？（ ）

A. 自己积攒（包括储蓄的、带回或寄回老家的）□□□□元

B. 自己日常花费（衣食住行等）□□□□元

C. 用于社会交往（应酬、娱乐等）□□□□元

DQE4. 您从事过的主要职业包括（可多选）（ ）

01. 餐饮 02. 娱乐 03. 宾馆 04. 美容美发 05. 裁缝

06. 废品收购 07. 小商贩 08. 家政 09. 加工业 10. 运输业

11. 建筑业 12. 其他 13. 只有农业

DQE5. 在家里的时候，您和谁住在一起？（ ）（可多选）

(1) 自己独住 (2) 配偶 (3) 父母 (4) 岳父母 (5) 兄弟

(6) 姐妹 (7) 子女 (8) 孙子女 (9) 其他亲属 (10) 敬老院

(11) 其他人

婚姻和生育观念（未婚题）

下面我们将要谈的是您对婚姻和生育问题的一些看法。

DQMR1. 到目前为止，您交过几个女朋友？（ ）

（1）从来没有过 （2）1个 （3）2~5个 （4）5个以上

DQMR2. 您对于自己至今尚未结婚是什么心情？（ ）

2a.（1）非常失望 （2）失望 （3）无所谓

（4）不失望 （5）一点都不失望

2b. 您是否在意自己至今尚未结婚？

（1）非常在意 （2）在意 （3）无所谓 （4）不在意

（5）一点儿都不在意

DQMR3. 您父母对您目前还没有结婚是是怎么看的？（ ）

3a.（1）非常失望 （2）失望 （3）无所谓 （4）不失望

（5）一点儿都不失望

3b. 您父母是否在意您目前还没有结婚？

（1）非常在意 （2）在意 （3）无所谓 （4）不在意

（5）一点儿都不在意

DQMR4. 您认为下列各种说法是您不能结婚的原因吗？您有多同意（或不同意）呢？（ ）

4a. 周围的女人太少

（1）完全同意；（2）比较同意；（3）说不清；

（4）不太同意；（5）完全不同意

4b. 自己的长相太差，缺乏魅力

（1）完全同意；（2）比较同意；（3）说不清；

（4）不太同意；（5）完全不同意

4c. 家里很贫穷

（1）完全同意；（2）比较同意；（3）说不清；

（4）不太同意；（5）完全不同意

4d. 自己太害羞

（1）完全同意；（2）比较同意；（3）说不清；

（4）不太同意；（5）完全不同意

4e. 找不到合适的女人

（1）完全同意；（2）比较同意；（3）说不清；

（4）不太同意；（5）完全不同意

4f. 自己的健康问题

（1）完全同意；（2）比较同意；（3）说不清；

（4）不太同意；（5）完全不同意

4g. 自己受教育程度低

（1）完全同意；（2）比较同意；（3）说不清；

（4）不太同意；（5）完全不同意

4h. 自己过于挑剔

（1）完全同意；（2）比较同意；（3）说不清；

（4）不太同意；（5）完全不同意

4i. 自己不够勤快

（1）完全同意；（2）比较同意；（3）说不清；

（4）不太同意；（5）完全不同意

DQMR5. 您认为您将来什么时候会结婚？（   ）

（1）在几个月内能够结婚（2）在一年内能结婚（3）在几年内能结婚

（4）能结婚，但是时间很难说（5）不抱什么指望

DQMR6. 您能够接受一辈子不结婚吗？（   ）

（1）完全可以接受（2）可以接受（3）无所谓

（4）不能接受（5）完全不能接受

DQMR7. 如果将来不能结婚，您对于收养孩子能接受吗？（   ）

（1）完全可以接受（2）可以接受（3）无所谓

（4）不能接受（5）完全不能接受

DQMR8. 有些大龄未婚男性花钱去外地买个媳妇，您对于这种行为能够理解吗？（   ）

（1）完全可以理解（2）可以理解（3）无所谓

（4）不能理解（5）完全不能理解

DQMR9. 您自己会花钱去外地买个媳妇吗？（   ）

（1）很可能（2）可能（3）不一定

（4）不可能（5）完全不可能

DQMR10. 您是否同意下列各种事情是您自己最难熬的事情？您有多同意呢？（　　）

　　10a. 一个人生活很孤单
　　（1）完全同意；（2）比较同意；（3）说不清；
　　（4）不太同意；（5）完全不同意

　　10b. 一个人感情上很孤独，没有人交流
　　（1）完全同意；（2）比较同意；（3）说不清；
　　（4）不太同意；（5）完全不同意

　　10c. 没有性生活
　　（1）完全同意；（2）比较同意；（3）说不清；
　　（4）不太同意；（5）完全不同意

　　10d. 没有孩子
　　（1）完全同意；（2）比较同意；（3）说不清；
　　（4）不太同意；（5）完全不同意

　　10e. 社会压力大，周围的人会议论
　　（1）完全同意；（2）比较同意；（3）说不清；
　　（4）不太同意；（5）完全不同意

　　10f. 家庭压力大，父母会担心
　　（1）完全同意；（2）比较同意；（3）说不清；
　　（4）不太同意；（5）完全不同意

DQMR11. 您是否同意下列各种说法是没有孩子后面临的最大困难？您有多同意呢？（　　）

　　11a. 将来没有人给自己养老
　　（1）完全同意；（2）比较同意；（3）说不清；
　　（4）不太同意；（5）完全不同意

　　11b. 不能够传宗接代
　　（1）完全同意；（2）比较同意；（3）说不清；
　　（4）不太同意；（5）完全不同意

　　11c. 人生不完整
　　（1）完全同意；（2）比较同意；（3）说不清；
　　（4）不太同意；（5）完全不同意

11d. 感情上得不到寄托

（1）完全同意；（2）比较同意；（3）说不清；

（4）不太同意；（5）完全不同意

11e. 社会压力大，周围的人会议论

（1）完全同意；（2）比较同意；（3）说不清；

（4）不太同意；（5）完全不同意

DQMR12. 您认为一个人必须要结婚吗？（　）

（1）完全同意；（2）比较同意；（3）说不清；

（4）不太同意；（5）完全不同意

DQMR13. 您认为在农村，一个男人超过多少岁后结婚就会有困难？（　）

（1）25岁（2）28岁（3）30岁（4）35岁

（5）40岁（6）45岁（7）任何年龄都不困难

婚姻和生育观念（已婚题）

DQMR0. 婚姻

a. 您是哪一年结婚的？×××年

b. 您和您现在的妻子是怎么认识的？

（1）经人介绍（2）自己认识（跳问？）（3）其他途径（跳问 d）

c. 您刚才说您和您现在的妻子是经人介绍，介绍人是否收钱？多少钱？

（1）没有收钱（2）1000元以下（3）1000~4999元

（4）5000~9999元（5）10000~19999元（6）20000元以上

d. 您的妻子是哪里人？

（1）本村人（2）本县的（但不是同村）（3）本市的（但不是同县的）

（4）本省的（但不是同市的）（5）外省的人

e. 您认为就您本人来说，结婚前结识一些异性很困难吗？

（1）很困难（2）不困难

DQMR1. 您在结婚以前谈过几个女朋友？（　）

（1）没有（2）1个（3）2~5个（4）5个以上

DQMR2. 您周围有没有超过28岁的未婚男性？（　）

（1）有（2）没有（跳问 DQMR6）

DQMR3. 您对于这些未婚男性是怎么看的？（ ）

（1）非常同情 （2）同情 （3）无所谓

（4）不同情 （5）一点都不同情

DQMR4. 您对于大龄未婚男性（"光棍"）收养孩子的事情能接受吗？（ ）

（1）完全可以接受 （2）可以接受 （3）无所谓

（4）不能接受 （5）完全不能接受

DQMR5. 有些大龄未婚男性花钱去外地买个媳妇，您对于这种行为能够理解吗？（ ）

（1）完全可以理解 （2）可以理解 （3）无所谓

（4）不能理解 （5）完全不能理解

DQMR6. 如果您自己至今没有结婚，您会这样做吗？（ ）

（1）很可能 （2）可能 （3）不一定 （4）不可能 （5）完全不可能

DQMR7. 您认为一个人必须要结婚吗？（ ）

（1）完全同意；（2）比较同意；（3）说不清；

（4）不太同意；（5）完全不同意

DQMR8. 您认为在农村，一个男人超过多少岁后结婚就会有困难？（ ）

（1）25 岁 （2）28 岁 （3）30 岁 （4）35 岁

（5）40 岁 （6）45 岁 （7）任何年龄都不困难

健康自评

DQHE1. 您觉得您自己的健康状况好不好？（ ）

（1）非常好 （2）比较好 （3）一般，还可以 （4）不太好 （5）很不好

DQHE2. 和您的同龄人相比，您认为自己的健康状况如何？（ ）

（1）比一般人好很多 （2）比一般人好一点儿 （3）和一般人差不多

（4）比一般人稍差 （5）比一般人差很多

DQHE3. 在过去的 12 个月里，您平均每天抽多少支烟？（ ）

（1）完全不抽烟，或者基本上不抽烟 （2）每天抽 10 支以下

（3）每天抽 10~19 支 （4）每天抽一盒或者一盒以上

DQHE4. 在过去的 12 个月里，您平均多长时间喝一次酒？（白酒超过半两，啤酒超过 1 瓶，葡萄酒或者黄酒超过半瓶，就算喝一次酒）（ ）

（1）每 1~2 天喝一次，或者更多 （2）每 3~7 天

(3) 每 8～30 天 (4) 超过 30 天

(5) 喝酒但是都不到上述标准 (6) 从来没有喝过（跳问 DQRK1）

DQHE5. 在过去的 12 个月里，您曾经喝酒喝过量了吗？（　）

(1) 经常有 (2) 有时有 (3) 很少有 (4) 从来没有

第二部分　生殖健康知识

DQRK1. 您听说过艾滋病吗？（　）

(1) 听说过 (2) 没有（跳答 DQRK2）

下列关于艾滋病的一些说法，请选择您认为正确的选项。

a. 仅与一个并且没有感染 HIV 的性伙伴发生性行为，可以降低 HIV 传播危险吗？

(1) 可以 (2) 不可以 (3) 不知道

b. 使用安全套可以降低 HIV 传播危险吗？

(1) 可以 (2) 不可以 (3) 不知道

c. 一个看起来健康的人会携带 HIV 吗？

(1) 会 (2) 不会 (3) 不知道

d. 蚊子叮咬会传播 HIV 吗？

(1) 会 (2) 不会 (3) 不知道

e. 与 HIV 感染者共餐会感染 HIV 吗？

(1) 会 (2) 不会 (3) 不知道

DQRK2. 您听说过性传播疾病（性病）吗？（　）

(1) 听说过 (2) 没有（跳答 DQRK3）

下列关于性病的说法，请选择您认为是正确的选项。

a. 性病病人比一般人更容易感染上艾滋病？您是否同意这种说法？

(1) 是的 (2) 不是的 (3) 不知道

b. 有人认为：在过性生活之前，只要仔细查看对方的生殖器的外表，就可以知道对方有没有性病。您觉得这样做，真的能够发现对方有性病吗？

(1) 能够发现 (2) 不可能 (3) 不知道

DQRK3. 您听说过下列避孕节育措施吗？（　）

a. 口服避孕药

(1) 听说过 (2) 知道用 (3) 知道用并且知道其副作用

(4) 没有听说过

b. 宫内节育器

(1) 听说过 (2) 知道用 (3) 知道用并且知道其副作用

(4) 没有听说过

c. 安全套

(1) 听说过 (2) 知道用 (3) 知道用并且知道其副作用

(4) 没有听说过

DQRK4. 您认为下列使用安全套的方法正确吗？（　　）

a. 使用前吹气检查是否漏气

(1) 正确 (2) 不正确 (3) 不知道

b. 使用前捏紧前端气囊

(1) 正确 (2) 不正确 (3) 不知道

c. 避孕套不能重复使用

(1) 正确 (2) 不正确 (3) 不知道

d. 快要射精时再戴上

(1) 正确 (2) 不正确 (3) 不知道

e. 阴茎疲软后再取下

(1) 正确 (2) 不正确 (3) 不知道

第三部分　性行为

为了替您保密，以下的所有问题，都由您自己使用电脑来回答。我们的调查员将坐在看不见您电脑屏幕的地方，这样，就不可能有人知道您的回答。但是，如果您有不明白的地方，可以随时询问调查员。

S1. 您第一次遗精的年龄是_____岁

S2. 到现在为止，您有过性生活吗？（无论跟什么人过性生活，都算有过。哪怕只有一次，也算有过）（　　）

(1) 有过 (2) 没有（跳 SCA1）

S3. 您第一次发生性关系的年龄_____是岁（请填周岁）

S4. 您第一次发生性关系是和什么人？（未婚题）（回答完后跳过已婚题）

（1）未婚妻（2）女朋友（对象）（3）别人的妻子

（4）寡妇、离异女性（5）性服务工作者（6）留空（7）其他

您第一次发生性关系是和什么人？（已婚题）

（1）未婚妻（2）女朋友（对象）（3）别人的妻子

（4）寡妇、离异女性（5）性服务工作者（6）妻子（7）其他

S5. 您第一次发生性关系时，采取了哪种措施？（可多选）（ ）

（1）体外排精（2）安全套（3）口服避孕药

（4）安全期（5）没有（6）其他

S6. 您最近一次发生性关系是什么时候？（ ）

（1）大概几年以前（2）大概一年以前（3）大概半年以前

（4）大概一个月以前（5）大概一周以前（6）大概几天以前

（7）记不清了

S7. 您最近一次发生性关系是和什么人？（未婚题）（回答完后跳过已婚题）（ ）

（1）未婚妻（2）女朋友（对象）（3）别人的妻子

（4）寡妇、离异女性（5）性服务工作者（6）留空（7）其他

您最近一次发生性关系是和什么人？（已婚题）

（1）未婚妻（2）女朋友（对象）（3）别人的妻子

（4）寡妇、离异女性（5）性服务工作者（6）妻子（7）其他

S8. 您最近一次发生性关系时采取了哪种避孕措施？（可多选）（ ）

（1）体外排精（2）安全套（3）口服避孕药

（4）安全期（5）没有（6）其他

S9. 在过去的三个月里，您和您的女朋友（或对象）过性生活时，使用安全套（也叫避孕套）了吗？（未婚题）（ ）

（1）每次都使用（2）经常使用（3）有一半的次数用了（4）很少使用

（5）从来没有用过（6）在过去的三个月里我没有过性生活

S10. 在过去的三个月里，您和您女朋友以外的熟人过性生活时，使用安全套（也叫避孕套）吗？（ ）

（1）每次都使用（2）经常使用（3）有一半的次数用了

（4）很少使用（5）从来没有用过（6）不使用

S11. 在过去的三个月里，您和刚认识的人（如网友、"小姐"等）过性生

活时，使用安全套（也叫避孕套）吗？（ ）

（1）每次都使用（2）经常使用（3）有一半的次数用了

（4）很少使用（5）从来没有用过（6）不使用

SCBI1. 如果您自己可以完全做主，您使用安全套的可能性有多大？
　　　　_____% （请填一个 0~100 的数字）

SCBI2. a. 将来如果要和女朋友或对象过性生活，您会使用安全套吗？（未婚题）（ ）

（1）一定会（2）可能会（3）说不清

（4）可能不会（5）一定不会

b. 将来如果要和妻子或配偶过性生活，您会使用安全套吗？（已婚题）（ ）

（1）一定会（2）可能会（3）说不清

（4）可能不会（5）一定不会

SCBI3. 将来如果要和女朋友（或妻子）以外的熟人过性生活，您会使用安全套吗？（ ）

（1）一定会（2）可能会（3）说不清

（4）可能不会（5）一定不会

SCBI4. 将来如果要和刚认识的人（如网友、"小姐"等）过性生活，您会使用安全套吗？（ ）

（1）一定会（2）可能会（3）说不清

（4）可能不会（5）一定不会

S12. 您是否看过黄色录像？（ ）

（1）是（2）否（跳问 S17）

S13. 您第一次看黄色录像的年龄是_____岁

S14. 您第一次看黄色录像时，是独自一人看的还是和同伴一起看的？（ ）

（1）独自一个人看的（2）和同伴一起看的

S15. 您最近一次看黄色录像是什么时间？（ ）

（1）大概几年以前（2）大概一年以前（3）大概半年以前

（4）大概一个月以前（5）大概一周以前（6）大概几天以前

（7）记不清了

S16. 您最近一次看黄色录像是独自一人看的还是和同伴一起看的？（　）

（1）独自一个人看的　（2）和同伴一起看的

S17. 您上过网吗？（　）（1）上过　（2）没有（跳问 S20）

S18. 您是在哪里上的网？（可以多选）（　）

（1）自己家里　（2）朋友家里　（3）网吧里　（4）其他地方，请注明

S19. 您有没有通过网络看过一些黄色网站？（　）

（1）有　（2）没有

S20. 您有过自慰吗？（　）

（1）有过　（2）没有（跳问 SMBI1）

S21. 您第一次进行自慰的年龄是_____岁

SMN1. 在过去 12 个月里，您在自慰中是否达到了性高潮？（　）

（1）每次都能达到　（2）经常都达到　（3）有时达到

（4）很少达到　（5）从未达到

SG1. 在过去的一年里，您有几个性伴侣？（哪怕只有一次也算，无论跟什么人都算，包括已经离婚、去世的人，也包括同性）（　）

（1）0 个　（2）1 个　（3）2~3 个　（4）4~5 个

（5）6~7 个　（6）8~9 个　（7）10 个及以上

SG2. 到现在为止，您一共有多少个性伴侣？（哪怕只有一次也算，无论跟什么人都算，包括已经离婚、去世的人，也包括同性）（　）

（1）0 个　（2）1 个　（3）2~3 个　（4）4~5 个

（5）6~7 个　（6）8~9 个　（7）10 个及以上

SG3. 请问您的性伙伴是否与他人发生过性行为？（　）

（1）发生过　（2）可能发生过　（3）可能没有

（4）没有　（5）不知道

SGN1. 在最近的 12 个月里，您一共有过多少次性生活？（　）

（1）根本没有　（2）一两次　（3）大约每个月一次

（4）每月两三次　（5）大约每周一次　（6）每周两三次

（7）每周四次或者更多

SGN2. 请问与您有过性关系的人是：（　）

（1）男人　（2）既有男人也有女人

（3）女人　（4）没有性生活

SGN3. 请问您曾经是否因为与别人发生性行为而付过钱给对方，或得到过对方的钱？（　）

（1）是　（2）没有

下面是人们对安全套的一些看法和观点，您赞同这些观点吗？请选择与您的看法最相符的选项。

SCAB1. 有人认为"使用安全套能避孕"。您赞同这种说法吗？（　）

（1）完全赞同；（2）比较赞同；（3）说不清；
（4）不太赞同；（5）完全不赞同

SCAB2. 有人认为"使用安全套可以降低感染性传播疾病和 HIV（艾滋病病毒）的风险"。您赞同这种说法吗？（　）

（1）完全赞同；（2）比较赞同；（3）说不清；
（4）不太赞同；（5）完全不赞同

SCAB3. 有人认为"使用安全套会减少心理（精神上）的舒服和满足"。您赞同这种说法吗？（　）

（1）完全赞同；（2）比较赞同；（3）说不清；
（4）不太赞同；（5）完全不赞同

SCAB4. 有人认为"使用安全套会让性伴侣觉得我不信任她"。您赞同这种说法吗？（　）

（1）完全赞同；（2）比较赞同；（3）说不清；
（4）不太赞同；（5）完全不赞同

SCAB5. 有人认为"如果您很了解您的性伴侣，就不需要使用安全套"。您赞同这种说法吗？（　）

（1）完全赞同；（2）比较赞同；（3）说不清；
（4）不太赞同；（5）完全不赞同

SCAB6. 有人认为"使用安全套很麻烦"。您赞同这种说法吗？（　）

（1）完全赞同；（2）比较赞同；（3）说不清；
（4）不太赞同；（5）完全不赞同

SCAB7. 有人认为"使用安全套能增加性快感"。您赞同这种说法吗？（　）

（1）完全赞同；（2）比较赞同；（3）说不清；
（4）不太赞同；（5）完全不赞同

SCAB8. 有人认为"使用安全套能获得和不使用安全套时一样的舒服和满足"。您赞同这种说法吗？（   ）

  （1）完全赞同；（2）比较赞同；（3）说不清；
  （4）不太赞同；（5）完全不赞同

SCAB9. 有人认为"使用安全套会打断做爱的过程"。您赞同这种说法吗？（   ）

  （1）完全赞同；（2）比较赞同；（3）说不清；
  （4）不太赞同；（5）完全不赞同

SCAB10. 有人认为"使用安全套是对性伴侣负责任的行为"。您赞同这种说法吗？（   ）

  （1）完全赞同；（2）比较赞同；（3）说不清；
  （4）不太赞同；（5）完全不赞同

SCAB11. 有人认为"安全套没有吸引力"。您赞同这种说法吗？（   ）

  （1）完全赞同；（2）比较赞同；（3）说不清；
  （4）不太赞同；（5）完全不赞同

SCAB12. 有人认为"安全套的气味、质地等让人觉得不舒服"。您赞同这种说法吗？（   ）

  （1）完全赞同；（2）比较赞同；（3）说不清；
  （4）不太赞同；（5）完全不赞同

SCAB13. 有人认为"不戴安全套时，自己与性伴侣的接触更"亲近""。您赞同这种说法吗？（   ）

  （1）完全赞同；（2）比较赞同；（3）说不清；
  （4）不太赞同；（5）完全不赞同

SCAB14. 有人认为"安全套的价格太贵"。您赞同这种说法吗？（   ）

  （1）完全赞同；（2）比较赞同；（3）说不清；
  （4）不太赞同；（5）完全不赞同

SCAB15. 有人认为"买安全套（或问别人要安全套）会让人很难为情"。您赞同这种说法吗？（   ）

  （1）完全赞同；（2）比较赞同；（3）说不清；
  （4）不太赞同；（5）完全不赞同

SCAB16. 有人认为"如果能确信自己的性伴侣没有性病，就没有必要使用安全套"。您赞同这种说法吗？（ ）

（1）完全赞同；（2）比较赞同；（3）说不清；

（4）不太赞同；（5）完全不赞同

在使用安全套方面，您认为您周围的人是怎么看待这个问题的？他们对安全套的看法和观点会影响您吗？请仔细阅读下面的问题，选择最符合您实际情况的选项。

SCSN1. 您会跟哪些人谈论安全套方面的问题？

人　群	谈　论	不谈论
a 性伴侣（或配偶、女朋友或对象）		
b 男性好朋友		
c 女性好朋友		
d 父母		
e 关系一般的熟人		

SCSN2. 您认为您周围的人对您使用安全套的态度是什么？

a. 您认为您目前的性伴侣（或配偶、女朋友或对象）对您使用安全套的态度是：（ ）

（1）非常支持；（2）比较支持；（3）无所谓；

（4）不太支持；（5）根本不支持；

（6）没有性伴侣（或配偶、女朋友或对象）

b. 您认为您的男性好朋友对您使用安全套的态度是：（ ）

（1）非常支持；（2）比较支持；（3）无所谓；

（4）不太支持；（5）根本不支持（6）不适用

c. 您认为您的女性好朋友对您使用安全套的态度是：（ ）

（1）非常支持；（2）比较支持；（3）无所谓；

（4）不太支持；（5）根本不支持（6）不适用

d. 您认为您父母对您使用安全套的态度是：（ ）

（1）非常支持；（2）比较支持；（3）无所谓；

（4）不太支持；（5）根本不支持（6）不适用

e. 您认为您关系一般的熟人对您使用安全套的态度是：（ ）

（1）非常支持；（2）比较支持；（3）无所谓；
（4）不太支持；（5）根本不支持（6）不适用

SCSN3. 当您打算使用（或不使用）安全套时，您认为下列人群对您的影响有多大？

人群	对您决定是否使用安全套的影响程度				
	非常大	比较大	有点大	不太大	没有影响
a. 性伴侣（或配偶）（已婚）					
b. 女朋友（或对象）（未婚）					
c. 男性好朋友					
d. 女性好朋友					
e. 父母					
f. 一般关系的熟人					

在下列情境中您认为在您的好朋友中，会有多少人使用安全套？

SCSN4. 您觉得，您会有多少好朋友在过性生活时使用安全套？（　）

（1）全部（2）大部分（3）有一半的人（4）很少（5）没有一个

SCSN5. 您觉得，您会有多少好朋友认为使用安全套很麻烦？（　）

（1）全部（2）大部分（3）有一半的人（4）很少（5）没有一个

SCSN6. 您觉得，您会有多少好朋友认为使用安全套能避免感染艾滋病病毒？（　）

（1）全部（2）大部分（3）有一半的人（4）很少（5）没有一个

使用安全套的自我控制

下面我们想知道，如果您打算好了要使用安全套，但是遇到了一些意外事情，您会怎么处理？请仔细阅读下面的一些描述，选择最符合您的情况的选项。

SCSR1. 在喝醉的情况下，如果没有安全套，我会拒绝过性生活（　）

（1）完全同意；（2）比较同意；（3）说不清；
（4）不太同意；（5）完全不同意

SCSR2. 如果我的性伴侣不愿意使用安全套，我会拒绝过性生活（　）

（1）完全同意；（2）比较同意；（3）说不清；
（4）不太同意；（5）完全不同意

SCSR3. 在没有安全套的情况下，我会拒绝过性生活（　　）

（1）完全同意；（2）比较同意；（3）说不清；

（4）不太同意；（5）完全不同意

SCSR4. 在我需要使用安全套的时候，我可以非常方便地得到（　　）

（1）完全同意；（2）比较同意；（3）说不清；

（4）不太同意；（5）完全不同意

SCSR5. 在我需要了解使用安全套、预防疾病的相关知识时，我可以非常方便地得到（　　）

（1）完全同意；（2）比较同意；（3）说不清；

（4）不太同意；（5）完全不同意

SCSR6. 在我希望性伴侣也了解使用安全套、预防疾病的相关知识时，她可以非常方便地得到（　　）

（1）完全同意；（2）比较同意；（3）说不清；

（4）不太同意；（5）完全不同意

下面是人们对自慰的一些看法和观点，您是否同意这些观点？请选择与您看法最相符的选项。

SMAB1. 有人认为"自慰可以有效地缓解性压抑"。您赞同这种说法吗？（　　）

（1）完全赞同；（2）比较赞同；（3）说不清；

（4）不太赞同；（5）完全不赞同

SMAB2. 有人认为"适度的自慰对身体没有伤害"。您赞同这种说法吗？（　　）

（1）完全赞同；（2）比较赞同；（3）说不清；

（4）不太赞同；（5）完全不赞同

SMAB3. 有人认为"自慰是由于性伴侣不能满足自己的性需求"。您赞同这种说法吗？（　　）

（1）完全赞同；（2）比较赞同；（3）说不清；

（4）不太赞同；（5）完全不赞同

SMAB4. 有人认为"自慰会带来生理快乐"。您赞同这种说法吗？（　　）

（1）完全赞同；（2）比较赞同；（3）说不清；

（4）不太赞同；（5）完全不赞同

SMAB5. 有人认为"自慰是因为害怕得艾滋病性病或其他的病"。您赞同这种说法吗？（　）

（1）完全赞同；（2）比较赞同；（3）说不清；

（4）不太赞同；（5）完全不赞同

SMAB6. 有人认为"自慰是因为性伴侣不愿意过性生活"。您赞同这种说法吗？（　）

（1）完全赞同；（2）比较赞同；（3）说不清；

（4）不太赞同；（5）完全不赞同

SMAB7. 有人认为"自慰会伤害性能力"。您赞同这种说法吗？（　）

（1）完全赞同；（2）比较赞同；（3）说不清；

（4）不太赞同；（5）完全不赞同

SMAB8. 有人认为"自慰过频会伤害身体"。您赞同这种说法吗？（　）

（1）完全赞同；（2）比较赞同；（3）说不清；

（4）不太赞同；（5）完全不赞同

SMAB9. 有人认为"自慰会伤害性伴侣的感情"。您赞同这种说法吗？（　）

（1）完全赞同；（2）比较赞同；（3）说不清；

（4）不太赞同；（5）完全不赞同

SMAB10. 有人认为"经常自慰会导致得不到正常的情感交流"。您赞同这种说法吗？（　）

（1）完全赞同；（2）比较赞同；（3）说不清；

（4）不太赞同；（5）完全不赞同

SMAB11. 有人认为"自慰会让自己有不道德的感觉"。您赞同这种说法吗？（　）

（1）完全赞同；（2）比较赞同；（3）说不清；

（4）不太赞同；（5）完全不赞同

下面是人们对性生活的一些看法和观点，您认为这些观点正确吗？请选择与您的看法最相符的选项。

SGAB1. 有人认为"过性生活可以减缓压力"。您赞同这种说法吗？（　）

（1）完全赞同；（2）比较赞同；（3）说不清；

（4）不太赞同；（5）完全不赞同

SGAB2. 有人认为"过性生活有助于休息和睡眠"。您赞同这种说法吗？（ ）
（1）完全赞同；（2）比较赞同；（3）说不清；
（4）不太赞同；（5）完全不赞同

SGAB3. 有人认为"用钱或物来交换性生活会让自己有不道德的感觉（不包括夫妻或者未婚夫妻之间）"。您赞同这种说法吗？（ ）
（1）完全赞同；（2）比较赞同；（3）说不清；
（4）不太赞同；（5）完全不赞同

SGAB4. 有人认为"只有男性和女性之间的性生活才是正常的性生活"。您赞同这种说法吗？（ ）
（1）完全赞同；（2）比较赞同；（3）说不清；
（4）不太赞同；（5）完全不赞同

SGAB5. 有人认为"同性之间也可以进行性生活"。您赞同这种说法吗？（ ）
（1）完全赞同；（2）比较赞同；（3）说不清；
（4）不太赞同；（5）完全不赞同

SGAB6. 有人认为"人们一生中可以和不同的人发生性关系"。您赞同这种说法吗？（ ）
（1）完全赞同；（2）比较赞同；（3）说不清；
（4）不太赞同；（5）完全不赞同

SGAB7. 有人认为"性和吃饭、睡觉一样，有没有爱情都可以"。您赞同这种说法吗？（ ）
（1）完全赞同；（2）比较赞同；（3）说不清；
（4）不太赞同；（5）完全不赞同

结束语

调查已经结束了。非常感谢您参与这次研究。非常感谢您的大力支持和协助！请您把电脑交给调查员。祝您幸福！

后　　记

西安交通大学人口与发展研究所（以下简称交大人口所）一直致力于社会转型中弱势群体保护和发展领域的相关问题研究。自 2007 年以来，交大人口所与法国国立人口研究中心（INED）合作，从性别失衡后果——婚姻挤压视角研究农村大龄未婚男性，在农村大龄未婚男性的婚育观念、性知识、性观念和性行为等领域开展了一系列探索性研究。2007 年 10 月在河南省郾城县进行了试调查，对农村大龄未婚男性的性有了初步了解，确立了研究设计和调查问卷初稿，并针对敏感性问题确定采用计算机辅助调查技术。2008 年 8 月，在安徽省居巢区人口和计划生育委员会的大力协助下，交大人口所"社会性别"课题组利用笔记本电脑，在居巢区 7 个乡镇，对 28 岁及以上农村大龄男性的家庭生活进行了问卷调查。2009 年 12 月至 2010 年 1 月，课题组在西安市针对流动到西安市打工的 28 岁及以上农村大龄男性进行了调查。在这两次调查的基础上，课题组目前已经发表中英文学术论文近 20 篇，培养了 2 名博士（已获得博士学位）和数名硕士。在前两次前瞻性调查的基础上，2014 年，由法国国立人口研究中心牵头，会集了法国、中国、美国和瑞典四个国家五大研究机构的研究力量，试图从性的各个方面系统调查研究受到婚姻挤压的大龄未婚男性（相关信息可访问：https：//defichinechine. site. ined. fr/fr/projet/le-projet-defichine/）。相关研究成果将陆续以专著的形式与读者分享。

本书基于 2008 年在农村调查采集到的数据，探索性地从性的三个维度——性心理、性实践和性影响——构建性研究的分析框架，希望能比较系统全面地分析农村大龄未婚男性的性现状，并深入研究其面临的性风险和可能采取的性安全措施，希望能为婚姻挤压背景下的农村大龄未婚男性做出一点儿贡献。

在研究设计、数据收集和分析、书稿撰写和成稿过程中，得到了西安交通大学公共政策与管理学院朱楚珠教授、杨雪燕教授、姜全保教授、刘慧君教授、左冬梅副教授，苏州大学李亮副教授，陕西师范大学李卫东博士、杨博博士的宝贵建议和大力协助。交大人口所"社会性别"课题组成员江和春、袁晓天、石艳群、闫绍华、鲁小茜、龚仪等多位师弟师妹们为课题研究做出了巨大贡献，调查时还得到安徽省居巢区人口和计划生育委员会迟劲松副主任和当地计生干部的鼎力协助和大力支持，还有众多朴实热心村民的配合，在此一并表示衷心感谢。

本书能够完成还离不开我家人的支持，感谢我的先生给予我无私的爱、无限的包容、不断的鼓励和无尽的支持，感谢我的公公婆婆欣然主动承担孩子照料和家务工作，并不时给我各种无私的支持和精神鼓励，感谢我的女儿给了我继续前进的压力和动力，同时也让我的生活每天都充满阳光和欢乐。

由于作者水平有限，书中难免有不妥之处，恳请读者批评指正。

张群林
2015 年 4 月

图书在版编目(CIP)数据

中国农村大龄未婚男性:性现状、性风险和性安全/张群林,李树茁,(法)伊莎贝拉著.—北京:社会科学文献出版社,2015.8
 (西安交通大学人口与发展研究所·学术文库)
 ISBN 978-7-5097-7347-5

Ⅰ.①中… Ⅱ.①张… ②李… ③伊… Ⅲ.①男性-性问题-研究-中国 Ⅳ.①D669.1

中国版本图书馆 CIP 数据核字(2015)第 069827 号

西安交通大学人口与发展研究所·学术文库
中国农村大龄未婚男性:性现状、性风险和性安全

著　者 / 张群林　李树茁　〔法〕阿塔尼·伊莎贝拉

出 版 人 / 谢寿光
项目统筹 / 周　丽　高　雁
责任编辑 / 颜林柯　隋绍兰

出　　版 / 社会科学文献出版社·经济与管理出版分社 (010) 59367226
　　　　　 地址:北京市北三环中路甲29号院华龙大厦　邮编:100029
　　　　　 网址:www.ssap.com.cn
发　　行 / 市场营销中心 (010) 59367081　59367090
　　　　　 读者服务中心 (010) 59367028
印　　装 / 三河市尚艺印装有限公司

规　　格 / 开本:787mm×1092mm　1/16
　　　　　 印张:14.5　字数:246千字
版　　次 / 2015年8月第1版　2015年8月第1次印刷
书　　号 / ISBN 978-7-5097-7347-5
定　　价 / 69.00元

本书如有破损、缺页、装订错误,请与本社读者服务中心联系更换

▲ 版权所有 翻印必究